오늘도 나는 은혜로 살며

KB194929

오늘도 나는 은혜로 살며

저자 김병태

초판 1쇄 발행 2023. 1. 18.

발행처 도서출판 브니엘
발행인 권혁선

책임편집 김지연
책임교정 조은경

등록번호 서울 제2006-50호
등록일자 2006. 9. 11.

서울특별시 송파구 백제고분로28길 25 B101호 (05590)
마케팅부 02)421-3436
편집부 02)421-3487
팩시밀리 02)421-3438

ISBN 979-11-90308-92-2 03230

독자의견 02)421-3487
이메일 editorkhs@empal.com

북카페 주소 cafe.naver.com/penielpub.cafe
인스타그램 @peniel_books

도서출판 브니엘은 독자들의 원고를 설레는 마음으로 기다리고 있습니다.
위의 이메일로 간단한 기획 내용 및 원고, 연락처 등을 보내주십시오.

도서출판 브니엘은 갓구운 빵처럼 항상 신선한 책만을 고집합니다.

하나님의 은혜로 채워지는 인생의 비결

오늘도 나는 은혜로 살며

김병태 지음

브니엘

2019년 연말에 시작된 코로나19 팬데믹을 아직도 빠져나오지 못하고 있다. 달나라에 우주선을 보내는 최첨단 과학시대에 사는 우리가 보이지도 않는 자그마한 바이러스 하나에 이렇게 벌벌 떨다니. 지구촌 한 나라에서 시작해 온 세상을 셧다운시키고 경제를 마비시키는 괴물로 변했다. 처음에는 몇 개월이면 끝날 줄 알았다. 그런데 벌써 3년의 세월이 지나고 있다. 어느 신문 1면 헤드 타이틀이 이렇게 장식된 적이 있었다. "먹고살기 팍팍해서…." 보험 24조 중도 해약. 가슴 아픈 일이다. 어디 이런 게 하나둘인가?

팬데믹시대, 우리는 막히고 닫히고 울부짖는 탄식의 소리를 피할 수 없었다. 이런 때에도 우리는 바울처럼 고백할 수 있을까?

"우리 주의 은혜가 그리스도 예수 안에 있는 믿음과 사랑과 함께 넘치도록 풍성하였도다"(딤전 1:14).

다른 사람들은 몰라도, 적어도 바울이 했던 인생 고백은 내가 살아온 인생 고백이다. 태어나기도 전에 엄마 배 속에서 죽을 수 있었던 나인데, 어린 시절 스님이 우리 집에 들어와 "이 아이를 절에 입적시키지 않으면 큰 변고를 당한다"라고 했던 나인데, 초등학교 들어가기 전에 우물 파는 놀이하는 친구가 들어 올린 곡괭이에 정수리 0.5cm 옆이 찢어져 피를 철철 흘리던 나인데, 말을 제대로 못 해 초등학교도 아홉살에 입학한 나인데, 금수저도 아니고 은수저도 아닌 시골 깡촌 출신인 나인데, 주님의 양들을 돌보는 목자로 불러주시다니. 넘치도록 풍성한 주님의 은혜가 아니고 무엇인가! 스물일곱에 교육전도사 초년생으로 시작하여 예순이 되도록 거룩한 성역을 감당해 온 것, 그동안 몸 이곳저곳을 고치면서도 한 번도 강단을 비우지 않았던 것, 때로는 절망감에 쌓여 밤을 지새우며 눈물 흘리면서도 여기까지 올 수 있었던 것, 모두 넘치는 주의 은혜가 아닌가! 은혜에 이끌리는 인생! 아니, 은혜로 충분한 사명자! 바울이 그랬듯이 내 인생 아이콘도 '주의 은혜'이다.

주님의 은혜를 발견하고 나면 '나의 나 된 것은 하나님의 은혜' 뿐이다(고전 15:10). 주님을 만나기 전에는 당당하고 교만했던 바울인데, 주님의 은혜를 알고 나니 고백이 달라졌다.

"맨 나중에 만삭되지 못하여 난 자 같은 나"(고전 15:8).

"사도 중에 가장 작은 자"(고전 15:9).

"죄인 중에 내가 괴수니라"(딤전 1:15).

나야말로 바울과는 비교할 수 없이 부족한 자이니 사실 겸손이라는 단어가 무색하지만, 무한히 참아주신 주님의 다함 없는 자비와 긍휼(딤전 1:13)을 생각하면 그저 겸손하게 충성할 뿐이다(고전 15:10). 그것마저도 주님의 넘치는 은혜일뿐이니까.

바울을 '택한 나의 그릇'으로 불러주신 주님(행 9:15)이 부족한 나도 그리스도의 대사로 부르셨으니, 생명 다하는 날까지 예수님을 깊이 생각하며(히 3:1), 예수만 바라보며(히 12:2), 예수 그리스도의 좋은 군사로 달리고 또 달릴 것이다. 주님의 넘치는 은혜가 함께하실 테니까.

이 책을 손에 잡는 독자들은 바울이 걸었던 '어그러지고 거스르는 세대 가운데서 하나님의 흠 없는 자녀'로 그들 가운데 빛들로 나타나기를 갈망하고 있을 것이다(빌 2:15). 결코 쉬운 일은 아니다. 고민과 갈등이 없는 건 아니다. 나 자신에게서 가능성을 찾을 순 없다. 그러나 여전히 희망을 잃지는 않는다. 왜냐하면 주님이 걸어가신 길이고 바울이 걸어갔던 길이니까. 적어도 넘치는 주님의 은혜는 진행형이니까. 이 책이 주님의 길, 바울의 길을 뒤따라가려는 제자들에게 큰 도움이 되길 소망한다.

글쓴이 김병태

C·O·N·T·E·N·T·S
차 례

희망 스토리는
아직 남아 있다

* * * * *

요즘이야 그렇지 않지만 고대사회에서는 여성으로 태어나기보다 당연히 남성으로 태어나고 싶었을 것이다. 사마리아는 앗수르에게 패망하고 혼혈족이 되고 말았다. 앗수르는 사마리아인을 영구히 진멸하기 위해 포로로 끌어가 자국민과 결혼하여 자식을 낳게 했고, 자국민을 사마리아 땅으로 이주시켜 사마리아인과 결혼해서 자식을 낳게 했다. 혼혈정책을 통해 유대인의 정통성을 끊어버리려 한 것이다. 모든 사람이 좋은 배우자를 만나 아름다운 둥지를 만들고 행복한 인생을 꿈꾼다. 더구나 여자의 일생에 좋은 남성을 만나 결혼하는 것은 너무 소중하다. 그런데 다섯 명의 남자를 만났지만 번번이 버림받고 상처만 가진 여인이 또 다른 남자를 만나 행복한 인생을 꿈꾸고 있다. 그러나 현실은 그렇게 행복하지 않다.

예수님이 만나주셨던 사마리아 수가성 우물가에 찾아온 한 여인의 이야기다. 그녀의 행복은 송두리째 망가지고 말았다. 오늘도 필요한 물을 구하기 위해 사람들이 다니지 않는 정오 시간에 남몰래 우물물을 길어가려고 했다. 이사야 선지자가 예언한 상한 갈대나 꺼져가는 등불과 같은 인생이다. 그러나 그녀의 인생 스토리는 여기서 끝나지 않는다. 영원한 생명수가 되시는 예수님이 찾아오셨고, 그녀의 심연 깊숙한 곳에 있는 영혼의 갈증을 해갈해주셨다. 그녀는 가져왔던 물동이를 던져버렸다. 관심과 가치가 달라졌기 때문에. 사회적 외톨이로 왕따 인생을 살던 그녀는 동네에 들어가서 사람들을 만났다. 예수님을 만나고 관계에 변화가 일어났다. 물을 길어 가족의 필요를 채우며 살던 그녀의 사명도 변했다. 자신의 갈증을 풀어준 예수님이 그리스도, 즉 유대인이 그렇게 간절히 기다리던 메시아임을 사람들에게 증언했다(요 4:28-29).

깨어진 인생, 망가진 인생. 희망이 보이지 않는 인생일지라도 아직 절망하고 포기하기에는 이르다. 예수님과 아름다운 만남만 이루어지면 놀라운 희망 스토리가 엮어질 것이기 때문에. 주님의 은혜의 손길이 임하는 곳에서는 아름다운 간증이 쓰이기 때문에.

쓰레기통에 버려질
인생은 없다

탈무드에 "하나님은 부서진 것들을 사용하신다"라는 말이 있다. 그렇다. 하나님은 깨어지고 부서진 자아를 사용하신다. 그렇지 않으면 생명을 얻을 수 없고 열매를 거둘 수 없기 때문이다. 하나님께서 사용하지 못할 사람은 없다. 상처로 얼룩진 모세, 절망의 늪에 빠진 다윗을 사용하는 데 아무런 제한이 없다. 그러나 하나님은 '부서지지 않거나 깨어지지 않은 사람'은 사용하지 않으신다. 유능한 토기장이이신 하나님은 걸작을 만들고자 하는 목적으로 우리를 깨뜨리고 부서뜨리기도 하신다. 그 후에야 합당한 그릇으로 사용할 수 있기 때문이다.

알곡으로 창고에 저장되는 콩은 어떤가? 농부가 도리깨질할 때 이리저리 튀고 고통을 당하면서 껍질을 벗고 나온 콩이다. 우리가 음식을 먹을 때 어떻게 맛을 느끼는가? 단단하던 음식을 입안에서 잘게 부수면서 그 참맛을 느끼며 영양분을 흡수한다. 그래서 찰스 스윈돌은 이렇게 말한다. "하나님은 우리 영혼을 새롭게 하시기 위해서 우리 삶에 있는 몇 가지 단단한 외부의 벽을 무너뜨리신다. 그분의 일관된 목적은 우리 외부의 벽을 뚫고 우리의 내면으로 들어오시는 것이다."

나를 단단하게 두르고 있는 자아의 벽을 깨지 않으면 하나님이 우리의 삶 깊숙한 곳으로 들어오실 수 없다.

바울은 당시의 유대 사회나 로마 사회에서 볼 때 전도유망한 인물 가운데 한 사람이다. 그의 화려한 스펙과 이력은 사람들이 부러워할 조건이다. 대단한 실력과 능력을 갖춘, 차고 넘치는 프로필의 기대주였다. 그러나 하나님은 이런 바울을 사용하지 않으셨다. 하나님은 인간적으로 매력적인 조건에 움직이시는 분이 아니다.

하나님은 바울을 위대한 영적 거장으로 사용할 계획을 갖고 계셨다. 예수님이 아나니아에게 하신 말씀을 보면 알 수 있다. "주께서 이르시되 가라. 이 사람은 내 이름을 이방인과 임금들과 이스라엘 자손들에게 전하기 위하여 택한 나의 그릇이라. 그가 내 이름을 위하여 얼마나 고난을 받아야 할 것을 내가 그에게 보이리라 하시니"(행 9:15-16).

앞으로 바울은 하나님의 비전을 이루기 위한 위대한 사역자로 변신할 것이다. 그러나 지금 모습으로는 안 된다. 그가 아무리 화려하고 멋있는 프로필을 가지고 있을지라도, 아무리 좋은 가문과 학벌과 배경을 가지고 있을지라도, 아무리 유대교에 대한 확고한 신념과 자부심을 가지고 있을지라도, 아무리 하나님과 율법에 대한 충성심을 가지고 있을지라도 하나님은 그것을 보고 바울을 사용하지는 않으신다. 오히려 그것은 하나님의 일을 위한 걸림돌이 될 수 있고, 자기 의와 영광만을 드러낼 것이며, 자기 자랑거리만 만들어서 그를 교만하게 만들 뿐이다.

그래서 하나님께서 하시는 작업이 있다. 바울을 부수고 깨뜨리는 작업이다. 하나님은 그리스도인을 핍박하기 위해 다메섹으로 올라가는 바울을 철저하게 깨뜨리고 부순다. 그의 자아를 부수신다. 그의 그릇된 신념을 깨뜨리신다. 그가 가진 옛사람을 완전히 부숴버리신다. 자기 안에 있는 고집덩어리를 꺾어버리신다. 깨어지고 부서지지 않은 사람은 하나님께 필요하지 않기 때문에. 하나님에 대한 충성이라는 미명 아래 그리스도인을 핍박하고 스데반을 죽이는 데 앞장섰던 사울이 아니던가!

어느 날, 다메섹에 있는 그리스도인을 잡아들이기 위해 공문을 가지고 당당하게 올라가고 있던 사울에게 주님은 나타나셨다. 그리고 그에게 자신의 음성을 들려주셨다.

"사울아, 사울아, 네가 어찌하여 나를 박해하느냐?"

예수님은 바울의 옛사람을 부수는 작업을 하신다. 그래서 그가 가지고 있던 종교적인 신념도 깨뜨리신다. 그의 고집도 다루신다. 어쩌면 하나님은 그의 육체를 깨뜨리시고 부수심으로 이 모든 깨뜨림의 작업을 하고 있는지도 모른다.

예수님은 살기등등한 사울에게서 살기를 제거하신다(행 9:1). 그의 눈과 얼굴에는 살기가 등등했다. "살기가 등등하다"는 말에는 '숨을 가쁘게 몰아쉰다'는 의미가 있다. 아주 흥분한 상태를 말한다. 그리스도인을 향한 사울의 감정은 좀처럼 누그러지지 않았다. 예수님은 그 살기를 그리스도를 위한 열정으로 바꾸기를 원하셨다.

그리스도의 몸 된 교회를 세우는 에너지로 사용하기를 원하셨다. 열방에 복음의 증인으로 뛰어다니는 힘으로 사용하기를 원하셨다. 그래서 사울을 꺾고 깨뜨리고 부수기 시작하셨다. 하나님이 쓰시기에 합당한 사람으로 만들기 위해서.

어떤 물건이 깨어지면 우리는 필요 없다고 버릴 수도 있다. 그러나 예수님 안에 있는 사람은 그렇지 않다. 하나님은 우리를 철저하게 부수고 깨뜨린 후에야 사용하기 시작하신다. 자기 깨어짐에 실패한 자를 사용하시는 법이 없다. 하나님은 깨어진 그 사람을 사용하시기 위해 서서히 움직이기 시작하신다. 그렇기에 깨어짐은 서러운 것이 아니다. 기쁨이자 행복이요 영광이다. 하나님은 야곱을 깨뜨리기 위해 마지막까지 따라다니셨다.

횃불을 감추어 둔 항아리를 깨뜨려야 한다(삿 7:18-19). 그러면 전쟁에서의 승리가 다가온다. 소중한 옥합을 깨뜨리면 아름다운 향유 냄새가 온누리를 적시게 된다(막 14:3). 마른 떡을 쪼개면 배고픈 사람들의 배를 채워줄 수 있다(마 14:19-20). 성찬식에서 나누는 떡인 그리스도의 깨어진 몸은 온 인류를 구원하는 능력이었다(고전 11:24). 그래도 깨어지는 것이 두려운가? 부수어지는 것이 짜증 나는가? 다른 사람이 나를 깨려고 할 때 분노가 일어나는가? 하나님이 나를 부수기 위해 작업하실 때 상처를 받는가? 우리를 진품, 명품으로 만드시는 과정임을 잊지 말아야 한다.

하나님은 누구나 변화시킬 수 있다. "저 사람은 절대 변하지 않을 사람이야!"라고 함부로 단정 짓지 말아야 한다. 내가 그리스도 안에서 변화를 경험했다면 다른 사람 역시 얼마든지 깨어지고 부서져서 하나님의 귀한 일꾼으로 사용될 수 있다.

스페인 출신의 유명한 화가 중에 피카소가 있다. 너무나 유명한 화가이기에 그의 작품은 수백억 원을 호가한다. 언젠가 피카소의 미공개 작품 한 점이 런던의 한 경매장에서 자그마치 293억 원에 팔렸다. 1943년에 만든 〈황소 머리〉라는 조형물이다. 하지만 그렇게 유명한 〈황소 머리〉라는 작품은 놀랍게도 버려진 자전거로 만들어졌다.

어느 맑은 가을날, 피카소는 혼자 집 주위를 산책하고 있었다. 그런데 얼마쯤 지났을까? 갑자기 주위의 풍경과는 전혀 어울리지 않는 사물이 그의 눈에 들어왔다. 고장 난 자전거 한 대였다. 낡아서 못 쓰게 된 것을 누군가 버리고 간 게 틀림없었다. 평범한 사람이라면 '누가 길가에 저런 걸 버렸지!' 하고 그냥 지나쳤을 것이다. 하지만 평생 아름다움을 추구하며 살아온 그에게 그 자전거는 그냥 지나칠 수 없는 관심의 대상으로 다가왔다. 그는 버려진 자전거를 자기 집으로 가지고 들어가 안장과 핸들을 떼어냈다. 그리고 그 안장에다 핸들을 거꾸로 붙였다. 그리고 그 이름을 〈황소 머리〉라 붙였다.

피카소는 이 작품을 완성한 후에 만족스러워하며 "쓰레기라 해도 위대한 가능성은 예술품의 재료가 될 수가 있다"라고 했다. 버려진 자전거가 피카소의 손에 의해 위대한 예술품으로 다시 태어난 것이다. 버려졌던 그 자전거, 아무도 눈여겨보지 않았던 그 자전거가 피카소의 손을 거치는 그 순간 수백억 원이 넘는 초고가 미술품으로 탈바꿈한 것이다. 하나님은 쓸모없어 보이는 사울을 만나주셨다. 그리고 그를 부수고 깨뜨리셨다. 그것은 그에게 고통을 주기 위함이 아니었다. 쓰레기통에 내버리기 위함도 아니었다. 하나님이 필요로 하는 그릇으로 사용하기 위함이었다. 이것이 바로 넘치는 주의 은혜이다.

은혜는 부서지는 고통에 담겨 있다

어린 시절, 시골에서 자란 나는 부모님의 농사일을 돕곤 했다. 아버지가 앞에서 소를 몰고 쟁기로 땅을 갈아엎으면 나는 그 뒤를 따라가면서 뒤집힌 흙덩이를 괭이로 깨부수었다. 그래야만 씨를 뿌릴 수 있기 때문이다.

석공은 커다란 돌을 깬다. 그래야 훌륭한 조각품이 만들어진다. 하나님은 사람들을 깨뜨리신다. 그래야 쓸 만한 그릇이 나오기 때문이다. 깨어짐은 분명히 상처와 아픈 고통을 수반한다. 그러나 깨어짐을 통해서 최고의 작품이 나온다. 어리석은 사람은 깨어짐의 고통이 힘들어 깨어짐을 거부한다. 그러나 지혜로운 사람은 깨어짐을 통해 나오는 기쁨과 영광을 알기에 깨어지는 고통을 두려워하지 않는다.

바울은 홀연히 하늘로부터 비취는 빛을 보게 되었다. 순간 그는 땅에 엎드렸다. 예수님은 엎드린 바울에게 말씀하셨다.

"사울아, 사울아, 네가 어찌하여 나를 박해하느냐?"

깜짝 놀란 바울은 대답했다.

"주여, 뉘시옵니까?"

하늘에서 음성이 들렸다.

"나는 네가 박해하는 예수라."

예수! 바울은 이미 그가 누구인지 잘 알고 있었다. 바울은 그의 추종자들을 죽이기 위해 혈안이 되었던 사람이다. 다시 하늘에서 소리가 들렸다.

"너는 일어나 시내로 들어가라. 네가 행할 것을 네게 이를 자가 있느니라."

바울은 더는 저항할 수 없었다. 그는 자리에서 일어났다. 그런데 이게 웬일인가? 일어나 눈을 떴지만 앞이 보이지 않았다. 하늘에서 비추는 빛 때문에 시력을 잃고 말았다. 그는 앞을 볼 수 없었다. 결국 그는 사람들의 손에 이끌려 다메섹으로 갔다. 거기서 그는 사흘 동안 보지도 못하고 먹지도 마시지도 못했다. 이게 바울이 깨어지는 과정이다. 그는 부활하신 예수 그리스도를 만났다. 예수님은 바울을 깨뜨리기 위해 눈을 멀게 하셨다. 그의 자아를 깨뜨리려는 방편이었다. 새로운 길을 여시기 위한 '하나님의 손쓰심'이었다.

하나님이 우리에게 새로운 길을 여실 때 반드시 당신의 손을 쓰신다. 그때 우리는 아프고 고통스러운 깨어짐의 과정을 경험한다. 그래서 신음하기도 하고 불평하고 저항하기도 한다. 그러나 잊지 말아야 할 사실이 있다. 상처와 고통이 수반되는 하나님의 손쓰심은 새로운 길을 열기 위한 하나님의 작업이라는 것이다.

이와 관련해서 찰스 스탠리는 「깨어짐의 은혜」라는 책에서 이런 말을 했다. "사람들은 모두 살아가면서 베개에 머리를 파묻고 머리를 들고 싶지 않을 때, 흐르는 눈물을 절대 멈추지 않을 것처럼 느껴지는 때를 겪는다. 깨어짐에는 종종 공허함, 즉 채워질 수 없는 허전함, 위로받을 수 없는 슬픔, 진통제를 쓸 수 없는 상처가 동반되기도 한다."

어느 수도원에 아주 똑똑하고 장래가 촉망되는 젊은 수도사가 있었다. 그런데 그는 교만하기 그지없었다. 그 교만한 수도사를 어떻게 교육해야 할지가 고민거리였다. 그래서 아주 노련하고 존경받는 늙은 수도사가 젊은 수도사를 교육하는 중차대한 일을 떠맡게 되었다. 늙은 수도사는 고심했다. 어떻게 하면 젊은 수도사에게 상처를 주지 않으면서 자신의 교만함을 깨닫게 할 수 있을까?

어느 날, 늙은 수도사에게 좋은 지혜가 떠올랐다. 그는 딱딱하게 굳은 흙을 만지면서 젊은 수도사에게 말했다.

"여기에 물을 좀 붓게."

영문을 모르는 젊은 수도사는 물을 가져와 부었다. 그런데 물이 흙 속으로 스며드는 것이 아니라 그냥 옆으로 흘러내렸다. 그러자 늙은 수도사는 말없이 망치를 집어 들었다. 그러더니 딱딱한 흙덩이를 잘게 부수기 시작했다. 그리고 나지막한 목소리로 말했다.

"이 흙은 너무 딱딱해서 물을 흡수하지 못한다네. 그래서 이렇게 깨 줘야 하지."

잠시 후에 늙은 수도사는 젊은 수도사에게 다시 물을 부으라고 시켰다. 젊은 수도사가 물을 부었다. 그러자 부드러워진 흙 속으로 물이 자연스럽게 스며들었다. 늙은 수도사가 웃으면서 말했다.

"이제 여기에다 씨를 뿌리면 틀림없이 꽃을 피우고 열매를 맺을 걸세. 딱딱한 흙에서는 아무것도 자랄 수 없다네. 씨를 뿌려도 곧 죽고 말지. 사람도 이와 같다네. 교만한 마음에는 아무것도 자랄 수 없어. 내가 깨어지고 부서지지 않으면 그곳에 아무것도 담을 수 없지. 수도하는 사람들은 이것을 깨어짐의 법칙이라고 말한다네."

그제야 젊은 수도사는 늙은 스승의 가르침을 이해하고 자신의 교만함을 뉘우쳤다. 단단하면 단단할수록 깨어짐은 힘들다. 그러나 깨어지지 않으면 결코 작품이 될 수 없다. 깨어짐은 고통을 통해 이루어진다. 하나님은 깨어진 자에게 새로운 길을 제시하신다. 깨어진 자는 하나님으로부터 사명을 받는다. 깨어진 자만이 하나님의 비전 그릇으로 쓰임받는다.

갈등의 현장에는 늘 깨어짐의 문제가 도사리고 있다. 행복을 꿈꾸는 부부가 왜 갈등하고 싸우는가? 서로 깨어지지 않으려고 하기 때문이다. 행복을 바라는 부부가 왜 깨어지지 않으려고 하는가? 깨어지기만 하면 부부의 행복이 눈앞에 보이는데도 불구하고. 깨어짐에는 아픈 고통이 수반되기 때문이다. 자존심이 상한다. 속상한 감정을 감수할 마음이 없다. 사람마다 살아가면서 많은 갈등을 겪는다. 심지어 사랑하고 아끼는 사람끼리도 서로 상처를 주고 아파한다. 분노에 분노가 꼬리를 문다. 서로를 향해 비난의 손가락질을 멈추지 않는다. 심지어 가슴 속 저 깊은 곳에 원수 맺음과 보복의 칼날을 갈기도 한다.

왜 이런 문제가 발생하는가? 깨어짐에 대한 저항심 때문이다. 깨어지면 정글의 세계 속에서도 자유와 평화를 누릴 수 있다. 그런데 행복한 가정에서도 지옥이 경험되는 이유는 무엇인가? 우리의 경제를 책임져서 행복한 가정을 이루게 만드는 직장생활이 지긋지긋하고 삶의 사각지대가 되는 이유는 무엇인가? 천국을 미리 맛보게 만드는 교회, 천사와 같은 사람들이 모인 공동체가 갈등으로 인한 상처와 분열과 다툼으로 아수라장이 되는 이유는 무엇인가? 깨어짐과 부서짐에 대한 저항감 때문이다.

하나님은 자신의 비전을 이루어갈 사명자를 세우기 위해 깨뜨리시고 부수는 과정을 거치신다. 그때 질그릇은 "아야, 아야~"를 외치게 될 것이다. 그러나 그것은 거룩한 아픔이요, 고상한 상처다. 하찮은 공예품도 그냥 나오는 법이 없다. 깎이고 다듬어져야 한다. 돌덩

이를 깨고 부수면 나중에 멋진 예술작품으로 탄생한다. 우리가 깨어짐의 은혜 속으로 들어갈 때 비록 아프고 고통스럽지만 머지않아 반드시 아름다운 명품 인생으로 빚어질 것이다. 거창한 일꾼으로 쓰임받으려는 사람은 많다. 시대가 부러워하는 영적 거장을 꿈꾸는 사람은 많다. 그러나 깨어짐의 은혜를 갈망하는 그리스도인은 적다.

한 여인이 예수님의 죽음을 예비하려고 했다. 그녀는 온 집안을 향유 냄새가 진동하는 아름다움으로 물들였다. 그것은 옥합을 깨뜨림으로 가능했다. 그러나 그녀에게 더 중요한 것이 있다. 옥합을 깨뜨리는 용기가 어디에서 나왔겠는가? 그것은 자아 깨뜨림이다. 그녀는 자신의 자존심도 깨뜨렸다. 당시에 통용되던 통념과 풍습도 깨뜨렸다. 한 남자 앞에서 머리를 풀고 그 앞에 앉았다. 사람들은 그녀를 비웃었다. 비웃는 소리 앞에서도 그녀의 눈망울은 사랑으로 영글어 있었다. 얼마나 힘든 작업이었을까? 비싼 옥합을 깨뜨리는 것은 문제도 아니었을 것이다.

깨어짐 후에 하나님의 가장 위대한 축복을 경험할 수 있다. 칠흑같은 어둠과 폭풍이 휩쓸고 지나간 후에 오는 새벽은 영광스럽다. 극한 슬픔의 시기가 지난 후에 다시 느끼는 기쁨은 황홀하다. 축복은 깨어짐의 결과로 온다. 찰스 스탠리는 말한다. "깨어지는 중에 축복을 분별하는 일은 어렵다. 인생에서 우리에게 고통을 주는데, 때로는 그 고통이 너무 심해서 절대 치유되지 않을 것처럼 생각된다."

사랑하는 사람의 죽음을 경험했는가? 실직의 아픔이 다가왔는가? 오랫동안 낫지 않는 병으로 번민하는가? 그것은 깨어짐을 위한 하나님의 도구이다. 뒤틀리는 고통이 따르지만 그 안에는 삶을 바꾸어 놓는 강한 힘이 있다.

하나님의 스타일에
내 스타일을 맞추고

깨어짐은 자아의 부서짐이다. 새로운 사람으로 탄생하기 위한 옛사람의 포기이다. 그리스도인은 진정으로 옛사람을 버리고 새사람으로 다시 태어나는 자기 깨어짐이 수반되어야 한다. 김남준 목사는 이러한 자기 깨어짐을 이렇게 정의한다. "신자 안에 있는 부패한 자기 사랑이 파괴되는 것을 의미하는데, 이는 죄에 대한 사랑과 거기에 기반을 둔 자기 의에 대한 신뢰가 깨어지는 것이다."

다시 말해서 자기 깨어짐이란 하나님을 사랑하지 않고 자신을 사랑하는 그 자기가 깨어지는 것이다. 자기 깨어짐이 없이는 참된 구원을 말할 수 없다. 하나님의 구원받은 백성은 하나님과 영원히 함께 살기를 갈망한다. 그러한 갈망은 필연적으로 하나님을 닮으려는 노력으로 나타난다. 하나님을 닮아가는 과정은 바로 자기 깨어짐의 발견에서 시작된다. 자기 깨어짐을 거룩한 삶의 토대로 삼아 살아가는 것이야말로 그리스도인의 참된 특권이자 참된 행복이다.

김남준 목사는 자기 삶의 경험을 통해 자기 깨어짐을 이렇게 말한다. "어느 날, 주님의 음성이 제 마음에 들렸습니다. '얘야, 네 몸에 나 예수의 흔적이 있니?' 처음에는 작은 소리를 내며 흐르는 개울물 같던 그 음성은 시간이 흐르면서 계곡을 휘돌아 흐르다 떨어지는 폭포수처럼 들려왔습니다. 그래서 불 꺼진 교회당 한구석에서 울고 또 울었습니다. 길을 걸어갈 때도 찬물에 말은 아침밥을 뜰 때도 깊은 밤 홀로 들판을 산책할 때도 서재에서 책을 읽을 때도 그 음성이 생각이 나서 울고 또 울었습니다. 그렇게 아픈 여러 달을 지나면서 소박한 소원이 하나 생겨났습니다. 제가 언제 이 고단한 목회 사역의 날개를 접게 되든지 그날이 살아온 날 중에는 주님을 가장 많이 닮은 날이 되고, 앞으로 살아 있을 날에 대해서는 그날이 주님을 가장 덜 닮은 날이 되는 것이었습니다."

깨어짐이 우리 삶에 가져오는 비밀이 무엇인가? 깨어짐은 마음밭을 갈아엎는 작업이다. 인간의 마음은 갈아엎어야 할 정도로 단단하게 굳어져 있다. 굳은 마음을 기경하지 않고는 결코 영적 파종을 할 수 없다. 씨앗이 깊이 뿌리내리고 자라기 위해서는 완악한 마음을 깨뜨려야 한다. 굳은 마음을 부드러운 마음으로 갈아엎어야 한다. 깨어짐이란 바로 이런 것이다. 씨앗이 파고 들어가 뿌리를 내리지 못하게 막고 있는 반항의 흙덩어리를 산산이 부수는 과정이다. 부드러운 마음, 깨지고 상한 마음, 통회하는 마음이야말로 하나님의 말씀을 받아 열매를 맺게 하는 필수적인 과정이다. 말씀에 대한 반항심을 깨뜨릴 때 믿음의 삶이 펼쳐진다.

깨어짐은 자기 의지를 꺾어서 하나님 뜻에 굴복시키는 과정이다. 인간의 고집은 대단하다. 요나는 자기가 세워놓은 기준과 뜻을 관철하기 위해 하나님의 명령을 의도적으로 거부했다. 하나님이 그의 의지를 꺾기 위해 작업하시는데도 좀처럼 포기하지 않았다. 사람은 '절대'라는 말을 서슴지 않을 정도로 강한 의지를 내보인다. 그러나 하나님의 사람은 하나님 뜻 앞에 자기 의지를 완전히 꺾어버리는 단계를 반드시 거쳐야 한다. 하나님의 지시 앞에서는 어떠한 반항도 분노도 고집도 없어야 한다. 자기 삶을 향한 하나님의 계획과 가르침에 단순히 복종할 수 있어야 한다.

깨어짐의 은혜는 우리가 "예, 주님. 그렇게 하겠습니다"라고 고백하게 만든다. 하나님 말씀보다 앞선 자기 생각이 문제다. 하나님 뜻보다 우선되는 인간의 욕망이 새로운 인생의 문을 닫는다. 나를 향한 성령님의 음성에 자기 생각이나 주장을 내려놓는 것이 바로 깨어짐이다. 자기 의지에 대한 순종이 아니라 하나님의 의지에 대한 절대적인 복종이다. 자기 소리를 귀담아듣기보다 하나님의 소리에 귀를 기울여야 한다. 우리 삶에 꼭 필요한 것은 '나의 의지'가 아니라 모든 사건이나 상황에 담겨 있는 '하나님의 뜻'이다.

그렇기에 깨어짐이란 매 순간 우리 마음과 삶의 상태를 하나님께 맞춰가는 생활양식이다. 사람이 힘들어하고 상처로 얼룩지는 것은 자기에게 맞추려는 태도 때문이다. 각기 다른 스타일의 사람들이 서로 자기에게 맞추라고 요구한다. 어떻게 그 갈등을 극복할 수 있는가? 모두 하나님의 스타일에 맞추는 훈련을 하는 것이다. 나의 스타일도 내려놓아야 한다. 그리고 너의 스타일도 고집하지 말아야 한다. 우리에게 필요한 것은 하나님의 스타일뿐이다. 하나님의 스타일에 맞추면 거기에서 공통분모가 나오게 된다. 그래서 우리는 화평가운데 거할 수 있다.

깨어짐은 자기를 믿고 하나님과 상관없이 사는 마음가짐과 태도를 버리는 행위이다. 깨어진 인격은 스스로 의롭다고 생각하지 않는다. 결코 자기 힘으로 무언가를 이룰 수 있다고 생각하지 않는다. 자신의 고집도 포기할 준비가 되어 있고 자기주장도 내려놓을 준비가 되어 있다. 다른 사람의 생각과 의견, 감정마저도 언제든지 수용할 수 있다. 자신을 믿지 않는다. 그래서 언제든지 자신에 대해서 "No!" 라고 선언할 준비가 되어 있다. 다른 사람이 자신에 대해 "No!"라고 선언할지라도 결코 불쾌하거나 섭섭하지 않다. 왜냐하면 자신을 믿지 않기 때문이다. 그가 구하는 것은 자신을 통해서 일하시는 하나님의 은혜이다. 그가 의지할 것은 하나님의 은혜일 따름이다.

깨어짐은 한 번으로 다 이루어지는 것이 아니다. 그래서 바울은 "나는 날마다 죽노라"라고 고백했다. 이것은 자아 포기선언이다. 거친 마음을 갈아엎는 기경 작업이다. 자신의 아집을 포기하는 일이다. 다시는 자기 생각과 주장에 얽매이지 않는다. 날마다, 순간마다 나는 죽고 예수는 사는 훈련에 돌입하는 것이다. 깨어짐은 늘 현재 진행형이다. 한 번으로 마무리되는 것이 아니라 부단히 지속하는 생활 방식이다. 그러므로 "다 이루어졌다"라고 말해서는 안 된다. 오늘도 우리는 깨어지고 부수어지는 주님의 은혜 앞에 서야 한다.

깨어짐의 은혜를 아는가? 깨어짐은 인간이 경험해야 할 가장 위대한 축복이다. 이에 대해서 찰스 스탠리 박사는 이렇게 말한다. "깨어짐은 우리의 자기중심적인 삶을 우리에 대한 하나님의 소원과 목적으로 바꾸기 위해 하나님이 사용하시는 도구이다." 깨어짐은 인생에 불필요한 불청객이 아니다. 깨어짐은 우리가 깨어지지 않고 깨달을 수 있는 것보다 훨씬 더 위대한 축복이다. 깨어짐은 영적인 성숙을 가져온다. 깨어짐은 하나님과의 친밀감을 즐기게 한다.

어떻게 다른 사람에 대해 더 깊고 능력 있는 사역을 할 수 있는가? 바로 깨어짐을 통해서 가능하다. 깨어짐을 통해 우리는 새로운 차원의 자유, 능력, 평안을 경험하게 된다. 깨어짐의 과정은 우리를 예수 그리스도를 닮은 온전한 사람으로 만드는 과정이다. 만약 우리가 더는 망가질 것이 없을 정도로 망가지고 나면 그때야 세상이 알수도 없는 평안과 기쁨과 자유를 누리게 될 것이다. 망가지는 것을 두려워하는 사람은 결코 치밀어 오르는 분노와 속상한 감정을 주체할 수 없다. 그러나 거친 자아가 깨어지고 망가지고 나면 그때 진정한 자아와 영혼의 해방선언이 가능하다.

사람들이 나의 비위를 건드리는가? 나의 결함을 드러내고 비난하는가? 그때 나를 변호하고 상황을 모면하기 위해 변명하고자 하는 욕구를 포기해야 한다. 대신 완고한 마음을 깨뜨리는 하나님의 작업에 동참해야 한다. 그것이 바로 '부흥'이다. 사람들은 부흥을 외친다. 그러나 그 부흥은 참된 부흥과 거리가 먼 수적 채움에 불과하다. 내면과 영혼의 새로움은 없다. 하나님과의 진정한 만남은 바로 깨어짐이다. 그것이 바로 부흥이다. 하나님은 나를 깨뜨리기 위해 다양한 방법을 동원하신다. 하나님 말씀, 교역자의 책망, 실패, 사고, 질병 등. 이런 것들은 우리를 불편하게 만드는 것이 아니다. 하나님이 나를 깨뜨리기 위해 사용하시는 도구일 뿐이다.

주님의 이끄심에
자발적으로 순응하며

깨어짐을 경험한 사람은 하나님의 의지에 끌려다닌다. 자신의 삶을 무엇이 이끌어가는지 점검해보라. 그렇다면 내가 깨어짐의 세계에 들어와 있는지를 알 수 있을 것이다. 하나님이 이끄시는 세계가 내가 이끌어가는 세계보다 더 아름답고 알차다.

제인 애덤스라는 한 소녀가 있었다. 그녀는 시카고 대부호의 딸로 태어났다. 그녀는 어려서부터 의사가 되기를 꿈꿔왔다. 그런데 그녀의 건강이 나빠졌다. 그래서 학업을 포기하고 유럽을 돌며 요양할 수밖에 없었다. 그러던 중 그녀는 세계 최초로 설립된 사회복지

기관인 영국의 토인비 홀을 방문하게 되었다. 그곳에서 대학생들이 빈민을 위해 열심히 봉사하는 모습을 보았다. 이것이 제인 애덤스의 인생을 완전히 바꿔놓았다.

미국으로 돌아온 그녀는 시카고 노동자 지구에 빈집을 얻어 헐하우스(Hull House)를 세웠다. 그것이 북아메리카 최초의 사회복지 기관이었다. 그녀는 굶주린 이들에게 나눠줄 빵을 굽기 시작했다. 그리고 빈민가에 아이들을 위한 유치원과 야간학교를 개설했다. 그녀는 끊임없이 사회복지 활동을 했다. 더 나아가 노동자의 인권 보호를 위해 노력했다. 그뿐만 아니라 여성의 권리 신장, 국제적인 평화 협정을 위한 지원을 아끼지 않았다.

1910년, 그녀는 전국 사회사업가 회의에서 최초의 여성 의장이 되었다. 1912년에는 진보당의 시어도어 루스벨트 대통령 후보의 선거운동에 적극적으로 참여했다. 1915년에는 헤이그에서 열린 국제 여성회의 의장이 되었다. 그녀는 주변 사람들이 더 나은 삶을 얻게 하려고 많은 노력을 쏟아부었다. 사회를 개혁하고, 세계를 평화롭게 만드는 일에 지대한 공헌을 했다. 그래서 1931년, 콜라스 머리 버틀러와 함께 노벨 평화상을 공동으로 수상했다. 그녀가 노벨 평화상을 받았을 때 기자들에게 한 말이 있다.

"내가 빈민굴에 온 것은 내 의지가 아니라 하나님이 보내셨기 때문입니다."

믿음의 여정은 무엇인가? 주님이 이끄시는 대로 이끌림을 받는 것이다. 주님이 이끄시는 삶에 자발적으로 순응하는 삶을 살 때 주님이 여시는 희망의 세계가 보인다. 바울은 이방인의 사도로 나서기를 주저하지 않았다. 주님은 아나니아를 바울에게 보내면서 이렇게 말씀하셨다. "가라. 이 사람은 내 이름을 이방인과 임금들과 이스라엘 자손들에게 전하기 위하여 택한 나의 그릇이라. 그가 내 이름을 위하여 얼마나 고난을 받아야 할 것을 내가 그에게 보이리라" (행 9:15-16).

깨어짐에는 하나님의 계획이 숨어 있다. 깨어지는 은혜는 새로운 사명으로의 새 출발이 담겨 있다.

제주도 동쪽 끝 마을에서 목회하는 한 목사님이 계신다. 맹추위가 기승을 부리고 있던 어느 날이었다. 새벽 4시쯤 되었다. 누군가 다급하게 문을 두드려 거실로 나와서 보았다. 마당에서 자동차의 불빛이 거실을 환하게 비추고 있었다. 순간 '무슨 일이 있어도 있나 보다' 하는 생각을 하면서 문을 열었다. 경찰이었다.

"목사님, 교회 유리창이 다 깨졌습니다."

급하게 나가보았다. 누군가 교회 창문을 다 깨뜨려놓았다. 범인은 30대 초반의 마을 청년이었다. 이 사람이 술을 마시고 교회에 와서 행패를 부린 적이 한두 번이 아니었다. 그는 성장 과정이 순탄하지 못한 사람이었다. 동네 사람뿐만 아니라 부모까지도 다 꺼리는 청년이었다. 말하자면 인간말종인 셈이다. 이 청년은 전에도 교회에 와서 행패를 부리곤 했다. 하지만 그래도 한 번 더 기회를 주는 것이 좋을 듯해서 타이르곤 했다.

지난가을이었다. 이 청년이 교회를 때려 부순다고 하면서 찾아왔다. 목사님은 그와 이런저런 이야기를 나누었다. 화기애애한 분위기였다. 한동안 이야기를 나누다가 청년은 일어섰다. "어떤 미친놈이 교회 부수러 왔다가 목사님하고 마늘을 까고 가네요"라고 하면서 돌아갔다. 그래서 목사님은 생각했다. '이젠 교회와 그 청년과의 악연이 끝났는가 보다.'

그런데 이게 또 웬일인가? 또다시 찾아와서 이런 행패를 부리다니! 이날도 술을 진탕 마시고 교회에 들어왔다. 그리고 돌멩이로 유리창을 죄다 깨부수었다. 그러고는 스스로 파출소에 전화했다. 그래도 목사님은 끓어오르는 감정을 꾹 참으며 생각해보았다. '예수님은 사랑하기 위해 목숨도 버리셨는데, 이것 하나 용서 못 하랴?' 결국 목사님은 조서 끝에 이렇게 썼다.

"처벌을 원치 않음."

한 달 반 정도 지난 후에 새벽 3시가 조금 넘었는데 전화벨이 울렸다.

"목사님, 교회 둘러보시고 파출소로 와 주십시오."

교회 안에 들어가 보니 아수라장이었다. 강단에 놓였던 화분, 강대상, 촛대, 마이크 등 성한 것이 하나도 없었다. 모든 집기가 깨지고 뒤집혔다. 또 그의 짓이다. 화가 치밀었다. '이번만큼은 도저히 용서할 수 없다.' 목사님은 씩씩거리며 파출소로 달려갔다. 꼴도 보기 싫은 그 청년이 고개를 숙이고 웅크리고 앉아 있었다. 목사님을 보자 그는 무릎을 꿇고 "잘못했다"고 빌었다. 그놈의 술이 그를 미치게 하는가 싶으면서도 한 동네에서 5년 이상을 함께 살면서 이렇게 모질게 대할까 생각하니 서운하기도 했다.

이런 복잡한 일, 원치 않는 일을 겪고 나면 목사님은 생각해본다. '내가 무슨 큰 잘못을 저지른 것이 있나 보다. 누군가에게 아픔을 주었기에 지금 내가 해코지를 당하는가 보다.' 이런저런 생각을 하면서 다시 마음을 다잡기 위해 노력한다. 파출소에서 조서를 쓰고 난 후, 목사님은 서운한 마음을 달래면서 교회로 돌아와 청소했다. 소식을 듣고 달려온 교인들과 아내에게 미안했다. 목사가 좀 더 신령했더라면 이런 일이 없었을지도 모를 텐데 하는 생각도 든다.

넘어진 앰프와 스피커를 세워놓고는 고장 유무를 점검하기 위해 카세트 버튼을 눌렀다. 때마침 테이프에서 이런 가사가 흘러나왔다.

"무너져야 하리. 더 많이 부서져야 하리…."

순간 화가 치민다. '하나님, 얼마만큼 더 무너지고, 부서질까요?' 이것저것 다 치우고 나니 이미 동틀 무렵이다. 교인들을 다 돌려보낸 목사님은 허허로운 마음을 다잡기 위해 바다로 나갔다. 그리고 마음속으로 다짐해본다. '내 주변에서 일어나는 모든 일을 마다하지 말고 받아들이자. 좋은 일만 감사하지 말고 범사에 감사하자. 좋은 일도 궂은일도 결국은 내 삶의 과제요, 내가 풀어야 할 숙제니까….'

이 일로 인해 사모님은 힘들어한다. 목사님이 볼일이 있어 시내에 나갔다가 조금만 늦어지면 아이들하고 집에 있기가 무섭다고 한다. 교인들 역시 마찬가지다. 몇 차례 이런 일을 겪고 나니 은근히 걱정한다. '목사님이 다른 마음을 먹지 않을까?' 믿지 않는 동네 사람들도 이 소식을 듣고 달려와서 말한다. "이런 일로 떠날 생각일랑 말고, 그 망나니는 동네에서 책임질 테니 교회를 지켜 달라"고. 가고 싶다고 가고, 오고 싶다고 오는 것이 아님을 일일이 설명할 수도 없으니, 목사님은 이들에게 웃으면서 말한다.

"이 정도로 힘들 것 같으면 시골교회로 안 왔습니다."

깨어짐의 경험은 새로운 삶을 가져온다. 깨어짐을 통해 새로운 경향이 내 안에 꿈틀거리는 것을 경험한다. 예전에는 상상할 수도 없었던 삶의 방식이 찾아온다.

남아프리카 줄루족 추장의 아내가 한 구세군 모임에 참석했다. 그때 그녀는 예수님을 영접했다. 그런데 남편의 반대에 부딪히고 말았다. 그러나 예수님에 대해 더 듣고 싶은 열망에 그녀는 뱃심 좋게 다시 찾아갔다. 그녀의 남편은 그 소식을 듣고는 그녀를 사납게 구타하고 죽도록 내버려 뒀다. 그 후 그는 그녀가 어떻게 되었는지 호기심이 발동해서 그녀가 있는 곳에 가보았다. 부러진 잡목 가지 밑에 누워 있는 그녀를 발견했다. 그는 사나운 눈초리로 "당신의 예수 그리스도는 지금 당신을 위해서 무엇을 할 수 있소?"라고 말했다. 그녀는 그를 바라보며 조용히 말했다.

"그는 당신을 용서하도록 나를 도우셨습니다."

깨어지는 은혜는 하나님의 성품을 발견하도록 한다. 하나님의 아들을 닮아가고자 하는 노력이 매일의 깨어짐을 통해 이루어진다. 깨어짐은 한 번으로 끝나지 않는다. 계속되는 변화의 경험이요, 성화의 과정이다.

CHAPTER·2

-

약한 자에게
은혜로 채우신다

* * * * *

인간에게는 힘에 대한 욕구가 있다. 힘을 갖기 위해 돈을 벌기도 하고 권력을 추구하기도 한다. 돈이 세상을 움직이는 힘이라고 생각하고 권력이 사람을 움직이는 힘이라고 생각하기 때문이다. 이런 논리는 약함을 부끄럽게 생각하고 약자를 멸시한다. 그래서 스스로 약함을 감추려 하고 강한 체하고 자신의 강함을 입증하려 한다.

그런데 약한 게 다 약한 게 아니고 강한 게 다 강한 게 아니다. 하나님은 약한 자를 사용하셔서 강한 자를 부끄럽게도 하신다. 시날왕 아므라벨은 메소포타미아의 네 나라 연합군을 형성하여 소돔과 고모라 지역에 있는 다섯 나라 왕과 전쟁을 감행했다. 북쪽 연합군의 세력이 훨씬 강해서 남쪽의 왕들을 정복했다. 이때 아브라함의 조카 롯과 그의 가족도 재물을 탈취당하고 포로로 잡혀갔다. 이 소식을 들은 아브라함은 주저하지 않고 북쪽 연합군을 추격했다. 이때 아브라함은 병력은 가정에서 기르고 훈련된 가신들 318명이 고작이었다. 전력으로 보면 게임이 되지 않는다. 그러나 아브라함은 승리했고 조카 롯의 가족과 빼앗긴 재산을 다 되찾아왔다(창 14:16). 조카를 사랑하는 마음, 하나님을 향한 절대 믿음이 이런 결과를 낳았다. 결론은 하나님의 넘치는 은혜이다.

어느 날, 가슴 아픈 소식이 들려왔다. 어느 집사님이 암에 걸렸는데 손쓸 수 없는 지경이 되었다는 것이다. 심방 가서 얘기를 나눠보니 그분은 건강에 자신이 있었다. 몸살감기 한 번 앓지 않았고 병원에 입원한 적도 없었다. 그렇다 보니 지금까지 건강검진도 하지 않았다. 그런데 이런 몹쓸 질병이 찾아온 것이다. 한순간의 무너짐이다. 내가 가진 힘과 능력으로 사는 것 같지만 그것보다 더 중요한 게 있다. 주님이 주시는 넘치는 은혜이다. 주님이 주시는 넘치는 은혜는 인간의 나약함을 초월한다. 인생을 살다 보니 안 될 것 같아도 되고 되는 것 같아도 안 될 수 있음을 알았다. 문제는 주님 은혜의 여부이다.

강함을 자랑하지 말고
감사하고

요즘은 강함을 자랑하고 강자의 꿈을 꾸는 세상이다.

남과 다른 특징을 자랑하고 자기가 이룬 업적을 주저 없이 드러낸다. 다른 사람이 눈살 찌푸리는 것도 개의치 않는다. 오히려 과장하고 덧붙여 자랑한다.

그런데 이상한 취미를 가진 사람이 있다. 그는 오히려 약함을 자랑하고 다닌다. 사람들이 뭐라고 하든 상관없다. 약함 속에서 영적인 의미를 찾아낸다.

그가 바로 바울이다. "내가 부득불 자랑할진대 내가 약한 것을 자랑하리라"(고후 11:30).

세상에 약한 것이 자랑할 가치가 뭐가 있다고? 그러나 바울은 그게 자랑거리였다. 물론 바울도 세상 사람처럼 강한 것을 자랑하려면 얼마든지 있었다. "여러 사람이 육신을 따라 자랑하니 나도 자랑하겠노라"(고후 11:18).

누구도 경험하지 못한 셋째 하늘을 다녀온 신비한 경험을 통해 계시를 받기도 했다. "무익하나마 내가 부득불 자랑하노니 주의 환상과 계시를 말하리라"(고후 12:1).

세상의 프로필을 작성하자면 누구보다도 화려한 이력서를 뽐낼 수 있다. "그러나 나도 육체를 신뢰할 만하며 만일 누구든지 다른 이가 육체를 신뢰할 것이 있는 줄로 생각하면 나는 더욱 그러하리니 나는 팔일 만에 할례를 받고 이스라엘 족속이요 베냐민 지파요 히브리인 중의 히브리인이요 율법으로는 바리새인이요 열심으로는 교회를 박해하고 율법의 의로는 흠이 없는 자라"(빌 3:4-6).

그러나 바울에게 그것은 의미 없는 휴짓조각에 불과했다. "그러나 무엇이든지 내게 유익하던 것을 내가 그리스도를 위하여 다 해로 여길뿐더러 또한 모든 것을 해로 여김은 내 주 그리스도 예수를 아는 지식이 가장 고상하기 때문이라. 내가 그를 위하여 모든 것을 잃어버리고 배설물로 여김은 그리스도를 얻고"(빌 3:7-8).

바울이 자랑할 만하던 것들이 이제 쓰레기통에 버려져야 할 오물에 불과했다. 예전에 자랑거리였던 것이 주님의 가치를 경험한 바울에게는 잡동사니에 불과했다. 그래서 바울은 역설의 진리를 말한다. "내가 약한 그때에 강함이라"(고후 12:10).

누가 보더라도 이 말은 분명히 모순이다. 약한 것이 왜 강함인가? 기독교는 이렇게 말도 안 되는 것 같지만 역설의 진리가 많다. 예수님을 생각해보라. 전지전능하신 하나님의 아들이 죽을 수 있는가? 그러나 예수님은 십자가에서 약한 모습으로 죽으셨다. 그러나 예수님의 약한 죽음은 거기서 끝나지 않았다. 사흘 만에 다시 살아나셨다. 약함이 강함이 된 것이다.

사도 바울 역시 역설의 진리를 보여주고 있다. 그는 악한 사람들에게 잡혀서 정신없이 두들겨 맞아 초주검이 된 상태로 깊은 지하 감옥에 던져졌다. 그는 약함의 길을 걸었다. 그러나 그는 자신이 당하는 약함 속에는 역설의 진리가 담겨 있음을 알았다. 그가 걸어가는 약함 속에는 강함이 숨겨져 있음을 알았다. 그래서 그는 약함의 길을 걷는 것을 전혀 부끄럽게 생각하지 않았다. 실제로 그의 태도를 보

라. 그가 십자가의 복음을 어떻게 전했는가? 헬라의 지혜로 포장하지 않았다. 로마의 웅변술로 각색하지 않았다(고전 2:1-2). 설교를 너무 지혜롭고 유창하고 멋지게 하지 않기로 작정했다는 말이다.

고린도교회를 생각해보라. 고린도교회 안에는 내로라하는 사람들이 몇몇 있었다. 어느덧 몇몇 지도자는 교인들에게 우상과 같은 존재로 자리 잡았다. 교인들은 그들을 중심으로 파당을 만들어 분쟁했다. 그래서 고린도교회는 시끄러웠다. 그 모습을 본 바울은 깜짝 놀라 고린도 교인들을 강하게 책망한다. "아볼로는 무엇이며 바울은 무엇이냐"(고전 3:5).

바울은 자신을 가리켜 '아무것도 아니라'고 말한다. 자랑할 만하지도 않고 존경받을 만하지도 않다는 것이다. 오히려 그는 "나는 약하며 두려워하며 심히 떨었노라"고 자신의 약한 모습을 드러낸다. 어디 그뿐인가? 그는 '나는 만물의 찌꺼기', 즉 시궁창에 내버리는 음식물 찌꺼기 같은 존재라고 말한다. 더 나아가서 "나는 나에 대해서 약한 것들과 부족한 것들을 자랑하노라"라고 말한다.

그렇다. 기독교는 역설로 꾸미는 세상을 꿈꾼다. 세상 사람이 선호하는 길이 아니다. 세상의 원리가 지배하는 비전이 아니다. 세상과는 다른 길을 걷고 싶다. 그것이 기독교의 경쟁력이다. 세상과 같이 강자가 되는 것이 경쟁력이 아니다. 교회는 그러한 세속적인 경쟁력을 내려놓고, 약함의 원리로 세상을 정복하는 진정한 경쟁력이 지배하는 새로운 세상을 꿈꾼다. 세상 사람은 자기가 행한 의로운 일을 자랑한다. 어떻게든 사람 앞에 드러내기를 원한다. 그러나 예수님은 사람에게 보이려고 하지 말라고 말씀하신다. "사람에게 보이려고 그들 앞에서 너희 의를 행하지 않도록 주의하라. 그리하지 아니하면 하늘에 계신 너희 아버지께 상을 받지 못하느니라"(마 6:1).

영국의 세계적인 기독교 지도자인 존 스토트 박사는 2000년 7월, 영국 케직 사경회에서 이런 말을 한 적이 있다. "기독교의 근본적 진리의 하나는 약함과 어리석음에 있다. 십자가의 복음 자체가 약하고 어리석은 것이다."

그런데 현실은 어떠한가? 약함을 천시하고 강함으로 포장하려고 안간힘을 쓴다. 그는 "오늘날 세계 곳곳을 다녀보아도 사도 바울처럼 자기의 약함과 어리석음을 드러내는 진정한 기독교의 지도자들을 찾아보기가 너무나 어렵다"라고 고백한다. 그렇다. 하나님은 하나님 나라를 위해 지금도 약함과 어리석음으로 경쟁력을 갖춘 그리스도인을 찾고 계신다. 이 비밀을 아는 바울은 이렇게 고백했다. "하나님의 어리석음이 사람보다 지혜롭고 하나님의 약하심이 사람보다 강하니라"(고전 1:25).

실제로 하나님께서 일하시는 방법을 보라. 하나님이 하나님의 비전에 동참하는 자를 부르실 때 어떠셨는가? 지혜로운 자, 능한 자, 문벌 좋은 자를 부르시지 않았다. 오히려 미련한 사람을 불러서 지혜 있는 자들을 부끄럽게 하셨다. 세상의 약한 자들을 불러서 강한 자들을 부끄럽게 하셨다. 세상의 천한 것과 멸시받는 것과 없는 것들을 택하셔서 있는 것들을 폐하셨다. 그래서 그 누구도 인간적인 것을 자랑하지 못하게 하셨다(고전 1:26-29).

사실 세상이 돌아가는 것을 보라. 누구 때문에 시끄럽고 어지러운가? 잘났다고 가졌다고 으스대는 자들에 의해서 갈등과 다툼이 일어나지 않는가? 자신의 강함을 내려놓고 하나님의 은혜를 구할 수 있으면 좋으련만 인간은 그렇지 못하다. 자신의 강함으로 휘두르고 지배하려고 한다. 강함은 은혜를 거부한다. 하나님의 은혜는 강한 자에게 내려오는 것이 아니다. 오히려 약하고 부족한 사람에게 내려온다. 하나님의 은혜는 같게 내려오지만 약한 자가 그 은혜를 누린다. 그러나 강한 자는 자신의 강함 때문에 그 은혜를 누리지 못한다. "그러나 더욱 큰 은혜를 주시나니 그러므로 일렀으되 하나님이 교만한 자를 물리치시고 겸손한 자에게 은혜를 주신다 하였느니라"(약 4:6). 겸손은 은혜의 문을 열지만 교만은 하나님의 은혜와 축복의 문을 닫는다.

20세기 인물 가운데 최고의 지성을 꼽으라면 영국의 버트런드 러셀을 들 수 있다. 그는 어려서부터 매우 똑똑했다. 교회에 다녔던 그는 총명한 머리로 성경을 굉장히 많이 읽었다. 그는 스스로 목회자보다 성경을 더 잘 안다고 생각하게 되었다. 성경 지식을 가지고 수많은 목회자를 골탕 먹이기도 했다. 성경에 대한 목회자들의 무지를 비웃었다. 그렇게 해박한 성경 지식을 가지고 쓴 책이 바로 「나는 왜 기독교인이 아닌가」이다. 그는 성경을 기독교의 허구성을 드러내는 데 사용했다. 성경을 너무 많이 알았던 것이 병이었다. 성경 지식은 도리어 그를 교만하게 만들었다. 그 교만함은 예수를 안 믿고 기독교를 우습게 보는 어리석음을 저질렀다. 성경은 살아 있으므로 변화를 일으킨다. 어떤 사람을 변화시키는가? 약한 사람이다. 강하다고 자부했던 러셀은 변화는커녕 오히려 성경을 자신의 잣대로 조각내고 말았다. 그는 강한 것 때문에 진리의 귀머거리가 되었다.

그래도 강자의 원리 속에 살기를 원하는가? 그래도 강함을 자랑하고 싶은가? 강하다는 속성이 우리를 교만하게 만들 수 있다. 강한 것 때문에 다른 사람과의 관계 속에서 폐쇄적인 사람으로 전락할 수 있다. 강함을 자랑하지 말아야 한다. 강함으로 지나치게 이끌리지 말아야 한다. 만약 내가 강한 존재라면 감사하자. 그러나 그 강함을 그리스도께 굴복시켜야 한다. 그리고 하나님의 은혜 앞에 내려놓아야 한다. 그래야 하나님이 사용하신다. 그렇지 않으면 하나님은 나의 강함 때문에 나를 버릴 수도 있다. 강함은 자랑할 대상이 아니라 감사할 대상이다.

약함은 주님이 주시는
은혜 통장이다

약함을 부끄러워하는가? 다른 이들보다 약하기 때문

에 마음이 상하는가? 바울도 약한 것 때문에 하나님의 도우심을 간구했다. 그래서 "이 질병을 고쳐주세요"라고 기도했다. 사실 이 질병이 간질인지 안질인지 명확하지는 않다. 분명한 것은 바울이 자신의 약함 때문에 괴로웠다는 사실이다. 특히 복음 전도자로서 사명을 감당하는 데는 너무나 큰 걸림돌이 되었다. 그래서 하나님의 도우심을 구했다. 자신의 취약한 점을 보완하기 위해 얼마나 안간힘을 쓰는가? 질병을 앓는 사람들은 전 재산을 쏟아부어서 이 병원 저 병원을 전전한다. 못 배운 한이 있는 사람은 고령에도 배우려고 애쓴다. 많은 직장인이 능력과 실력을 갖추어서 강자로 인정받기 위해 새벽부터 저녁 늦게까지 배우는 데 주력한다.

한때 샐러던트(Saladent)라는 말이 유행했다. 이것은 봉급생활자(salaryman)와 학생(student)의 합성어이다. 조사에 의하면 요즘 직장인 10명 중 7명이 회사 업무와 개인적인 공부를 병행하는 샐러던트의 길을 걷고 있다고 한다. 경쟁력을 갖추기 위해서는 노력하지 않고는 안 된다는 결론이 나온 것이다. 그런데 기억할 사실이 있다. 대나무와 갈대의 차이점을 이렇게 말한 사람이 있다. "대나무는 강해서 부러지는 경우가 많다. 그러나 갈대는 약하고 부드러워서 부러지지 않는다." 대나무는 강한 바람 앞에 너무 강하게 버티다가 부러진다. 그런데 갈대는 강풍 앞에서 휘청거리다 부러질 것 같은데, 유연하게 잘 버티는 매력이 있다는 것이다. 약함 때문에 부러지지 않는 것이다.

대인관계도 강함이 지배하는 것은 아니다. 아름다운 관계를 유지하는 사람 가운데는 오히려 약함을 통해 대인관계를 이끌어가는 이가 많다. 나는 강한 사람과 함께 있기를 원하는가? 다소 약한 사람과 함께하기를 원하는가? 약함을 가진 사람이 더 매력 있는 경우가 많다. 그래서 사람들은 그들에게 다가가기를 즐긴다. 더구나 이 세상이 다 강한 사람을 필요로 하는 것은 아니다. 오히려 약한 사람이 약함을 극복하고 훨씬 더 강한 사람처럼 돋보이는 생을 살아가고 있다.

　몽골, 아니 아시아를 넘어 세계적인 영웅이 있다. 바로 칭기즈칸이다. 그는 로마가 400년 동안 정복한 땅과 사람보다 더 많이 차지한 영웅호걸이다. 그런데 우리가 생각하는 것과는 달리 칭기즈칸은 지도자로서의 결점과 약점이 많았다. 훗날 칭기즈칸은 자신이 어린 시절에 겪었던 가혹한 시련을 떠올리며 이렇게 말했다. "가난하다고 탓하지 말라. 나는 들쥐를 잡아먹으며 연명했다. 작은 나라에서 태어났다고 말하지 말라. 나의 병사들은 적의 백 분의 일, 이백 분의 일에 불과했지만 세계를 정복했다. 배운 게 없다고 탓하지 말라. 나는 내 이름도 제대로 쓸 줄 몰랐지만 남의 말에 귀 기울이면서 현명해지는 법을 배웠고 또 지혜를 구했다. 너무 막막해 포기해야겠다고 말하지 말라. 나는 목에 칼을 쓰고도 탈출했고 뺨에 화살을 맞고도 살아났다."

　만약 가혹한 시련 앞에서 좌절했다면 그는 일개 부족장의 아들 테무친에 그쳤을 것이다. 하지만 그는 어떤 시련과 난관 앞에서도 좌절하지 않았다. 어떤 상황에서도 자신과 나라의 미래를 긍정하고 낙관했다. 바로 이 긍정과 낙관이 그를 테무친에서 칭기즈칸으로 만든 원동력이 되었다. 그는 지도자로서의 결점과 약점에 위축되지 않았다. 오히려 약함을 강함으로 전환해 인간 승리자가 될 수 있었다.

약함을 가진 또 한 사람의 이야기를 나눠보자. 일본 재계의 우상적 존재가 있다. 바로 마쓰시타 고노스케 회장이다. 그는 어린 시절에 몹시 가난하게 살았다. 하지만 그는 '가난 때문에'라고 탓하지 않았다. 오히려 그는 "가난 덕분에 부자가 되었다"고 자부한다. 그는 가난했기 때문에 평생 근검절약하는 정신을 길렀다. 그뿐만이 아니다. 그는 초등학교도 제대로 졸업하지 못했다. 그러나 한 번도 배우지 못했기 '때문에'라고 탓하지 않았다. 오히려 배우지 못한 '덕분에' 평생 공부에 남들보다 더 많이 관심을 두고, 한 자라도 더 배우려고 학습에 온 열정을 쏟았다. 게다가 그는 몸이 약했다. 하지만 몸이 약하기 '때문에'라고 핑계 대지 않고 오히려 몸이 약했던 '덕분에' 더 조심하고 삼가면서 건강을 챙겼다. 결국 그는 95세가 넘도록 장수할 수 있었다. 내가 가진 연약함 '때문에'라고 탓하거나 불평하지 말고, 오히려 연약함 '덕분에'라고 말하는 '긍정의 철학'을 가져야 한다.

캐나다의 로키산맥 해발 3천m 높이에는 수목 한계선 지대가 있다. 이 지대의 나무들은 혹한의 눈보라와 매서운 찬바람으로 곧게 자라지 못한다. 그래서 무릎 꿇은 모습으로 자란다. 지독히도 굽은 나무를 훌륭한 목재로 사용할 수 있겠는가? 별로 쓸모없어 보인다. 그런데 놀라운 사실이 있다. 공명이 가장 잘 되는 명품 바이올린은 바로 이 '무릎 꿇고 있는 나무'로 만들어진다는 사실이다. 약함이 모두 불필요한 것이 아니다. 오히려 아주 유용하게 사용될 수 있다.

위대한 정신의학자이자 상담가인 폴 트르니에는 약함과 고통의 창조성을 이렇게 강조한다. "고통이나 약함 자체는 우리에게 저주도 축복도 아닌 중립적인 것이다. 다만 어떻게 반응하는가에 따라 우리 삶은 창조적으로, 혹은 파괴적으로 나아간다."

역사적으로 위대한 승리자들을 보라. 모두가 고통을 창조적 에너지로 승화시킨 주인공이다. 서양에서는 외과 의사가 아이들을 수술하기 전에 이렇게 달래준다고 한다. "내가 너를 아프게 할지는 몰라도 너에게 손해를 입히지는 않을 것이다."

그렇다. 우리의 약함은 나를 약간 고통스럽게 할 수 있다. 그러나 하나님께서는 그 약함을 통해 나의 생애에 손해를 입히지는 않으신다. 오히려 우리의 연약함에는 유익이 감추어져 있음을 믿어야 한다. 우리의 약함은 주님이 주시는 은혜의 통장이다.

약한 자에게 더 큰
은혜를 베푸신다

그렇다면 우리가 가진 약함이 과연 나에게 어떤 유익을 가져다주는가? 그 약함을 통해 무엇을 누릴 수 있는가? 약함의 영성을 가진 자에게 주시는 하나님의 은혜를 생각해보자.

첫째, 겸손하게 하는 은혜이다.

하나님께서 왜 우리를 약하게 만드셨는지 아는가? 우리가 병들지 않게 하기 위함이다. 인간이 가진 치명적인 병이 있는데, 바로 교만이다. 하나님은 교만한 사람을 멀리하시고 물리치신다. 겸손한 사람에게 은혜와 축복을 베푸신다. 약함은 우리가 교만이라는 덫에 빠지는 것을 막아준다. 사실 바울은 인간적인 좋은 조건을 많이 가졌다. 능력 있고 실력 있고 많이 배웠다. 가문 좋고 든든한 인맥도 있다. 사실 어디 하나 부족함이 없는 사람이다. 그래서 성경도 13~14권 기록하지 않았는가? 세계를 품고 선교사역을 활발하게 했다. 그렇기에 하나님께서는 그에게 교만하지 말라고 약함을 주셨다. 그것을 통해 자신을 돌아보게 하셨다. '나는 어쩔 수 없는 존재이니 나를 불쌍히 여겨 달라'는 겸손한 심정을 갖게 하셨다.

국제 MOF 소속 선교사로서 현재 삿포로 국제그리스도교회 담임목사로 사역하고 있는 이수구 목사님은 한국인 목사로서 일본 교회를 부흥시켜 주목받는 분이다. 1996년, 30명 미만이던 삿포로 국제그리스도교회에 담임목사로 부임했다. 이후로 교회가 꾸준히 부흥하여 현재 일본인 성도가 약 150명, 중국 유학생 40여 명, 그리고 한국인 교포와 유학생까지 포함하여 총 200여 명이 모이는 교회가 되었다. 그는 제자훈련을 통해 교인들을 일본인답지 않게 뜨겁고 헌신적인 그리스도인으로 만들었다.

그는 어느 잡지에서 이런 말을 했다. "일본 사람들은 한국 사람들에게 겉으로는 머리를 숙여도 속으로는 우월의식을 갖고 있습니다. 정직성이나 성실성, 도덕성 같은 면에서는 스스로 자부심이 있거든요. 그런데 우리 교회 성도들은 한국 사람들을 존경하고 사랑합니다. 아무리 그래도 저는 다른 민족이잖아요. 하지만 제 말에 잘 순종하고, 저와 마음을 맞춰서 함께 사역하는 모습을 보면 제가 참 축복받은 선교사라고 생각합니다."

이렇듯 성공적인 목회를 잘 감당하던 목사님에게도 남들이 모르는 아픔과 약함이 있었다. 그는 재일한국인 선교사연합회 신년 수련회에서 선교 보고를 하면서 이런 기도를 부탁했다. 자녀 문제였다. 아들이 심한 우울증을 앓고 있다고 한다. 그래서 대학을 중간에 포기하고 집에 틀어박혀 지내고 있다. 그는 선교사와 목사들 앞에서 눈물을 흘리면서 기도를 부탁했다. 그는 누구나 부러워하는 성공적인 사역을 하고 있었다. 그런데 정작 다른 사람에게 말하지 못했던 약함으로 고민하고 있었다. 그가 가진 연약함, 그것은 교만으로 나아가는 것을 막는 하나님의 제동장치는 아닐까?

우리가 가진 결정적인 약점은 내가 교만이라는 질병에 걸리지 않게 하는 주님의 전략일 수 있다. 그렇다면 내가 가진 약점이야말로 주님이 베푸시는 고상한 은혜가 아닌가? 세계적인 대문호 도스토옙스키는 어려서부터 많은 고생을 하면서 자랐다. 그래서 뇌전증까지 생겼다. 그런데 그는 자신의 약점을 거룩한 병이라고 간증했다. 나의 교만을 꺾어서 하나님의 은혜를 경험하게 하시는 거룩한 병인 약함을 감사함으로 받아야 한다.

둘째, 기도하게 하는 은혜이다.

사람은 강할 때보다는 오히려 어렵고 힘들 때, 약할 때 기도의 무릎을 꿇는다. 인생의 시련과 고통, 약함은 무릎 꿇는 기도의 영성을 낳는다. 약한 것 없이 교만하게 목을 뻣뻣하게 함으로써 하나님으로부터 버림받는 길을 선택할 것인가? 어쩔 수 없는 존재임을 인정하고 하나님의 도우심 앞에 무릎 꿇고 기도하는 사람이 될 것인가? 우리가 가진 약함 덕분에 기도할 수 있다면 그것이야말로 하나님의 은혜가 아닌가? 약함은 우리를 기도의 보좌로 이끌어간다.

19세기 영국 런던의 침례교 설교자였던 찰스 스펄전은 설교의 황제라고 불린다. 스펄전은 27세 때에 런던 메트로폴리탄 성전에서 6천 명의 청중에게 설교했다. 활자화된 3,561편의 설교는 그가 세상을 떠난 지 1세기 이상이 지난 지금도 여전히 출간되고 있다. 1879년 8월 10일, 다른 주일과 마찬가지로 메트로폴리탄 성전의 교인들은 새로 온 사람에게 좌석을 양보하기 위해 하나같이 예배당 밖으로 나가기로 했다. 곧 6천 명가량이 예배당을 가득 채웠다. 그 교회를 방문한 어떤 사람이 한 교인에게 스펄전의 부흥 비결을 물었다. 그러자 그 교인은 방문객을 지하실로 안내했다. 거기에는 400여 명의 교인이 설교 중인 스펄전을 위해 중보기도를 하고 있었다. 스펄전이 성공적인 설교자가 될 수 있었던 것은 바로 중보기도 사역자들 때문이었다.

셋째, 능력을 누리는 은혜이다.

바울은 "내가 약한 그때에 강함이라"고 말한다. 이 말씀을 오해하지는 말자. 약함 자체가 유용하다는 말이 아니다. 약함 그 자체는 능력이 아니다. 많이 배운 것이 하나님 앞에서는 능력이 될 수 없다. 마찬가지로 못 배운 것도 능력일 수 없다. 많이 가진 재물이 하나님 앞에서 능력이 될 수 없다. 마찬가지로 아무것도 없는 것 역시 능력일 수 없다. 강한 몸이 하나님 앞에서 능력일 수 없다. 병든 몸 역시 능력일 수 없다.

그렇다면 바울은 왜 약한 그때가 바로 강할 때라고 말하는가? 자신이 가진 약함 때문에 주님을 더욱 의지했기 때문이다. 약함이 약함으로 끝나면 안 된다. 그 약함 때문에 주님을 의지해야 한다. 그때 우리가 가진 약함은 얼마든지 강함이 될 수 있다. 하나님이 일하시기 때문에, 하나님이 들어서 사용하시기 때문에 약함 속에 능력이 나타나는 것이다.

하나님은 약한 자를 들어 크고 강하게 쓰신다. 하나님은 비범하고 탁월한 영웅호걸을 사용하는 대신에 평범하고 초라한 약자를 크고 위대하게 쓰신다. 하나님은 약한 사람 사용하기를 좋아하신다. 이와 관련해서 중국의 선교사 허드슨 테일러는 이런 말을 했다. "하나님의 모든 거인은 약한 사람들이었다." 또한 중국 지하교회 지도자 윈 형제의 책 「하늘에 속한 사람」의 머리말에서 폴 해터웨이는 이렇게 말했다. "세상을 변화시키는 것은 위대한 사람들이 아니라 위대하신 하나님의 손에 붙들린 약한 사람들이다."

하나님은 약한 사람 가운데서 그리스도의 능력을 나타내시기를 원하신다. 만약 약함이 없다면 어떻게 하나님의 능력을 체험할 수 있겠는가? 하나님은 지금도 능력으로 역사하신다. 하나님의 능력은 강한 자에게 나타나는 것이 아니다. 오히려 약한 자에게 임한다. 그렇기에 약함을 가지고 불평하고 탄식할 것이 아니다. 오히려 하나님 앞으로 나아가라. 그리고 기도하라. 하나님이 치유하시리라. 치유하시지 않는다고 할지라도 그 약함을 가지고 살아가는 것이 하나님의 은혜이다.

바울은 하나님 앞에 세 번이나 기도했다. 그러나 하나님은 그를 고쳐주시지 않았다. 우리가 바라는 것처럼 바울을 깨끗하게 고치셔서 멋지게 사용하시면 얼마나 좋겠는가? 그러나 '고쳐주지 않는 것'도 하나님의 은혜임을 발견해야 한다. '응답되지 않는 기도'도 하나님 은혜의 일부임을 받아들여야 한다. 왜냐하면 하나님이 어떤 목적으로 그렇게 하시는지 아무도 알 수 없기 때문이다. 단지 하나님이 하시는 모든 일이 가장 아름다운 선물임을 고백할 뿐이다.

넷째, 하나님의 사랑을 경험하는 은혜이다.

우리 형제는 7남매이다. 지금은 두 형이 먼저 하나님의 품으로 가셔서 2남 3녀만 남았다. 형제들은 배운 것은 없지만 모두 좋은 심성을 가졌다. 그리고 가난이 재산이라고 부지런하게 살았다. 허튼 짓하지 않고 모두 그런대로 남부럽지 않게 살아왔다. 그런데 유독

내 바로 위의 형이 골칫덩어리였다. 싸우기가 일쑤였다. 대형 사고를 터뜨리고 새벽녘에 돈이 없으니 돈을 가져오라고 술집에서 전화하기도 했다. 어머니 가슴에 대못을 많이 박았다. 어머니는 아들을 생각하면 가슴이 벌렁벌렁한다고 말씀하신다. 그 아들을 위해 밤낮없이 성전 마룻바닥을 뜨거운 눈물로 적시셨다.

어느 날, 맏며느리가 어머님께 물었다.

"어머니는 많은 자식이 있는데 왜 저렇게 속을 썩이는 아들에게 목을 매세요. 어머니가 그렇게 감싸고도니까 잘못된 습성을 고치지 않고 더하잖아요."

불편한 마음을 내비쳤다. 그때 어머니께서 이렇게 말씀하셨다.

"얘야, 다른 자식들은 그냥 놔둬도 남들에게 손가락질받지 않고 잘 살지 않니? 그런데 저놈은 내가 안지 않으면 누가 환대할 거냐? 그럼 어쩌니? 엄마가 안고 인간 만들지 않으면…."

그 말씀을 듣는 순간 나는 가히 표현할 수 없는 어머니의 사랑에 탄복하고 말았다.

유명한 웨슬리의 아내 수잔나 웨슬리에게는 많은 자녀가 있었다. 어떤 사람이 그에게 물었다.

"그중에 누구를 가장 사랑하느냐?"

그때 수잔나 웨슬리는 이렇게 대답했다.

"몸이 아픈 자식이 있으면 그 몸이 건강해질 때까지 그 자식을 제일 사랑하며, 집 나간 자식이 있으면 그 자식이 돌아올 때까지 그 자식을 제일 사랑하며, 문제가 있는 자식이 있으면 그 문제가 해결될 때까지 그 자식을 제일 사랑합니다."

　세상은 강하고 능력 있고 잘난 사람을 찾는다. 그런 사람에게 더 큰 호의와 사랑을 베푼다. 그러나 하나님은 다르다. 집 안에 있는 99마리 양보다 허락 없이 도망가서 길을 잃고 헤매는 한 마리 양에게 더 큰 관심을 가지신다. 이것은 세상 경제 원리로 설명할 수 없다. 세상 정글의 법칙으로는 도저히 풀 수 없는 법칙이다. 그런데 이것이 하나님의 세계 안에서 일어나는 해법이다. 강하고 잘나고 많이 가졌다고 해서 반드시 큰 사랑을 받는 것은 아니다. 오히려 연약하고 어리석고 부족할 때 하나님의 더 큰 사랑을 받는다. 자신의 약함을 가지고 하나님 앞으로 나아가야 한다. 약함을 가지고 성전에 앉아서 통곡하며 기도하는 한나를 하나님은 위로하고 축복하셨다. 오늘도 약함을 가지고 성전에 엎드려 통곡하는 가난한 마음, 상한 마음을 가진 자에게 주님의 은혜는 넘치게 부어진다.

약함을 기뻐하고
은혜 앞으로 나아가며

　　목소리가 어린아이 같아서 고민하던 자매가 있었다. 청년회를 섬기면서도 늘 목소리 때문에 제대로 교제 한 번 못했다.

그래서 자신의 목소리를 어떻게 좀 해달라고 주님께 간절히 기도했다. 얼마 후에 주일학교 책임자 되는 분이 그 자매에게 주일학교 교사로 섬길 것을 부탁했다. 순간 자매는 기도 응답을 받은 것 같은 느낌이 들었다. 어린아이들에게 찬송을 가르치고 하나님 말씀을 들려주는 사역에는 자매의 목소리가 안성맞춤이었다. 아이들도 좋아했고, 자신도 너무 기뻤다. 자매의 약함에도 주님은 그녀를 하나님 왕국의 귀한 그릇으로 사용하셨다. 하나님의 쓰심은 나의 모습에 매이지 않는다.

바울은 약함을 부끄러워하지 않았다. 약함을 통해 더 강한 세계로 도약했다. 약함이 오히려 그를 더 넓은 은혜의 바다로 나아가게 했다. 바울은 약했다. 그러나 하나님은 강했다. 약한 바울은 하나님을 의지했다. 하나님은 그러한 바울을 사랑하셨다. 그리고 그에게 필요한 은혜로 채우셨다. 하나님의 능력으로 나아가는 삶은 약함을 인정하는 데서 시작된다. 우리의 약함을 숨길 필요가 없다. 나의 약함 때문에 하나님은 은혜로운 사역을 시작하실 것이다. 우리가 약하기 때문에 하나님께 더욱 밀착될 수 있다. 약함 때문에 하나님을 의지하려는 지혜만 가지면 된다.

어느 날, 어떤 랍비가 세 사람에게 질문했다.

"만약 길에서 돈주머니를 주웠다면 어떻게 하겠소?"

한 사람이 이렇게 대답했다.

"나는 즉시 주인을 찾아 그것을 돌려주겠습니다."

그러자 랍비는 시큰둥한 표정으로 말했다.

"당신은 바보로군요."

또 한 사람이 대답했다.

"솔직히 나는 매우 가난하고 빚도 아주 많답니다. 나는 그것을 하나님의 선물로 알고 가질 것입니다."

그러자 랍비는 대답했다.

"당신은 도둑놈이로군요."

마지막 사람이 대답했다.

"저는 그것을 주인에게 돌려주어야 한다고 생각합니다. 그렇지만 또한 저는 나 자신이 너무나 약한 존재임을 잘 알고 있습니다. 내가 어찌할지 나는 잘 모르겠지만 모든 것을 하나님께 맡길 수밖에 없어요."

그제야 랍비는 빙긋이 웃으며 말했다.

"당신이 옳습니다. 그것이 가장 현명한 것이지요."

지혜로운 사람은 자신이 약하다는 사실을 알고 있다. 약한 존재이기 때문에 한순간도 장담할 수 없다. 그래서 매 순간 이렇게 말하면서 하나님의 은총에 매달린다.

"나는 잘 모르지만 하나님께서 알아서 해주세요."

우리가 약하다고 인정하면 하나님은 나에게 가까이 다가오신다. 그러나 우리가 강하다고 버티고 있는 한, 하나님은 가까이 다가오지 않으신다. 왜냐하면 하나님이 구태여 필요하지 않기 때문이다. 인간은 약함에 약하다. 그러나 하나님은 인간의 약함에 강하다. 하나님은 그 어떤 사람이라도 다 사용하실 수 있다. 약한 자는 약한 대로, 강한 자는 강한 대로. 하나님이 쓰지 못할 사람은 없다. 단지 자기 마음대로 고집만 부리지 않는다면.

나는 강단에서 "나는 너무 부족하고 연약하다"라는 표현을 자주 사용한다. 어느 날, 한 장로님이 웃으며 말했다.

"목사님, 부족하다, 연약하다고 말씀하지 마세요. 목사님은 겸손한 마음으로 그렇게 말씀하지만 자꾸 듣다 보면 이상하게 생각하는 사람도 있어요."

나는 그 장로님의 말씀을 감사히 받았다. 목사를 생각해주는 아름다운 마음에서 나온 말이다. 그때 내가 대답했다.

"장로님의 말씀은 감사한데, 사실 제가 너무 부족하고 연약한 게 맞잖아요."

그게 사실이다. 목회를 잘할 자신이 없고 설교도 잘하지 못한다. 늘 자신이 없다. 성도들에게 죄송한 마음이다. 그래서 매 순간 주님께 의존할 뿐이다. 주님을 바라볼 뿐이다. 주님의 도우심을 간청할 뿐이다.

아브라함과 사라의 조급함과 실수였지만 하갈은 하나님의 은혜로 아브라함의 후처가 되었다. 그리고 이스마엘을 낳았다. 얼마나 감사한 일인가! 그렇다면 하나님의 은혜를 잊지 않고 겸손하게 주님을 의지하며 살아가야 한다. 그런데 아들을 낳은 하갈은 교만해졌다. 훗날 사라가 약속의 씨인 이삭을 낳은 후에 이스마엘은 힘없고 어린 동생을 돌보기는커녕 오히려 놀리고 조롱했다. 화가 난 사라는 아브라함에게 하갈을 집에서 내쫓자고 졸랐다. 사라에게는 후처인 하갈의 자식이지만 아브라함에게는 친아들 아닌가! 아브라함은 큰 근심에 빠졌다. 그러나 하나님은 하갈과 이스마엘을 내보내라고 말씀하셨다(창 21:12).

결국 하갈과 이스마엘은 광야로 내쫓겨 방황하는 신세가 되었다. 그런데 놀라운 점은 자신의 잘못된 처신과 행동으로 불행을 자처한 이들 모자를 하나님이 돌보셨고, '또 다른 은혜'를 허락하셨다는 것이다(창 21:17-18). 하나님의 은혜로 살아가는 인생인데, 어리석은 인생들은 영적 장애인이 되어 하나님의 은혜를 망각하기도 한다. 그런데도 나를 지탱하는 것은 멈추지 않는 주님의 은혜이다. 이걸 잊어서는 안 된다.

「약할 때 기뻐하라」는 책을 쓴 마르바 던이라는 작가가 있다. 그는 1948년 미국 오하이오주 나폴레온에서 태어났다. 신학자이자 저술가 및 교회음악가로 많은 사람에게 널리 알려진 그는, 캐나다 밴쿠버의 리젠트 칼리지에서 영성신학을 가르치고 있었다. 그는 어린 시절 독실한 루터교 가정에서 자랐다. 그래서 성경 연구훈련을 철저히 받았다. 영문학으로 석사학위까지 받은 후 진로를 바꿔 노트르담 대학에서 기독교 윤리와 성서학 연구로 박사학위를 받았다. 그 후 미국과 캐나다를 비롯한 오스트레일리아, 영국, 홍콩, 일본, 한국,

싱가포르 등 전 세계의 신학교와 수련회에서 젊은 세대들을 가르치고 지도해왔다.

그렇게 활발하게 하나님의 사역을 감당하고 있지만 그에게는 신체적으로 여러 장애가 있었다. 하지만 그는 자신의 현실을 비관하지 않았다. 오히려 하나님께서 들어 쓰시도록 자신을 온전히 하나님께 드렸다. 그가 가진 심각한 중증 장애라는 삶의 고통은 오히려 "약할 때 기뻐하라"는 메시지에 힘을 실어주고 있다.

주님은 약한 우리를 쓰시는 데 아무런 제약을 받지 않는다. 단지 우리가 "나 같은 건 쓸모가 없어"라고 자신을 내팽개칠 뿐이다. 약한 자신을 부끄러워하고 수치스러워할 게 아니다. 하나님의 손에 내드려야 한다. 비록 내가 약하긴 해도, 나를 부르시고 쓰시는 주님을 절대 신뢰하고 의지하고 일어나야 한다. 하나님은 연약한 자를 사용하셔서 위대한 일을 이루시는 넘치는 은혜를 얼마든지 선물해주신다.

고난보다 더 큰
하나님을 주시하라

* * * * *

고난과 고통을 좋아할 사람은 없다. 그러나 가만히 생각해 보라. 고통은 기쁨의 한 부분일 뿐이다. 누군가 이렇게 말한다. 금붕어는 어항 안에서는 3천 개 정도의 알을 낳지만 자연 상태에서는 1만 개 정도 낳는다. 열대어는 어항 속에 자기들끼리 두면 비실비실 죽어가지만 천적과 같이 두면 힘차게 잘 살아간다. 호두와 밤은 서로 부딪혀야 풍성한 열매를 맺고, 보리는 겨울이 지나지 않으면 잎만 무성할 뿐 알곡이 들어차지 않는다. 태풍이 지나가야 바다에 영양분이 풍부하고, 천둥이 치고 비가 쏟아져야 대기가 깨끗해진다. 평탄하고 기름진 땅보다 절벽이나 천박한 땅에서 피어난 꽃이 더 향기롭고 늘 따뜻한 곳에서 자란 나무보다 모진 추위를 견딘 나무가 더 푸르다.

우리에게 필연적으로 다가오는 고난과 시련의 폭풍을 새로운 시각에서 바라볼 수 있게 만든다. 나는 고난의 현장에서 더 깊은 자아 성찰이 이루어졌고, 더 뚝심 있게 강인해졌고, 주님의 새로운 인도 앞으로 나아가는 것을 경험했다. 그래도 고통은 불청객이고, 나를 불행으로 이끄는 마녀와 같은 존재로 여겨지는가? 하나님의 은혜가 존재하는 한 고통은 주님이 주시는 은혜로운 선물일 수 있다.

인생은 고난의 연속선상에 서 있다. 고난이라는 불청객은 거절한다고 돌아가지도 않고 도망간다고 사라지는 것도 아니다. 직면할 수밖에 없고 감당해낼 수밖에 없다. 그러나 바로 그때 고난보다 훨씬 크신 벧엘의 하나님, 전능하신 하나님께 시선만 떼지 않으면 분명히 이겨낼 수 있고 승리할 수 있다. 그게 믿음의 여정이다. 순례의 길을 걸으면서 고난의 언덕을 오를 때마다 우리의 시선을 고난보다 더 크신 하나님께 주시하면 더는 염려할 것 없다.

억울한 고난을 겪는다고
한탄하지 말고

이제 바울의 제2차 전도여행이 시작된다. 제2차 전도여행의 목적은 제1차 전도여행을 통해 세운 교회를 방문하여 더욱더 든든히 세우는 것이다. 바울은 계속해서 소아시아를 거쳐 마게도냐 지방과 아가야 지방에서 복음을 전하기 시작했다. 바울은 제1차 전도여행에서 갑작스레 예루살렘으로 돌아간 마가 요한과 동역하기를 거부했다. 마가 요한을 데려가자고 하는 바나바와 갈등하다가 결국 바울과 바나바는 결별하고, 대신 실라를 데리고 전도여행을 출발했다. 얼마 지나지 않아 디모데까지 합류하게 되었다. 이들 일행은 제1차 전도여행 때 세운 교회들을 방문했다. 이어서 비시디아 안디옥 서쪽에 있는 아시아 지방에서 복음 전하기를 원했다. 그러나 성령께서는 그들이 가려고 하는 길을 두 차례나 막았다. 결국 바울 일행은 드로아를 거쳐 마게도냐 지방으로 들어갔다. 바울은 성령의 지시를 받고 빌립보 성으로 들어갔다(행 16:12). 성령님의 인도는 더 큰 은혜의 세계로의 여행이다.

바울은 선교사역 중에도 기도의 원동력을 잊어버리지 않았다. 그래서 기도할 처소를 찾아갔다(행 16:13). 기도할 장소를 찾아가는 중에 빌립보에 살고 있던 몇몇 유대인 여자들이 강가에서 기도하는 것을 발견했다. 거기에서 두아디라 지방에 와서 자주색 옷감 장사를 하던 루디아를 만났다. 그 후 그녀는 바울의 훌륭한 동역자가 된다. 사역은 기도와 더불어 이루어진다. 기도에 헌신 된 사람에게 사역할 기회가 주어진다. 기도의 시간을 확보하려는 자에게 동역자를 붙여 주신다. 기도의 길을 찾는 자에게는 더 큰 은혜가 임한다.

얼마 지난 후, 바울은 또다시 기도하는 장소로 가는 중에 또 다른 한 여인을 만났다. 그 여자는 귀신이 들렸다. 귀신은 사탄의 졸개로서 하나님 나라를 대적한다. 그녀는 귀신의 힘을 빌려 점을 치면서 살았다. 많은 사람이 몰려왔다. 애써 돈을 벌지만 그 돈을 착취하는 주인이 뒤에 버티고 있었다. 주인은 여종의 점술을 통해 상당한 재물을 축적했다. 이 여인은 바울 일행을 만나자 그들을 따라가면서 고함을 질렀다.

"이 사람들은 지극히 높은 하나님의 종으로서 구원의 길을 너희에게 전하는 자이다."

귀신은 바울 일행의 정체를 정확히 알았다. 그렇다고 복음을 받아들이는 건 아니다. 귀신은 인간이 복음 앞으로 나가는 것을 훼방하는 존재이다. 이런 행동이 며칠간 지속되다 보니 바울이 복음 사역을 하는 데 많은 방해가 되었다. 그녀의 행동은 도가 지나쳤다. 바울을 너무 괴롭게 만들었다. 그래서 바울은 그 여인 안에 있는 귀신을 향해 명령했다.

"예수 그리스도의 이름으로 내가 네게 명하노니 그에게서 나오라"(행 16:18).

그러자 귀신은 맥도 추지 못하고 즉시 도망쳤다. 예수님의 이름 앞에 귀신은 저항할 수 없다. 이걸 경험하는 게 큰 은혜다.

순간 여인은 정상인의 삶을 회복할 수 있었다. 얼마나 행복한 순간인가? 그런데 보라. 이 여인의 자유로 심각한 손해를 보는 사람이 생겼다. 바로 이 여종의 점술을 통해 이권을 누리던 주인이었다.

"어느 놈이 내 돈줄을 끊어 놓았어!"

소망이 끊어진 주인은 즉시 바울과 실라를 붙잡아 장터에 있는 관리들에게 끌고 가 상관들에게 고발했다.

"유대인인 이 사람들이 우리 성을 심히 소란하게 만들고 있습니다. 로마 사람인 우리가 받지도 못하고 행하지도 못할 풍속을 전하고 있습니다."

상관들은 바울과 실라의 옷을 벗기고 매로 쳤다. 얼마나 두들겨 팼는지 피투성이가 되었다. 맞다가 쓰러진 이들은 습하고 어두컴컴한 지하 깊은 감옥에 던져졌다. 이걸 과연 은혜라 할 수 있는가?

생각해보라. 얼마나 억울한 일인가? 관원들에게 두들겨 맞는 것도 너무 힘들었다. 그러나 육체적인 고난보다 더 힘든 것이 있다. 정신적인 고통이다. 육체적인 고난은 잠깐이다. 그러나 정신적인 고난은 오래간다. 바울은 잘못이 없다. 오히려 좋은 일을 했다. 그런데 왜 이렇게 고난받아야 하는가? 또 하나님께서 기뻐하시는 일을 했다. 그런데 왜 이런 수모와 고통을 당해야만 하는가? 얼마나 속상한가? 정말 억울한 고난이다. 우리도 믿음으로 살다 보면 분명히 억울한 고난을 겪을 수밖에 없다. 그것이 주님을 따르는 길이다. 바로 십자가를 지는 삶이다. 그래도 은혜이다.

예수님도 인류 구원을 위해 하늘의 영광을 포기하고 세상에 오셨다. 가난하고 상처받은 사람들의 친구가 되셨다. 십자가에 목숨을 희생하면서까지 그들을 부한 자로 만드셨다. 그런데 인간들은 예수님께 조소와 돌 세례를 퍼부었다. 고난의 잔을 마시게 했다. 얼마나 억울한가? 저절로 이가 갈리고 원망과 분노가 치밀어 오르지 않는가? 두 주먹을 불끈 쥐고 치를 떨지 않겠는가? 그러나 예수님은 그렇지 않았다. 오히려 그들을 위해 기도하고 축복하셨다. 그래서 베드로는 "그 자취를 따라오게 하려 하셨느니라"(벧전 2:21)고 한다. 고난이 다가온다고 너무 분노하지 말자. 오히려 당연한 것, 올 것이 왔다고 생각하자. 제자대학의 배지가 무엇인지 아는가? 그것은 바로 고난의 배지이다. 제자대학으로 들어가는 배지를 달았으니 이 얼마나 영광스러운 일인가? 이게 은혜가 아니라면 무엇이 은혜인가?

어느 날, 감옥에 갇혀 있던 세례 요한이 제자들로부터 예수님이 하시는 사역에 대해서 들었다. 예수님이 병들어 죽게 된 백부장의 종을 고치셨고, 나인성 과부의 죽은 아들을 살리셨다는 것이다. 세례 요한은 고민스러웠다. 이런 것을 보면 예수님은 분명히 하나님이 보내신 메시아 같았다. 그런데 어떤 때는 전혀 그렇지 않은 것처럼 생각되었다. 그래서 세례 요한은 고민하고 있었다. 결국 그는 제자들 가운데 두 사람을 예수님께 보내서 질문하도록 시켰다. "오실 메시아가 당신이 맞습니까? 우리가 다른 이를 기다려야 합니까?"

그러나 예수님은 그들의 질문에 대한 명쾌한 대답을 주지 않으셨다. 다만 예수님이 많은 환자를 치유하고 계셨기 때문에 "너희가 보고 들은 것을 그대로 전해주라"고 말씀하셨다. 그리고 마지막으로 당부하셨다. "누구든지 나로 말미암아 실족하지 아니하는 자는 복이 있도다"(눅 7:23).

예수님을 따르는 것은 억울하게 당하는 고난을 전제로 한다. 그러나 제자는 억울한 고난을 겪을지라도 실족하지 말아야 한다. 사람은 고난을 겪을 때 스스로 넘어지기 때문에 제자의 길에서 이탈한다. 그러나 하나님 나라는 고난받는 자가 누릴 몫이다. 이 비밀을 알기에 사도들은 이렇게 고백한다. "사도들은 그 이름을 위하여 능욕받는 일에 합당한 자로 여기심을 기뻐하면서 공회 앞을 떠나니라"(행 5:41).

예수님은 주옥같은 산상보훈에서 말씀하셨다. "의를 위하여 박해를 받은 자는 복이 있나니 천국이 그들의 것임이라. 나로 말미암아 너희를 욕하고 박해하고 거짓으로 너희를 거슬러 모든 악한 말을 할 때에는 너희에게 복이 있나니 기뻐하고 즐거워하라. 하늘에서 너희의 상이 큼이라. 너희 전에 있던 선지자들도 이같이 박해하였느니라"(마 5:10-12).

의를 위해, 예수님을 위해, 천국의 대의를 위해 억울하게 고난받는 것을 두려워하지 말아야 한다. 이를 악물고 마지못해 참아내는 것도 아니다. 하늘의 상을 바라보면서 기뻐하고 즐거워해야 한다. 웃으면서 고난의 현장으로 들어가야 한다. 적어도 바울과 실라는 그러했다. 그들은 감옥에 갇혀 있었지만 찬송하고 감사기도를 드렸다. 그들은 "빨리 이 감옥에서 나가게 해주세요"라고 기도하지 않았다. 그저 하나님을 즐기는 기도였다. 하나님의 뜻을 묻는 기도였다. 최악의 상황에서도 하나님과 즐기는 교제 그 자체였다.

마음에 결심하자. 작은 이권 때문에 다른 사람의 가슴에 못을 박지 않기로. 나의 유익 때문에 다른 사람을 고통스럽게 만들지 않기로. 얼마나 누리고 얼마나 가지겠다고. 차라리 가질 것을 포기하기로. 그래서 다른 사람의 마음을 아프게 하지 않을 수 있다면.

고난의 길목에도
은혜의 꽃은 피어난다

　　　　　어떤 어려움이 다가올 때 인내하고 끈기 있게 노력해서 다가올 결론을 미리 볼 수만 있다면 얼마나 좋겠는가? 학생들이 30~40대에 다가올 미래를 미리 경험할 수 있다면 10~20대를 허송세월로 보내지 않을 것이다. 고난은 싫다. 속상하고 짜증스럽다. 그러나 결과를 보고 말해야 한다. 의외로 은혜로운 길이 펼쳐질 수도 있으니까.

　어둡고 칙칙한 습기로 찌든 지하 깊숙한 감옥으로 들어가 보자. 그곳에는 피투성이가 된 바울을 지키기 위해 파송된 사람들이 있다. 그들은 바울 일행을 잘 지켜야만 한다. 한편 바울과 실라는 그 밤에 지하 감옥에서 부흥회를 열고 있다. 그들의 입술에서는 찬송과 기도가 터져 나왔다. 하나님이 주시는 기쁨과 평화가 그들을 지배하고 있었다. 그런데 갑자기 감옥에 큰 지진이 났다(행 16:26). 순간 감옥 터가 움직였다. 문이 다 열리고 묶여 있던 사람이 모두 풀려났다. 이

지진은 초자연적인 것이다. 하나님의 임재 사건이다. 하나님의 개입이요 하나님이 바울 일행을 보호하시는 사건이다. 그들을 구원하기 위한 하나님의 특별작전이다. 고난의 현장에 상상하지 못한 은혜의 꽃이 피어나고 있다.

바울이 빌립보 감옥에 갇힌 이유가 무엇인가? 겉으로 볼 때는 귀신 들린 여자를 고침으로 그 여자의 주인에게 손해를 입혔기 때문이다. 그러나 감추어진 이유가 따로 있다. 바로 간수를 구원하기 위한 하나님의 전략이다. 바울과 실라가 우연히 감옥에 갇힌 것이 아니다. 하나님의 치밀한 계획 속에서 이루어진 사건이다. 하나님이 계시지 않는 상황 같았지만 실상은 하나님께서 리모컨으로 다 조정하고 계신다. 그러니 어떤 고난에도 부화뇌동할 수 없지 않은가?

갑작스러운 상황에 잠자던 간수들이 깜짝 놀라서 일어났다. 옥문이 열린 것을 보자 정신이 번쩍 들었다. 순간 간수들 머릿속에는 이런 생각이 떠올랐다. '우리는 이제 쫄딱 망했다. 우린 영락없이 죽었어.' 이 당시 법이 그랬다. 죄수를 지키다가 놓치면 죽음을 면할 수 없었다. 상황이 이렇게 돌아가자 그들은 극단적인 결정을 내렸다. '살아서 고생하다가 죽는 것보다 차라리 이 자리에서 자살하자!' 겁에 질린 간수들은 칼을 빼 들었다. 그리고 스스로 몸에 자해를 가하려는 순간, 바울이 너무 놀라서 큰 소리로 말했다.

"당신들의 몸을 상하게 하지 말라. 우리가 여기 있다."

고난을 피할 수 있는 절호의 기회이다. 하나님께서 길을 다 열어주셨다. 얼마나 지친 몸인가? 내일이면 어떤 일이 일어날지 모른다. 그런데 바울은 도망가지 않았다. 그 고난의 현장을 피하려는 생각도 하지 않았다. 하나님이 만들어 주신 기회에도 서둘러 빠져나가지 않았다. 그랬기에 넘치는 주의 은혜를 경험할 수 있게 되었다. 간수들은 바울로부터 복음을 받아들였다. 바울 일행을 집으로 모셨다. 아픈 상처를 물로 깨끗이 씻어주었다. 그리고 자신과 가족들 모두가 그 자리에서 세례를 받았다. 할렐루야. 이런 은혜가 고난을 피할 기회를 차버린 바울에게 찾아온 것이다. 간수는 너무 기쁘고 행복했다. 그 감격을 어떻게 주체할 수가 없었다. 그래서 바울 일행에게 맛있는 음식을 대접했다. 온 가정에 하나님의 구원이 이른 것이다.

얼마나 복되고 행복한 일인가? 한 가정의 구원을 이루기 위해 바울은 고난의 현장을 떠나지 않았다. 사명자로서 이것보다 더 감격스러운 일이 어디 있겠는가? 바울 혼자 누리는 영광이 아니다. 천하보다 귀한 생명을 건지는 일이다. 그것도 온 가족이 회심하는 사건 말이다. 이 정도면 고난받을 만하지 않은가? 참을 만하지 않은가? '고난은 변장한 축복'이라고 말하지 않던가! 축복을 마다하는 바보를 보았는가? 고난은 인생의 새로운 기회이다. 고난은 축복의 전조이다. 그렇기에 성공적인 삶을 선택하는 사람은 고난을 해석하는 소중한 지혜를 가지고 있다. 고난이 문제가 아니다. 고난을 해석하는 태도가 문제이다. 누구나 고난 앞에 선다. 그러나 누구나 고난을 잘 해석하는 것은 아니다. 고난을 어떻게 해석하고 어떻게 받아들이느냐에 따라 인생의 결과는 달라진다.

퀴쉬너 목사의 일화이다. 그는 예쁜 아내를 맞아 아들을 낳고 행복하게 살았다. 아들이 태어난 지 3개월이 되었다. 그런데 아들이 왠지 이상했다. 병원에 가서 진단받은 결과 조로증이라는 병이었다. 조로증은 성장이 멈추고 노화되는 질병이다. 3개월 된 아들이 더 이상 성장하지 못하다니? 이제부터 늙기 시작한다니? 너무나 기가 막힌 상황이었다. 이 병은 고치지 못하는 병이다. 이 병에 걸리면 오래 살아야 10년밖에 살 수 없다. 3개월 된 아이가 늙기 시작한다? 10년 살고 죽을 때는 100살을 산 것처럼 늙어버린다? 그 아이가 말을 하겠는가? 밥 한 숟가락 스스로 떠먹을 수 있겠는가? 그렇게 십 년을 키우다가 어느 날 죽는다고 생각할 때 목사님 부부의 고통이 얼마나 컸겠는가?

결국 그 일이 다가오고 말았다. 아들의 장례를 치르고 집으로 돌아왔다. 슬픔을 감출 수가 없었다. 그래서 하나님 앞에 통곡하며 기도했다. 그렇게 기도하는 중에 하나님께서 깨달음을 주셨다. "왜 착한 사람에게 이런 고통이 있는가?" 그는 이제 대답할 수 있게 되었다. 첫째, 가만히 고통당하는 사람들을 조사해 보았더니 악한 사람 또는 안 믿는 사람만 고통을 당하는 것이 아니라, 믿는 사람, 믿는 사람 중에서도 충성을 다하는 사람까지 고난을 겪더라는 것이다. 그래서 고통이라는 것은 보편적이어서 누구에게나 똑같이 있다는 것을 깨달았다.

둘째, 하나님께서 복을 주시는데 누구에게나 100%의 복을 주시는 법이 없다는 것을 깨달았다. 행복하다고 하는 사람의 집에 가보았더니 그 집에도 불행한 면이 있더라는 것이다. 셋째, 그 고통에는 반드시 하나님 뜻이 있더라는 것이다. 하나님 뜻이 이루어지는 날, 고통이 변하여 복이 되더라는 것이다. 넷째, 자신이 그런 고통을 당해보지 않았을 때는 교인들의 고통에 대해서 위로하는 말을 건성으로 했었고, 가슴에 닿는 위로가 아니었더라는 것이다. 자기가 상대방을 구체적으로 이해하고 같은 입장에서 위로를 베푼 적이 없었다는 것이다. 그러다 자기가 고통을 당하고 보니 고통당하는 사람을 진정으로 이해하게 되고 진정으로 위로할 수 있게 되었다는 것이다. 그 뒤에 퀴쉬너 목사님은 성공적인 목회를 했다. 깨닫고 나니 자신에게 다가온 고난의 현장이 넘치는 은혜였다.

고난은 마음을 불편하고 고통스럽게 만든다. 그래서 몸부림을 친다. 그러나 결과를 예측해보라. 새로운 기회가 서서히 태동하고 있다. 하나님의 축복이 다가오고 있다. 잘 보이지 않지만 희망의 불씨가 서서히 타오르고 있다. 고난 앞에서 고난의 현장만 주목하지 말고 고난을 다루시는 하나님께 주목해야 한다. 우리는 때때로 고난의 현장에서 '하나님의 부재 현상'이 느껴져 몸부림친다. 그러나 고난의 현장은 하나님의 적극적인 개입의 현장이다. 하나님의 개입만 잊어버리지 않는다면 반드시 승리할 수 있다.

대의그룹 채승의 장로는 이런 말을 했다. "나는 역경과 고난 속에서 하나님을 만났다. 그 고난의 순간마다 하나님이 함께하셨다. 그리고 어려웠던 시절에 참으로 고마운 친구들과 도움을 준 사람이 많았다. 진정 아름다운 만남은 예수 그리스도와의 만남, 그리고 기도의 동역자와의 만남이었다." 우리 마음을 짓누르는 고난의 현장은 하나님을 실감 나게 만날 기회이다. 그곳에서 기도의 동역자도 만나게 될 것이다. '축복의 숨은 얼굴'만 발견하면 결코 고난 앞에 무릎 꿇고 항복하는 겁쟁이가 되지는 않는다. 고난의 현장에 섰을 때 "고난은 축복의 다른 얼굴이다"라는 관점 바꾸기가 필요하다.

밀턴 에릭슨이라는 심리학자가 있다. 그는 17세와 51세 때 일생에 두 번이나 소아마비 발작의 고통을 겪었다. 그는 네 살이 되도록 말을 하지 못했다. 열일곱 살에 소아마비가 처음으로 발작했을 때 의사는 살 수 없을 것이라고 말했다. 하지만 그는 기적적으로 살아났다. 온몸이 마비되어 1년여 동안 식물인간처럼 침대에 누워서만 생활했다. 에릭슨은 어릴 때 말을 늦게 배웠다. 난독증으로 힘들어했다. 그리고 색맹과 난청으로 고통당했다.

그런 가운데 17세 때 소아마비 발작으로 온몸이 마비되는 고통을 겪었다. 그는 힘들게 재활훈련을 하면서 학교 공부를 열심히 했다. 그는 평생을 장애와 싸워야 했다. 특히 노년에 또 한 번 소아마비로 인한 신체 마비 증상을 겪어야만 했다. 그때는 견디는 것이 결코 쉬운 일이 아니었다. 그런 사람이 고통당하는 다른 환자들을 치료할 때 이런 말을 한다. "고통은 좋은 것입니다. 왜냐하면 그것은 내가 살아 있다는 것을 의미하니까 말입니다."

즉 고통의 현장에서 관점을 바꾸어보라는 뜻이다. 우리는 고난의 용광로 속에서 진지한 자아 성찰을 한다. 고난과 맞붙어 싸우는 과정에서 쉽게 쓰러지지 않는 강인한 강철 인생으로 변한다. 고난은 기적을 초청한다. 고난 뒤에는 내가 보지 못한 구원이 기다리고 있다. 하나님은 어제나 오늘이나 고난을 통해 일하신다. 고난의 끝자락에 더 큰 은혜의 선물 보따리를 준비하고 계신다.

고난은 무릎 꿇어야 한다는
시그널이다

어느덧 꿈꾸는 듯한 시간이 지나고 날이 샜다. 간수의 상관들이 부하를 보냈다.

"이 사람들을 놓으라"(행 16:35).

그때 바울의 모습을 보라. 우리 같으면 얼씨구나 잘됐다고 하면서 정신없이 사라질 것이다. 그런데 바울은 그들에게 항의한다.

"로마 사람인 우리를 죄도 정하지 아니하고 공중 앞에서 때리고 옥에 가두었다가 이제는 가만히 내보내고자 하느냐. 아니라. 그들이 친히 와서 우리를 데리고 나가야 하리라"(행 16:37).

얼마나 멋진가? 얼마나 당당한가? 이제 죄수 바울은 상관들에게 두려움을 안겨주는 위협적인 인물이 되었다. 그들은 결국 바울에게 찾아와서 그 앞에 무릎을 꿇었다. 그리고 "조용히 떠나 달라"고 당부했다. 고난을 극복한 믿음의 사람에게는 이런 은혜가 찾아온다.

모세 역시 억울한 일을 당했다. 40년을 애굽 궁중에서 장학생으로 지냈다. 이렇게만 나간다면 얼마 있지 않아 공주의 아들로서 최고의 권좌에 오를 수도 있었다. 그러나 괜스레 동족의 일에 동참했다가 도망자의 삶을 살아야만 했다. 그는 미디안 광야로 도망갔다. 무려 40년 동안이나 광야에서 양치기로 지내야만 했다. 생각해보라. 40년 동안 궁중생활에 익숙했던 왕자가 짐승과 함께 지내는 목동생활이라니. 그러나 하나님은 모세의 광야생활 40년 동안 하나님의 리더십 대학에서 철저히 훈련했다.

찰스 스윈돌은 모세가 광야에서 네 가지 박사학위를 받았다고 하면서 광야학교의 중요성을 강조한다. 첫째, 모세는 광야학교를 통해 무명 박사학위를 받았다. 모세는 높은 자리에 있었다. 스포트라이트를 받는 무대 중앙에서 이목을 집중시켰다. 그런데 광야에서 이런 것들을 내려놓고 겸손을 배웠다. 둘째, 모세는 시간 박사학위를 받았다. 그는 성급한 사람이었다. 기다림의 미덕이 없었다. 감정을 주체하기 힘들었다. 그러나 그는 광야에서 하나님의 때를 기다리는 훈련을 해야만 했다. 셋째, 모세는 광야에서 고독 박사학위를 받았다. 모세는 궁중에서 화려한 분주함에 물들어 있었다. 뛰어난 학문과 기술을 배우면서도 하나님과 깊은 묵상의 세계로 들어가지는 못했다. 그런데 광야에서 침묵과 묵상을 통해 하나님을 경험하는 축복을 배웠다. 넷째, 모세는 광야에서 불편 박사학위를 취득했다. 궁중은 편안하다. 그러나 광야는 불편함이 이만저만 아니다. 그러나 불편을 경험하지 않고는 출애굽 광야 지도자가 될 수가 없었다. 모세에게 다가온 미디안에서의 광야생활은 리더십 훈련 장소였다. 하나님은 미디안 광야에서 모세의 모난 인격을 다듬으셨다. 그는 거기서 많은 박사학위를 취득했다.

광야학교는 강인하고 쓸모 있는 인생을 만드는 하나님의 담금질이다. 거센 파도가 노련한 항해사를 만들어낸다. 대장장이는 볼품없는 쇠붙이를 불에 담갔다가 물에 담갔다가 망치로 내리친다. 이것을 거듭 반복하다 보면 어느새 쇠붙이는 정교한 연장이 되어 농부의 손에 잡힌다. 끝이 보이지 않는 혹독한 광야학교에서 수업 중인가? 광야학교는 우리의 거친 자아를 곱게 부서뜨려서 주님 일에 유용한 사람으로 구비시킬 것이다. 때로는 하나님의 담금질이 불편하다. 그래서 입을 삐죽거려보기도 한다. 그런데 그게 나를 향한 하나님의 배려임을 기억해야 한다. 그걸 깨닫는 게 쉽지는 않지만.

나는 대학 시절에 아빠가 없는 조카들과 함께 지냈다. 대구에서 고등학교 과정을 마친 나는 대학 과정을 서울에 있는 형님댁에서 신세 지기로 했다. 원서를 가지고 서울로 올라오던 그날, 형님이 교통사고로 소천하셨다. 장례식장에서 원서를 넣어야 하느냐 말아야 하느냐는 문제를 둘러싸고 가족들이 많은 논의를 했다. 서로의 의견이 달랐다. 결국 최종 결론은 형수님께서 내리기로 하셨다. 그런데 형수님은 단호했다.

"하나님께서 무슨 뜻을 가지고 계실 겁니다. 일단 원서를 넣고 봅시다. 합격해도 불합격해도 하나님의 뜻대로 합시다."

그렇게 시작되어서 형님이 계시지 않는 형수님 댁에서 어린 두 조카를 돌보면서 생활하게 되었다. 마음이 편할 리 있겠는가?

이제 세월이 흘러 지나간 날을 되돌아본다. 하나님은 나에게 많은 것을 가르쳐주셨고 훈련하셨다. 참음이 무엇인지를 가르쳐주셨다. 살아가면서 주변을 돌아본다는 것이 어떤 것인지도 배웠다. 다른 사람의 짐을 대신 져주는 것이 얼마나 큰 행복인지도 느꼈다. 형수님과 함께 새벽 도매시장에 가서 몇 시간씩 헤매고 다녔다. 그리고 학교 가고, 아이들의 학업과 형수님의 빈자리를 대신하는 가정지킴이 역할까지 했다. 그러나 힘들었던 시간을 통해 삶의 고달픔을 행복으로 받아들이는 삶의 태도도 배웠다. 짧은 기간의 광야학교를 통해 많은 것을 느끼고 배우게 되었다. 바로 하나님의 담금질이었다. 고달프고 힘든 하나님의 담금질 과정이 결국 우리의 인격을 승화시킬 것이다.

하나님의 담금질을 극복하려면 어떻게 해야 하는가? 바울과 실라는 그 비밀을 알고 있었다. 빌립보 깊은 지하 감옥에 피투성이가 된 죄수가 두 사람 있다. 앞이 안 보이는 한밤중이었다. 현수막이 하나 걸려 있다. '지하 감옥 심령 대 부흥회!' 바울과 실라는 통성으로 기도했다. 지하 감옥에서 들려오는 이 기도 소리는 하늘 보좌를 움직이는 능력의 기도였다. 이들의 마음과 영혼으로부터 흘러나오는 천상의 노래가 있었다. 웅장한 바리톤은 아닐지라도 지하 감옥을 진동시키는 찬양이었다. 그 찬양은 보이지 않는 공중 전파를 타고 하늘에까지 닿았다. 하나님의 마음을 움직였다. 하늘에 계신 하나님께서 도저히 마음을 주체할 수가 없었다. 그래서 이 지하 감옥을 찾아오셨다. 하나님이 임재하자 그곳은 지진으로 흔들렸다.

하나님이 담금질하실 때 불평하고 한탄만 하고 있을 것인가? 신세타령은 우리의 인생을 빛나게 하는 데 아무런 도움이 되지 않는다. 그래서 야고보는 성도들에게 권면한다. "너희 중에 고난 당하는 자가 있느냐. 그는 기도할 것이요 즐거워하는 자가 있느냐. 그는 찬송할지니라"(약 5:13). 고난의 현장은 무릎 꿇어야 한다는 하늘의 사이렌이다. 담금질의 고통을 이겨내는 비결은 역시 기도와 찬송이다. 영혼의 강건함은 마음과 육체의 강건함으로 연결된다. 감옥에서도 누릴 수 있는 마음과 영혼의 평안과 기쁨은 담금질이 문제가 아니다. 힘들 때 하나님이 공급하시는 힘을 얻어야 한다. 감옥에서의 부흥회는 이들 영혼의 충만으로 담금질의 아픔을 극복할 수 있게 했다.

기독교를 핍박하고 천황 숭배를 강요하던 일본에 맞서 저항하다가 결국 감옥에서 순교하신 동해 천곡감리교회의 최인규 권사라는 분이 있다. 그는 40세 때 예수를 믿었다. 그의 생활은 주변 사람에게 큰 감동을 줄 정도로 모범적이었다. 그는 주님을 모신 후 술집을 청산했다. 기도처 가까이 이사하고 술 대신 가정상비약을 팔았다. 파는 약보다 나누어주는 약이 더 많았다. 집에는 항상 많은 밥을 지어놓고 교인들이 오면 대접했다. 그 일이 얼마나 극진하였는지 안 믿는 집안사람들이 시기할 정도였다.

그는 1940년 5월, 독립운동을 한 것과 신사참배 거부로 인한 불경죄로 구속되었다. 그리고 모진 고문을 당했다. 그런데 그는 피투성이가 된 몸으로도 찬송하고 전도했다. 그러니 고문이 그치지 않았다. 어느 날, 함께 수감 된 목사가 매 맞는 그의 모습이 하도 안쓰러워 동정 어린 말로 한마디 충고했다.

"권사님, 왜 국민서사와 동방요배를 아니하고 매를 맞았소. 그냥 한다고 하고 나가세요."

그랬더니 그는 눈을 부릅뜨고 목사님을 똑바로 바라보면서 이렇게 말했다.

"목사님은 국민서사와 동방요배를 양심상 기쁨으로 하는 것이오? 나는 양심으로 사는 사람이므로 거기에 대해서는 다시 말을 마시오."

그 말을 했던 목사님의 얼굴이 오히려 화끈거릴 지경이었다. 결국 그는 고문 후유증과 옥고로 인해 63세를 일기로 세상을 떠났다. 담금질 당할 때 눈을 들어 새로운 세계를 볼 수 있어야 한다. 사람이 실패하는 원인은 고난의 담금질이 있기 때문이 아니다. 담금질할 때 담금질 자체에 주목하기 때문이다. 담금질 당하는 고통 속에서 다른 세계를 보면 은혜의 길이 열린다.

돼지는 죽을 때까지 하늘을 볼 수 없다. 왜냐하면 목뼈가 아래쪽으로 굽어서 아무리 고개를 들어도 수평 이상은 올릴 수 없다. 그래서 돼지는 평생 땅바닥만 바라보면서 먹고 산다. 사람들 가운데서도 바닥만 바라보며 사는 인생이 있다. 먹고살기에 바쁘다 보니 새로운 세계를 볼 여유가 없다. 그야말로 땅만 쳐다보며 사는 삶이다. 그래서 바울은 골로새 교인들에게 "위의 것을 바라보라"고 말한다.

그런데 보라. 어떻게 땅만 보며 살아가는 돼지가 하늘을 쳐다볼 수 있겠는가? 뒤집힌 돼지만이 하늘을 볼 수 있다. 뒤집히지 않으면 돼지는 하늘이라는 새로운 세계를 결코 볼 수 없다. 뒤집힘을 경험한 돼지여야만 신세계를 경험할 수 있다. 그렇다. 지금 뒤집힘 가운데 처했는가? 뒤집힌 고통만 생각하면서 불평하지 말자. 뒤집혀 있는 순간, 새로운 세계를 보는 새로운 경험을 즐기면 된다. 내가 원하지 않는 뒤집힘은 불편할 수도 있지만 우리를 새로운 은혜의 세계로 안내하는 가이드이다.

하나님이 일하실 때까지 인내하며

마라톤 경주는 구름같이 빽빽하게 모인 사람들이 동시

에 출발한다. 그런데 골인 지점에 들어오는 사람은 몇 안 된다. 학위 과정을 공부하면서 느낀 것이 있다. 많은 사람이 함께 학위 과정을 시작한다. 대부분 코스 워크(course work)는 잘 마친다. 그런데 논문을 쓰고 졸업장을 거머쥐는 사람은 한두 사람밖에 안 된다. 고난의 학교에 입학하지 않은 사람은 없다. 그러나 좋은 성적으로 무사히 졸업하는 사람은 그리 많지 않다.

바울은 고난의 광야에서 인내함으로 기다리는 사람이다. 만약 옥문이 열릴 때 하나님이 주신 기회라고 생각하여 그 장소를 빨리 빠져나갔더라면 간수와 그 가족을 구원하는 결과는 보지 못했을 것이다. 그러나 그는 하나님이 움직이실 때까지 기다릴 줄 알았다. 살고자 하는 인간의 근본적인 욕심도 내려놓았다.

바울은 파종과 수확의 법칙을 잘 알고 있었다. "사람이 무엇으로 심든지 그대로 거두리라"(갈 6:7). 이때 농부가 주의해야 할 것이 있다. "우리가 선을 행하되 낙심하지 말지니 포기하지 아니하면 때가 이르매 거두리라"(갈 6:9). 인생을 경작하는 농부가 실패하는 것은 바로 조급함 때문이다. 좀처럼 흔들리지 않고 결과를 기다리는 여유와 느긋함이 필요하다. 낙심은 인생을 실패의 현장으로 이끈다. 웃음 짓는 농부가 되려면 고통의 터널 속에서도 기다림이 필요하다. 그러면 은혜의 문은 열린다.

빅터 프랭클은 히틀러 시대에 피비린내 나는 수용소에 감금되어서 처참한 경험을 했다. 그러나 그는 나중에 의미 요법의 창시자가 되었다. 훗날 그를 위대한 심리학자로 만든 비결은 바로 수용소에서의 비참한 경험이다. 그는 수용소생활을 통해 고난학교를 졸업할 수 있는 몇 가지 중요한 비결을 배웠다.

첫째, 고난 속에서도 절대 포기하지 말라. 사람은 고난 없는 영광을 원한다. 그러나 십자가 없는 부활은 없다. 힘든 고난이 닥쳐온다고 결코 노하거나 회피하지 말아야 한다. 수고가 열매를 가져온다. 낙타 무릎이 부흥을 낳는다. 오르막길의 비지땀이 내리막의 편안함을 가져온다. 달콤한 열매를 먹고 싶다면 쓰디쓴 인내를 해야 한다. 힘든 과정 없이 풍성한 수확을 즐기려 해서는 안 된다. 만남의 은총을 누리려면 기다림의 지루함을 참아야 한다.

프랭클 박사는 수용소에서 '누가 빨리 죽느냐?'에 대한 깨달음을 얻었다. 그는 자기가 갇혀 있는 수용소의 유대인 동료들이 죽어가는 순서가 있다는 것을 발견했다. 사람들이 죽어가는 것은 심한 고문의 정도에 의한 것이 아니다. 건강 상태의 문제도 아니다. 그렇다면 그 이유는 무엇인가? 사람들은 인생을 포기한 순서대로 죽어갔다. 자기 인생을 포기한 순서대로 하나씩 죽어갔다. 먹구름을 동반한 폭풍우가 우리 인생을 넘어뜨리는 것이 아니다. 인생을 스스로 포기한 결과이다. 그래서 더 큰 은혜를 맛보지 못한다.

둘째, 고난을 받아들이는 지혜가 필요하다. 빅터 프랭클은 유대인 수용소에서 또 하나의 사실을 발견했다. 과거의 허상에서 벗어나지 못한 많은 사람이 정신이상과 발작을 일으켰다. 우리는 고난 속에서 스스로 포기할 필요는 없다. 그러나 고난을 받아들이는 지혜를 가져야 한다. 우리에게 다가오는 모든 고난에는 분명히 하나님 뜻이 있음을 인정해야 한다. 그러고 나면 하나님께서 허용하신 고난의 상황을 받아들일 수 있는 용기도 나온다.

죽음을 연구하는 학자들에 의하면 가장 잘못 죽는 사람이 '죽음을 받아들이지 못하는 사람들'이라고 한다. 사람들은 자기가 난치병에 걸려 있으면서도 그 사실을 인정하지 않으려는 경향이 있다. 그래서 이렇게 반응한다. "그럴 리 없어. 나는 그 병에 걸리지 않았어. 내가 왜 죽어야 해?" 그러면서 자신의 병을 부인한다. 그러다가 마지막에 가서 마지못해 그것을 인정하고 받아들인다. 사람이 죽음을 받아들이는 데는 두 가지 태도가 있다. 하나는 '이제는 할 수 없다'는 식의 체념 차원에서 받아들이는 사람이다. 그런가 하면 어떤 사람은 마지막 생을 진지하게 준비하면서 죽음을 대면한다. 제일 고통스럽게 죽어가는 사람은 끝까지 죽음의 실체를 부인하는 사람이다. 그들은 원망하고 길길이 날뛰면서 자기뿐만 아니라 자기 주변 사람들도 고통스럽게 하다가 슬프게 죽어간다.

셋째, 고난 속에서 할 일을 찾으라. 빅터 프랭클 박사는 이렇게 말한다. "고난 속에서 포기한 사람에게 고난은 저주이지만 고난 속에서 그 고난의 의미를 발견한 사람에게 고난은 놀라운 축복일 수 있다." 나치의 잔학한 수용소 안에서 그는 삶의 중요한 의미를 깨닫기 시작했다. 그리고 미래를 향한 꿈을 꾸기 시작했다. '내가 여기서 살아 나가면 사람들에게 삶의 의미가 얼마나 중요한 것인지 가르칠 것이다.' 그는 앞으로 해야 할 일을 찾았다. 그것이 그에게 살아야 한다는 강인한 의지를 발동시켰다.

결국 프랭클 박사는 참혹한 수용소에서 몇 안 되는 생존자의 한 사람이 될 수 있었다. 전쟁이 끝난 후에 그는 전 세계가 주목할 만한 위대한 심리학자가 되었다. 사명을 가진 자는 사명을 다하기까지 좀처럼 죽지 않는다. 자신이 할 일이 있다는 것은 삶에 애착을 갖게 한다. 강인한 정신력이야말로 생존의 갈망을 낳게 된다. 고난 없는 사람이 어디 있겠는가? 인생에는 오르막과 내리막이 교차한다. 'Up-Down'의 신비를 잘 활용하는 사람만이 고난의 광야를 무사히 통과할 수 있다. 'Up'의 상태에서 교만하게 굴지 말아야 한다. 'Down'의 상태에서 낙심하거나 열등감에 휘말리지 말아야 한다. 인생이 힘들다고 생각될 때 기도하라. 절망하거나 포기하기보다 차라리 기도를 선택하라.

인도의 철학자 라다크리슈난은 이런 말을 한다. "조금 알면 오만해진다. 조금 더 알면 질문하게 된다. 거기서 조금 더 알게 되면 기도하게 된다." 고난의 현장에서 스스로 할 수 있다고 오만을 떨지 말고 차라리 겸손하게 기도하라. 고난 겪는 자에게 필요한 것이 있다. 바로 하나님의 때를 기다리며 인내하는 것이다. 히브리서 기자는 극심한 고난의 현장에서 처참한 순교를 경험하고 있는 그리스도인에게 이렇게 권고한다. "너희에게 인내가 필요함은 너희가 하나님의 뜻을 행한 후에 약속하신 것을 받기 위함이라. 잠시 잠깐 후면 오실 이가 오시리니 지체하지 아니하시리라. 나의 의인은 믿음으로 말미암아 살리라. 또한 뒤로 물러가면 내 마음이 그를 기뻐하지 아니하리라 하셨느니라"(히 10:36-38).

고난이 닥쳐와도 절대 실망하지 말자. 한때 실망할지라도 영원한 실패자가 되지는 말아야 한다. 한때 낙담할 수도 있다. 그러나 낙담되는 상황 때문에 인생을 포기하지는 말아야 한다. 기다리다 보면, 헤쳐나가려고 노력하다 보면 인생의 담금질이 끝나는 순간이 반드시 다가오기 때문이다.

1996년 11월 3일 자 〈조선일보〉에 '13억을 기증하여 서울맹아학교 장학재단 설립'이라고 하는 제목의 기사가 실렸었다. 59세 된 어느 변호사에 관한 이야기이다. 그 변호사의 큰딸은 초등학교 3학년 때 망막에 이상이 생겨 실명했다. 그는 딸의 치료비를 마련하기 위해 판사직을 사직하고 변호사 사무실을 개업했다. 돈을 벌어서 딸을 치료했지만 딸의 눈은 밝아지지 않았다. 딸은 맹아학교를 거쳐 특수교육학과를 졸업하고, 미국 버클리대학으로 유학 가서 전 과목 A학점의 우수한 성적으로 졸업했다. 그 후 귀국해서 그의 모교인 서울맹아학교에서 선생이 되었다. 1년이 되었을 때 그녀는 태국 미얀마에 해외선교사로 일할 예정인 둘째, 셋째와 함께 쇼핑하러 갔다. 그때 삼풍백화점 붕괴 사고가 일어나 그들 모두 한 자리에서 죽고 말았다. 정말 욥의 가정을 연상하게 하는 슬픔이었다. 하지만 그들 부부는 실망하지 않았다. 가족 모두가 하나님을 의지하는 사람이었다.

그들은 예수님께서 하신 말씀을 믿었다. "내가 너희를 위하여 거처를 예비하러 가노니 가서 너희를 위하여 거처를 예비하면 내가 다시 와서 너희를 내게로 영접하여 나 있는 곳에 너희도 있게 하리라" (요 14:2-3). 이들 부부는 천국에 대한 약속을 믿었다. 그렇기에 딸들이 천국에 먼저 간 것을 확신했고, 그 부부가 천국에 가면 반드시 딸들을 다시 만날 것을 믿었다. 그들 부부는 유족 보상금으로 받은 6억 5천만 원과 자신들이 가지고 있던 부동산을 처분한 7억 원을 합쳐서 13억 원을 큰딸이 선생으로 재직하던 맹아학교에 장학금으로 내놓았다. 이들 부부는 참기 어려운 고난의 현장에서도 내세에 대한 믿음을 가지고 기다림으로 이겨나갔다.

C·H·A·P·T·E·R·4

-

내려놓을 때
더 큰 은혜를 경험한다

* * * * *

솔로몬은 만사에 하나님이 정하신 때가 있다고 말한다(전 3:1).
하나님이 시간의 주관자라는 것이다. 그러니 인생은 하나님의 시간
표를 따라 돌아갈 뿐이다. 솔로몬이 열거하는 열네 가지 사건은 누
구나 갈망하고 만나고 싶어 한다. 하지만 대조적인 열네 가지 사건
은 멀리하고 부인하고 싶은 상황이다(전 3:2-8). 그러나 내가 원하
지 않는 시간과 일도 나에게 의미 있고 소중한 것이다. 우리의 마음
과 감정은 허용하지 않겠지만 말이다.

믿음으로 바른 인생을 살아가는 자는 만사가 내 입맛대로 이루
어지고 내 시간표대로 짜이기를 원하는 마음을 내려놓는다. 내 시간
표를 내려놓고 하나님의 시간표에 맞추고, 내 입맛을 내려놓고 주님
이 원하시는 삶으로 나아가려 한다. 나의 시간도 하나님에 의해 주

도되고 나의 시간의 주관자도 하나님이시니까. 만사와 모든 때를 인정하고 내려놓으면 어떤 순간도 어떤 상황도 그저 은혜이고 감사일 뿐이다. 내가 불평하고 원망하는 것은 하나님이 하시는 일을 모르거나 신뢰하지 않기 때문이다. 하나님이 하시는 일의 시종을 알지 못하는 게 인생이다. 그렇기에 하나님의 때를 신뢰하며 내 삶의 여정을 그분에게 맡기고 살아갈 뿐이다. 어떤 상황 앞에서도 절망할 필요는 없다. 하나님은 '또 다른 때'를 준비해두고 계실 것이다.

리 스트로벨은 미국 시카고 트리분지 신입 기자로 승승장구했다. 그는 무신론자이다. 어느 날, 가족과 함께 식당에서 식사하게 되었다. 그런데 딸이 사탕을 먹다가 사탕이 기도에 막혀 죽을 뻔한 위기를 당했다. 그때 흑인 간호사가 딸을 구해주었다. 그의 아내는 간호사를 따라 교회에 나가게 되었다. 그러면서 부부간에 갈등이 빚어졌다. 그는 아내를 설득하기 위해 큰 결심을 했다. "예수의 존재가 허구임을 밝혀내리라." 그는 예수의 존재를 밝히기 위해 역사학자, 의사 등 전문가들을 만나 인터뷰하기 시작했다. 그런데 인터뷰 과정에서 그가 발견한 사실이 있다. "예수 부활이 허구가 아닌 역사적 사실이다." 자신의 무신론이 흔들리기 시작했다. "'하나님이 없다"는 사실을 증명하고 싶었지만 결국 그는 무신론자에서 신앙인으로 회심하게 되었다. 강력한 주님의 이끄심 앞에 자신의 모든 것을 내려놓을 수밖에 없었다.

하나님 앞에 굴복하고 예수를 믿게 되어 목회자의 길을 걷게 된 그는 자신의 신앙 과정을 소설로 써 세계적으로 1,400만 부 이상 발행된 베스트셀러 작가가 되었다. 소설을 영화로 담은 작품이 바로 「예수는 역사다」이다. 그는 새들백교회 등의 교육목사를 거쳐 텍사스의 우들랜즈교회에서 목회자로 복음을 증거하고 있다.

참된 가치를 위해
좀 더 내려놓고

빌립보교회는 바울의 사역에 많은 도움을 주었다. 바울이 감옥에 갇혀 있을 때 에바브로디도를 보내 바울에게 필요한 것들을 공급해주었다. 감금생활을 하는 바울로서는 아주 큰 위로였다. 그런데 빌립보교회 안에 어떤 무리가 잠입했다. 그들은 바울이 없는 틈을 타서 바울이 전한 복음을 왜곡하면서 바울의 사도권을 문제 삼았다. 빌립보 교인들로부터 환심을 사서 자기편으로 만들기 위해 혈안이 되어 있었다. 그래서 바울을 중상모략하면서 교인들의 마음을 빼앗으려 했다.

그러던 와중에 빌립보교회 안에서 갈등과 분쟁이 빚어졌다. 교회 안에서 유오디아와 순두게라는 여인이 힘을 자랑하기 시작했다 (빌 4:2). 교인들은 이 두 사람을 축으로 모여들기 시작했다. 시간이 흐를수록 세력이 형성되었다. 두 사람의 분열은 다른 교인들에게도 영향을 주었다. 이런 분위기 속에서 서서히 교회 안에서 봉사하는 성도들 마음속에 원망과 시비가 일어나기 시작했다. 그래서 바울은 빌립보 교인들에게 "한마음을 품으라"고 촉구했다. 주의 일을 위해 섬길 때 원망과 시비가 없이 섬겨야 한다고 경고했다(빌 2:14).

우리가 한 주님을 섬기면서 왜 한 마음을 품지 못하는가? 왜 원망과 시비로 상처를 주고받는가? 잘못된 가치를 추구하기 때문이다. 하나님의 왕국을 섬기는 자들이 서로 노엽게 하고 서로 투기하는 이유가 무엇인가? 헛된 영광을 구하기 때문이다(갈 5:26). 예수 그리스도의 사람은 그리스도께서 십자가에 못 박힘과 더불어 자기 몸을 십자가에 못 박았다. 이때 모든 정욕과 탐심마저 십자가에 못 박았다(갈 5:24). 인간적인 욕망과 탐심을 그리스도를 위해 다 내려놓았다. 우리가 서로 다투고 싸우는 이유는 세상의 욕망을 그리스도 앞에 내려놓지 않기 때문이다.

어느 날, 예수님은 십자가에서 죽기 위해 예루살렘으로 올라가고 계셨다. 그때 제자들은 '누가 크냐?'는 주제를 두고 서로 얼굴을 붉히고 다투고 있었다. 그들은 고난받는 메시아보다 정치적인 메시아를 바라보고 있었다. 하늘 양식을 주시는 예수님보다 땅에서 먹을 양식을 주실 메시아를 요구하고 있었다. 하늘나라를 예비하는 메시아보다 로마 정부로부터 해방시켜 줄 메시아를 원했다. 오병이어 기적을 베푸시는 예수님을 임금으로 삼으려는 욕망은 군중만의 것이 아니었다. 제자들에게도 그런 욕망이 도사리고 있었다. 제자들은 예수님이 죽으실 때까지 인간적인 욕망을 내려놓지 못했다.

그런데 바울은 이렇게 고백한다. "그러나 무엇이든지 내게 유익하던 것을 내가 그리스도를 위하여 다 해로 여길뿐더러 또한 모든 것을 해로 여김은 내 주 그리스도 예수를 아는 지식이 가장 고상하기 때문이라. 내가 그를 위하여 모든 것을 잃어버리고 배설물로 여김은 그리스도를 얻고 그 안에서 발견되려 함이니"(빌 3:7-9).

바울은 그 당시 최고의 랍비인 가말리엘을 스승으로 두었다. 가말리엘은 당시 유대인에게 상당한 영향력을 행사하던 랍비였다. "바리새인 가말리엘은 율법교사로 모든 백성에게 존경을 받는 자라"(행 5:34). 바울은 최고 학문을 공부했다. 그래서 그가 유대인들에게 체포되었을 때 예루살렘 공회 앞에서 담대하게 자기변명을 할 수 있었다. "나는 유대인으로 길리기아 다소에서 났고 이 성에서 자라 가말리엘의 문하에서 우리 조상들의 율법의 엄한 교훈을 받았고 오늘 너희 모든 사람처럼 하나님께 대하여 열심이 있는 자라"(행 22:3).

천부장이 바울을 채찍질하며 심문하려고 하자 바울은 곁에 있는 백부장에게 질문한다. "너희가 로마 시민 된 자를 죄도 정하지 아니하고 채찍질할 수 있느냐"(행 22:25). 나중에 아그립바왕 앞에 섰을 때도 바울은 이렇게 호소한다. "내가 우리 종교의 가장 엄한 파를 따라 바리새인의 생활을 하였다"(행 26:5).

바울은 빌립보 교인들에게도 자신을 자랑하려면 얼마든지 자랑할 수 있음을 강조한다. 그러나 바울은 이 모든 자랑거리를 다 내려놓는다. 더 소중한 가치를 발견했기 때문이다. 그는 "무엇이든지 내게 유익하던 것을 내가 그리스도를 위하여 다 해로 여길뿐더러 또한 모든 것을 해로 여긴다"라고 고백했다. 바울에게는 소중히 여기는 가치가 많았다. 그러나 더 소중한 가치를 발견하고 나니 그가 지금껏 자랑스럽게 여겼던 것이 아무 의미 없는 것임을 발견하게 되었다. 지금껏 가치 있게 여겨왔던 것, 자랑했던 모든 것이 그리스도께로 나아가는 데 방해 거리가 된다면 그것은 한낱 배설물과 같았다.

〈조선일보〉 2004년 12월 14일 자 신문에 재미있는 기사가 실렸다. 웨스트버지니아주에 거주하는 잭 휘태커 씨에 관한 이야기이다. 그는 2002년 성탄절 날, 미국 사상 최대인 3억 1,400만 달러 복권에 당첨됐다. 그런데 불과 2년 만에 쪽박을 차게 됐다. 그나마 단란했던 가정도 풍비박산이 났다. 그리고 본인은 재활센터에 강제 수용될 예정이다. 휘태커 씨는 본래 건설업자였다. 그럭저럭 살만한 생활이었다.

그런데 어느 날, 운 좋게도 복권에 당첨되었다. 세금을 제하고 일시금으로 1억 1,300만 달러, 우리 돈으로 약 1,328억을 받았다. 그야말로 일생일대의 행운이었다. 복권에 당첨된 후에 그는 교회 세 곳에 700만 달러를 기부하기도 했다. 한동안 그는 겸손한 삶을 살았다. 그런데 어쩌다 나이트클럽과 카지노, 경마장 등에 발을 들여놓게 되었다. 그것이 화근이었다. 그 많던 돈을 탕진하는 데에는 2년밖에 걸리지 않았다. 2년 만에 그는 빈털터리가 되었다. 물론 그의 가정 역시 깨지고 말았다.

그는 도박장의 큰손이었다. 그래서 늘 어느 정도의 돈은 들고 다녔다. 그는 2004년 한 해 동안 음주운전으로 두 차례나 체포되었다. 나이트클럽과 경마장에서 일으킨 난동으로 두 건의 소송에 휘말렸다. 술집 지배인을 폭행하여 소송에 휘말리기도 했다. 그의 사무실과 집에는 여러 차례 도둑이 들었다. 집에 도둑이 들었던 어느 날, 손녀딸의 남자친구가 집 안에서 시체로 발견되기도 했다. 어디 그뿐인가? 그의 손녀딸마저 행방불명이 되어 실종신고를 해야만 했다. 그는 복권 당첨 이전보다도 훨씬 더 암울한 하루하루를 살아가고 있었다. 우리는 이 사건을 통해 '돈이 행복을 담보해주지 못한다'는 사실을 발견한다.

그런데 사람은 돈에 행복과 성공의 가치를 부여하려고 애쓴다. 사람들이 가치 있다고 하는 것들이 진정한 가치를 지닌 것은 아니다. 가치 있는 것처럼 보이지만 실상은 그렇지 않다. 인간의 눈을 어둡게 하여 속일 뿐이다. 바울은 젊은 목회자 디모데에게 이렇게 말했다. "우리가 세상에 아무것도 가지고 온 것이 없으매 또한 아무것도 가지고 가지 못하리니 우리가 먹을 것과 입을 것이 있은즉 족한 줄로 알 것이니라. 부하려 하는 자들은 시험과 올무와 여러 가지 어리석고 해로운 욕심에 떨어지나니 곧 사람으로 파멸과 멸망에 빠지게 하는 것이라. 돈을 사랑함이 일만 악의 뿌리가 되나니 이것을 탐내는 자들은 미혹을 받아 믿음에서 떠나 많은 근심으로써 자기를 찔

렀도다"(딤전 6:7-10).

사람이 가치 있다고 잡으려는 권력과 힘이 얼마나 무상한 것인가? 결코 우리에게 만족을 줄 수 없다. 부끄러운 역사지만 전직 대통령들이 비참한 나락으로 떨어진 것을 생각해 보라. 사람들이 좋다고 쫓아다니는 재물이나 권력이 얼마나 허무한 것인가? 마이클 잭슨이나 최진실 씨가 쌓아놓은 재물이 무슨 소용이란 말인가? 단지 맘몬 신에 속아서 그것을 숭배할 뿐이다. 좀 더 내려놓아야 한다. 그래야 자유로워질 수 있다. 좀 더 내려놓으면 참된 평안의 세계로 나아갈 수 있다. 내려놓음의 과정 없이는 결코 새로운 가치를 찾는 여행길에 오를 수 없다. 우리를 더 아름다운 인생으로 장식할 가치가 무엇인가? 그것을 내려놓는 순간부터 우리는 새로운 세계로 나아갈 수 있다.

바울이 밀레도 섬에서 에베소교회 장로들과 작별 인사를 나눌 때, 그는 이렇게 고백한다. "내가 아무의 은이나 금이나 의복을 탐하지 아니하였고"(행 20:33). 돈을 싫어하는 사람은 없다. 그러나 바울은 재물을 탐하지 않았다. 오히려 그는 열심히 일해서 번 돈으로 자신과 동역자들이 쓰는 사역비를 충당했다. 수고한 대가로 약한 사람을 돕는 데 힘썼다. 그는 예수님의 가르침대로 "주는 것이 받는 것보다 복이 있다"(행 20:35)라는 생각으로 가난한 사람에게 나눠주는 삶을 살았다.

가치에는 '목적 가치'와 '도구 가치'가 있다. 목적 가치는 그 자체가 목적이 되는 가치를 가리킨다. 이를테면 평등, 사회정의, 평화와 같은 것이다. 반면 도구 가치는 이러한 목적을 추구하는 데 도구가 되는 가치를 말한다. 예를 들면 정직, 책임, 용서와 같은 것들이다. 여기서 우리가 기억해야 할 사실이 있다. 도구 가치는 단지 도구 가치일 뿐이다. 돈, 명예, 지위와 같은 도구 가치는 행복, 평화, 구원, 선행, 기쁨과 같은 목적 가치를 달성하기 위한 수단일 뿐이다. 도구 가치를 목적 가치처럼 생각해서는 안 된다. 도구 가치를 단지 도구로 여기지 않고 목적으로 착각하는 사람이 많다. 그래서 불행을 초래한다. 권력은 목적 가치를 이루기 위한 도구 가치일 뿐이다. 그런데 권력 자체를 목적으로 추종하는 사람이 많다.

역대 대통령들을 보라. 도구 가치에 불과한 힘이나 권력을 목적 가치를 위해 제대로 활용하지 못함으로 개인뿐만 아니라 가문, 국가적인 불행을 자초하지 않았는가? 우리는 돈을 통해서 자선 사업을 한다거나 장학 사업에 쾌척하는 사람들을 본다. 이런 사람은 도구 가치인 돈을 목적 가치를 성취하는 수단으로 잘 활용했다. 그러나 어떤 사람은 돈을 목적 가치로 삼고 다른 사람들에게 해를 가하면서까지 돈을 모으는 데 주력한다. 그러다 보니 사회정의가 깨어지고 명예를 훼손하는 일이 방송을 통해 연일 보도되지 않는가? 도구 가치는 결코 우리의 목적이 되어서는 안 된다. 목적을 이루기 위한 좋은 수단으로 사용할 뿐이다.

새로운 가치를 위해
믿음의 결단을 하며

인간은 자신의 가치관에 따라 다른 삶을 살아간다. 가치를 어디에 두느냐에 따라 관심이 달라진다. 생각하고 말하고 선택하는 것을 결정하는 것이 바로 가치이다. 어떤 것에 가치를 두느냐에 따라 보는 것이나 듣는 것이 달라진다. 돈에 가치를 두는 사람은 오직 돈이 될 것만 생각한다. 길을 가도 부동산이 보인다. 온종일 온통 돈에 매달려 있다. 권력에 가치를 두는 사람은 정치적인 힘을 얻기 위해 가진 재물도 다 퍼붓는다. 심지어 자신의 건강이나 가족의 행복과도 바꿀 수 있다. 그러나 그런 것들이 우리를 얼마나 가치 있게 만들 수 있는가? 새로운 가치를 위해서는 믿음의 결단이 필요하다. 그런데 대부분 그리스도인이 새로운 가치를 얻기 위한 믿음의 결단을 내리지 못한다. 이것도 얻고 저것도 잡으려는 욕심에 이끌린다.

어느 날, 한 젊은 청년이 등산을 하게 되었다. 그런데 한참 산을 오르다가 그만 미끄러져 낭떠러지에서 떨어지고 말았다. 다행히 떨어지는 순간 나뭇가지 하나를 잡았다. 공포에 질려서 주변을 바라보면서 도움을 요청하는 소리를 질렀다.

"거기 누구 없어요? 사람 좀 살려주세요."

그러자 어디에선가 음성이 들려왔다.

"내가 여기 있다. 나는 너의 하나님이니라."

"하나님, 저예요. 저 좀 살려주세요."

"그래, 너는 나를 믿느냐?"

"그럼요, 믿고말고요. 교회도 잘 다니고 봉사도 잘하는데요. 당연히 믿죠."

"좋아. 그러면 그 잡은 나뭇가지에서 손을 놓거라."

"예? 나뭇가지에서 손을 놓으라고요?"

"그래, 네가 잡은 나뭇가지에서 손을 떼란 말이다."

그러자 젊은 청년은 한동안 생각했다. 그리고 큰 소리로 외쳤다.

"거기 다른 사람 없어요?"

이게 바로 우리들의 실상이 아니던가? 그런데 이런 정도의 믿음으로는 결코 다른 가치의 세계로 나아갈 수 없다.

바울은 다메섹 도상에서 부활하신 예수님을 만났다. 그때부터 그는 복음에 미쳤다. "내가 복음을 부끄러워하지 아니하노니 이 복음은 모든 믿는 자에게 구원을 주시는 하나님의 능력이 됨이라. 먼저는 유대인에게요 그리고 헬라인에게로다. 복음에는 하나님의 의가 나타나서 믿음으로 믿음에 이르게 하나니 기록된 바 오직 의인은 믿음으로 말미암아 살리라 함과 같으니라"(롬 1:16-17).

사실 바울은 율법을 붙들고 살던 사람이다. 율법을 행함으로 의를 얻기를 원했다. 그런데 율법을 행하므로 의롭게 되려는 그의 몸부림은 점점 "아아, 비참한 사람이로다!"라는 탄식만 낳을 뿐이었다. 아무리 의로운 삶을 살려고 해도 자기 안에 있는 죄성이 의로운 삶으로 나아가도록 가만히 두지 않았다. 그가 복음에 눈을 떴을 때 비로소 의의 길로 나아가는 비밀을 발견하게 되었다. 인간의 의로는 결코 의인이 될 수 없고 다만 하나님의 의로만 가능함을 발견했다.

하나님은 예수 그리스도를 십자가에 못 박혀 죽게 하심으로 하나님이 요구하는 의의 수준을 만족시키셨다. 우리는 단지 그리스도께서 십자가에서 이루어놓은 의를 믿음으로 값없이 누릴 뿐이다. 불의한 나의 옷을 벗고 예수님이 이루어놓으신 의의 옷으로 갈아입어야만 한다. 이 사실을 발견한 바울은 십자가에 눈이 고정될 수밖에 없었다. 실패자를 승리자로 만드는 유일한 길은 바로 십자가였다. 죄인을 의인으로 만들 수 있는 유일한 길도 십자가뿐이다. 로마의 악독한 죄수들을 처형하는 십자가가 생명을 주는 십자가로 다가온 것이다. 같은 십자가일지라도 바울에게는 달랐다. 분명히 바울에게는 다른 가치관이 설정되었다. 예전에 자랑스럽게 여겨졌던 것들이 이제는 큰 의미가 없었다.

갈라디아 교인들은 어느 순간 '다른 복음'에 현혹되고 있었다. 그들은 이미 버렸던 율법을 다시 잡으려고 했다. 그래서 바울은 안타까운 마음으로 눈물을 흘리면서 십자가 복음을 설파했다. "그러나 내게는 우리 주 예수 그리스도의 십자가 외에 결코 자랑할 것이 없으니 그리스도로 말미암아 세상이 나를 대하여 십자가에 못 박히고 내가 또한 세상을 대하여 그러하니라"(갈 6:14).

십자가를 경험하지 못한 사람은 늘 육체를 자랑한다. 그래서 할

례와 같이 육체에 모양을 내는 것에 신경을 쓴다. 그러나 십자가를 경험한 바울에게는 '새로 지으심을 받는 것'만이 소중했다. 그리스도 안에서 새로운 피조물이 되고 보니 이제 그리스도를 위해 자신의 몸에 거룩한 흔적을 새기는 것이 소원이었다. 자신의 몸에 그리스도를 위한 거룩한 흔적을 새기는 것이 자신의 영광이요 자랑이었다. 그래서 바울은 디모데에게 이렇게 당부했다. "그러므로 너는 내가 우리 주를 증언함과 또는 주를 위하여 갇힌 자 된 나를 부끄러워하지 말고 오직 하나님의 능력을 따라 복음과 함께 고난을 받으라"(딤후 1:8).

누가 가난을 원하겠는가? 누가 고난의 길을 걷고 싶겠는가? 누가 사람들에게 바보 같은 사람이라는 비난을 받고 싶겠는가? 아무도 감옥에 갇히길 원하지 않는다. 누구도 고통스러운 채찍을 맞고 싶지 않다. 더구나 끔찍하리만치 힘든 순교의 제물이 되고 싶지 않다. 그러나 바울은 디모데에게 그런 길을 권하고 있다. 복음의 가치를 발견했기 때문에. 그리스도가 얼마나 존귀한 분이심을 알았기 때문에. "모든 것을 해로 여김은 내 주 그리스도 예수를 아는 지식이 가장 고상하기 때문이라. 내가 그를 위하여 모든 것을 잃어버리고 배설물로 여김은 그리스도를 얻고 그 안에서 발견되려 함이니"(빌 3:8-9).

그리스도를 얻을 수 있다면 어떤 형편에 처하든 상관없다. 그리스도를 아는 지식을 더 쌓아갈 수 있다면 어떤 수치도 감수할 수 있다. 가장 고상한 지식을 발견했는데 아류작을 포기하지 못할 이유가 무엇인가? 그래서 바울은 고백했다. "살든지 죽든지 내 몸에서 그리스도가 존귀하게 되게 하려 하나니"(빌 1:20).

그에게 그리스도는 절대적인 존재였다. 상대적인 가치가 아닌 절대적인 가치였다. 그 무엇과도 바꿀 수 없고 대치할 수 없는 가치였다. 그가 그리스도를 발견하기 전까지 소중하게 생각했던 인생의 자산은 상대적인 가치였다. 있다가도 없어지고 없다가도 있을 수 있는 가치였다. 없어도 상관없는 가치였다. 그러나 예수 그리스도는 달랐다. 어떤 것으로도 포기할 수 없는 가치였다. 그래서 그리스도를 위해서라면 죽음도 불사할 각오가 되어 있었다. "이는 내게 사는 것이 그리스도니 죽는 것도 유익함이라"(빌 1:21).

믿음으로 새로운 가치를 발견한 사람은 살아가는 방식이 다르다. 바라보는 것이 다르고, 기대하는 것이 다르다. 원하는 것이 다르고 인생 비전이 다르다. 자신의 욕망을 채우기 위해 혈안이 되지 않는다. 자기 이권을 챙기기 위해 남을 해치지 않는다.

때때로 사고를 당하고 보험금과 위로금을 더 많이 얻기 위해 위장으로 병원에 드러눕는 사람들을 본다. 그런데 한 사건을 보라. 소형 트럭을 몰고 다니면서 과일과 채소를 팔고 다니던 채소 장사가 있었다. 그는 마이크로 "싱싱하고 맛 좋은 과일과 채소 사세요!"라고 외치면서 골목골목을 누볐다. 하루하루를 열심히 살아가는 사람이었다. 그런데 어느 날, 네 살짜리 사내아이를 치었다. 아이는 그 자리에서 죽었다. 골목길에서 자전거 타고 오는 아이를 미처 못 보고 사고를 낸 것이다. 결국 가난한 채소 장사는 구속되고 말았다.

사고를 당한 그 아이의 부모는 교회 집사였다. 너무나 갑작스러운 사고였다. 사랑하는 어린 아들의 죽음에 온 집안이 온통 눈물바다가 되고 그 부모는 시름에 잠겼다. 그러다가 사고를 당한 아이의 엄마가 정신이 번쩍 들었다. 그녀는 경찰서로 달려갔다. 구속된 채소 장사를 감옥에서 꺼내주었다. 물론 보상금도 한 푼 받지 않았다. 엄마는 눈물을 흘리면서 말했다.

"만약에 내 아들이 살아서 그 몸을 고쳤다면 고치는 돈이 필요하겠으나 하늘나라에 갔으니 무슨 돈이 필요하겠습니까? 내가 보상받으면 또 한 사람을 불행하게 하는 것이 아니겠습니까?"

가치가 다르니 삶이 다르지 않은가? 믿음으로 다른 가치를 바라보라. 그리고 다른 가치에 이끌리는 삶을 누리라. 새로운 가치에 이끌리는 당신의 삶은 주변 사람을 깜짝 놀라게 할 것이다.

더 나은 가치를 추구하는
용기가 필요하고

인생에는 '갈아타는 지혜'가 필요하다. 어린 시절에 동네 형이나 누나들이 나이가 어느 정도 되면 도회지로 나가는 모습을 많이 보았다. 그들이 시골을 떠나는 이유는 간단했다. 시골에서는 희망이 없다고 생각했기 때문이다. 그래서 더 나은 인생을 찾아서 도시로 떠난 것이다. 시골생활이라는 인생 열차에서 도시생활이라는 열차로 갈아탄 것이다. 더 나은 삶을 향한 시골 젊은이의 떠남은 부지기수였다.

언젠가 어머님이 시골로 내려가는 차를 타게 되었다. 한글도 잘모르시는 분이다. 그런데 가고 있던 길이 평소와 달리 익숙지 않은 길처럼 느껴졌다. 그래도 맞겠지 하는 마음으로 그대로 차에 타고 있었다. 늦은 시간에 버스를 탄지라 얼마 가지 않아서 캄캄한 밤이 되었다. 지루한 여행 끝에 드디어 종착지에 도착했다. 그런데 이게 웬일인가? 차에서 내려 보니 낯선 곳이었다. 경상도에 가야 하는데 전라도로 간 것이다. '아차!' 하는 순간에 차를 갈아타야 했다. 그런데 그대로 버티고 있다가 낭패를 본 것이다. 때때로 우리에게는 갈아타는 지혜가 필요하다.

유대인인 바울은 동족들과 마찬가지로 여호와 유일 신앙이 있었다. 아브라함에게서 시작한 하나님 언약의 역사를 굳게 믿어왔다. 그리고 유대인이 된 것을 자랑으로 여겨왔다. 그런데 언젠가부터 '예수 신드롬'이 일고 있었다. 그가 유대인의 왕이라는 것이다. 수많은 사람이 그를 추종하고 있었다. 그를 반대하는 종교 지도자들에 의해 예수는 골고다에서 십자가에 못 박혀 죽었다. 그런데 하나님은 그를 다시 살리셨다. 많은 유대인이 그를 믿기 시작했다. 그들은 신앙의 배를 갈아타기 시작했다. 신앙의 배를 갈아탄다는 것은 인생을 수정하는 것이요, 운명을 새롭게 디자인하는 것을 의미한다.

이러한 갈아타기에 바울도 합류했다. 지금까지 바울에게는 '육체'가 신뢰의 대상이었다. 그는 몸을 상하게 하여 할례를 행하는 것이 매우 큰 가치였고 자랑거리였다(빌 3:4). 그의 부모는 그가 태어난 지 8일 만에 다른 유대인처럼 할례를 행했다. 유대인에게는 할례가 하나님의 언약 백성이 되는 증표였기 때문이다. 그뿐만 아니다. 하나님의 특별한 은총을 받은 이스라엘 백성이라는 사실이 그에게는 얼마나 소중한 일인지 모른다. 그는 선민의식으로 가득 차 있었다. 이방인과는 스스로 차별화했다. 더구나 그는 베냐민 지파였다. 야곱의 열두 아들 가운데 막내인 베냐민의 후손 가운데 사울이 태어났다. 그래서 베냐민 지파라는 자랑 속에는 "나는 왕통이다"라는 강한 자부심이 담겨 있다. 혈통적으로 그는 누구에게도 뒤지지 않는 프라이드가 있었다.

그뿐인가? 이스라엘 백성이 소중하게 여기는 율법으로 볼 때 그는 바리새파이다. 바리새파는 엄격한 율법주의자다. 너무나 율법을 강조하다 보니 율법을 지키지 않거나 느슨하게 지키는 사람을 업신여겼다. 그래서 다른 사람을 평가하고 비난하고 정죄하기를 즐겼다. 결국 분리주의자라는 평판을 받았다. 바울은 이 정도로 율법을 소중하게 여겼고, 그 율법대로 살려고 몸부림쳤다. 그러다 보니 율법을 무시하고 은혜를 강조하는 기독교인들을 극심하게 핍박했다. 교회를 핍박하는 선두 자리를 다른 사람에게 양보하지 않았다. 그는 자랑한다. "율법의 의로는 흠이 없는 자라"(빌 3:6). 이게 바울의 모습이었고 삶이었다.

그런데 어느 날, 그는 부활하신 예수님을 만났다. 아니, 예수님께서 바울을 만나주셨다. 그리고 그가 가지고 있던 모든 사상과 의식을 깨뜨리셨다. 지금까지 믿어왔던 믿음의 근거가 송두리째 흔들렸다. 이제는 옛것에 머무를 수 없었다. 새로운 것으로 갈아타야 할 때가 온 것이다. 그는 그리스도 안에 새로운 세계가 있음에 대해 눈을 떴다. 예수 그리스도는 자랑할 만한 가치가 충분히 있음을 알게 되었다. 신앙은 '돌이킴'이다. 잘못된 것을 아는 순간에 인생을 돌이켜야 한다. 그렇지 않으면 낭패를 보는 인생으로 남게 된다.

배은망덕한 탕자가 있었다. 그는 차자였다. 어느 날이었다. 두 눈을 시퍼렇게 뜨고 있는 아버지에게 찾아갔다. 그리고 "나에게 돌아올 분깃을 달라"고 요청했다. 당시 문화적인 배경으로 볼 때 이러한 요구는 도저히 있을 수 없는 무례한 행동이었다. 왜냐하면 상속은 아버지가 죽을 때 하는 것이기 때문이다. 그런데 아버지는 그의 분깃을 다 떼어주었다. 아들은 각오를 단단히 했다.

"외국에 나가서 대박을 터뜨려보겠다."

그러나 세상은 그렇게 호락호락하지 않았다. 그는 젊음을 절제하지 못했다. 돈을 가진 그에게 친구들이 달라붙었다. 쾌락을 위해 술과 여자를 끌어들였다. 머지않아 그의 주머니가 바닥났다. 그러자 친구들은 하나둘씩 떠났다. 이제 먹을 것도 동났다. 주린 배를 채우기 위해 친구들을 찾아갔다. 그러나 친구들은 그를 냉정하게 뿌리쳤다. 결국 그는 남의 집으로 들어갔다. 그 집에서 종노릇을 시작했다. 먹고 살기 위해 돼지를 비롯한 짐승들을 돌봐야 했다. 사실 유대인은 돼지를 부정한 짐승으로 간주해서 가까이하지도 않았다. 그러나 배가 고프니 어쩌겠는가? 유대인의 정체성도 필요가 없었다. 신앙도 개의치 않는다. 먹을 음식도 부족해서 배가 너무 고파 더 서글펐다. 어쩔 수 없이 짐승들에게 주는 열매를 먹어야 하는 처참한 지경까지 이르렀다.

어느 날이었다. 온종일 일에 시달렸다. 배도 고팠다. 정말로 견디기 힘들 정도로 고달픈 하루였다. 옛날 생각이 났다. '아버지 집에 있을 때가 좋았는데….' 정말 그랬다. 그때는 좋은 옷을 입었다. 집 안에서 일하는 일꾼들이 몸을 굽실거리면서 깍듯하게 인사했다. 먹고 싶은 음식이면 배불리 먹을 수 있었다. 정말로 부러울 게 없었다. 드러누워 있는데 눈물이 하염없이 흘렀다. '아버지께로 돌아갈까? 내가 돌아가면 아버지가 어떻게 생각할까? 아니야, 너무 염치없는 일이지. 그래 그건 안 될 일이야.' 결국 생각을 접었다. 그런데도 아버지 품이 머릿속에서 떠나지 않는다. 다시 생각해 본다. '아버지 집으로 가서 품꾼 중의 하나로 여겨달라고 부탁하면 어떻게 하실까? 인자하신 아버지이니까 받아주시지 않을까? 그래, 용기를 가지고 한번 가서 부탁이나 드려보자.'

순간, 그는 결심했다. 그리고 용기를 내 자리를 박차고 일어났다. 그리고 단걸음에 아버지 집을 향해 돌아갔다. 돌이킴의 결과는 의외였다. 아버지는 늘 동구 밖을 바라보면서 이제나저제나 아들이 돌아올까 기다리고 계셨다. 아버지는 아들을 용서할 뿐만 아니라 그를 위해 큰 잔치를 배설해주었다. 그리고 동네 사람들을 불러 잔치하면서 아들의 신분을 공적으로 공포해주었다. 그 누구도 그를 종으로 간주할 수 없도록 아들의 신분을 회복해주었다.

잘못된 길에서 돌이키는 것은 가장 큰 지혜이다. 잘못된 길을 걸어가면서도 그 길에서 돌이키지 못하면 폐위된 사울왕처럼 수치를 당한다. 그뿐만 아니라 사울은 전쟁에서 자식을 잃게 되는 아픔을 경험하고 나아가 자살로 막장 인생의 종지부를 찍게 된다. 설혹 다윗처럼 잘못된 길로 들어설 수도 있다. 그렇게 하지 말아야 하지만 때때로 엉뚱한 짓을 할 수도 있다. 그러나 자기 자리를 깨닫고 돌이키는 자에게는 웃음이 기다리고 있다. 갈아타는 용기 있는 선택은 우리를 새로운 기회로 안내한다. 더 나은 가치를 발견했으면 주저하지 말고 더 나은 가치를 향해 갈아타는 용기를 내야 한다.

지금은 하나님의 품에 안긴 한국 대학생 선교회 총재 김준곤 목사님은 2005년 한국 대학생 선교회 여름 수련회에서 이런 말을 했다. "예수를 영접하면 내가 사는 것이 아니라 예수께서 사십니다. 예수로 말미암아 영원한 생명을 얻고 거듭나며 하나님을 아버지라 부를 수 있게 됩니다. 진정한 인간 혁명이 옵니다. 세상이 알지 못하는 혁명입니다." 새로운 가치를 향해 갈아타기를 원한다면 자기를 비워야 한다. 내 안의 나를 비우고 생명 되신 주님으로 채워야 한다. 나를 채울 때는 육체의 열매만 맺힌다. 그러나 내 자아를 비우고, 주님으로 채우면 주님이 다스리는 아름다운 삶의 열매가 맺힌다.

아낌없는 투자로
더 큰 가치를 쟁취하라

홉킨스는 미국 루스벨트 대통령의 특별 보좌관이었다. 그는 1945년에 얄타 회담에 참석했다. 얄타 회담이란 그 당시 세계 지도자인 영국의 처칠 수상과 소련의 스탈린, 그리고 미국의 루스벨트 대통령이 모였던 회의다. 이때 홉킨스는 기념으로 소련 화폐인 1루블짜리 지폐 한 장에 세계적인 지도자 처칠, 스탈린, 루즈벨트 세 사람의 사인을 모두 받았다. 그 당시 1루블은 10달러의 가치였다. 그런데 그 1루블짜리 지폐가 1981년에 5천 달러에 팔렸다. 10달러의 가치를 가졌던 돈이지만 세계 지도자의 사인이 들어 있으므로 무려 500배 이상으로 가치가 상승한 것이다.

그리스도께서 우리에게 어떤 가치를 심어주었는지 아는가? 그리스도 안에서 우리는 엄청난 가치 상승을 가져왔다. 그리스도 안에서 우리가 얼마나 존귀한 존재가 되었는지를 기억해야 한다. 바울은 로마 교인들에게 이렇게 말했다. "자녀이면 또한 상속자 곧 하나님의 상속자요 그리스도와 함께한 상속자니 우리가 그와 함께 영광을 받기 위하여 고난도 함께 받아야 할 것이니라"(롬 8:17).

내 친구 목사는 부모로부터 많은 유산을 물려받았다. 또 다른 친구는 처가에서 물려받은 유산이 많다. 나는 물려받을 유산이 하나도 없다. 그러나 그것 때문에 속상하다고 생각한 적은 한 번도 없다. 대신 하늘에 계신 아버지께서 주시는 하늘 유산을 상속받을 것을 상상한다. 나에게는 이 땅의 그 어떤 영광과 비교할 수 없는 하나님 나라가 예비되어 있다. 그때 하나님께서 주님의 나라를 위해 살다 간 나에게 상급을 안겨주실 것을 확신한다. 어디 그뿐인가? 이 땅에서 내가 누리는 하늘기업을 생각해도 정말 감사하다. 세상 사람이 알지 못하는 기쁨과 평안을 주신다. 기도할 때 하나님의 뜻에 따라 수시로 필요한 것을 공급하신다.

바울의 고백을 한번 들어보라. 그것이 나의 고백이기도 하다. "만일 하나님이 우리를 위하시면 누가 우리를 대적하리요. 자기 아들을 아끼지 아니하시고 우리 모든 사람을 위하여 내주신 이가 어찌 그 아들과 함께 모든 것을 우리에게 주시지 아니하겠느냐. 누가 능히 하나님께서 택하신 자들을 고발하리요. 의롭다 하신 이는 하나님이시니 누가 정죄하리요. …누가 우리를 그리스도의 사랑에서 끊으리요. 환난이나 곤고나 박해나 기근이나 적신이나 위험이나 칼이랴. …우리를 우리 주 그리스도 예수 안에 있는 하나님의 사랑에서 끊을 수 없으리라"(롬 8:31-39).

세상에 쓸모없는 인생은 없다. 그런데 우리는 자주 자신이나 다른 사람을 바라보면서 쓸모없다고 말한다.

어느 부인이 있었다. 그녀는 거의 정신병원에 입원해야 할 정도로 정신적으로 상처를 아주 심하게 입은 상태였다. 그 부인이 그렇게 된 데는 이유가 있었다. 이들 부부는 어느 부부보다 의가 좋았다. 그런데 어느 날, 부부 싸움을 하다가 대드는 부인을 보고 화가 난 남편이 무심코 한마디 했다. 그 말은 바로 "너 같은 사람은 아무짝에도 쓸모없어!"였다. 그래서 미치기 시작한 것이다. 쓸모없는 존재라는 말에 인생이 망가진 것이다. 그런데 하나님은 절대로 당신을 향해 "넌 쓸모없는 사람이야!"라고 말하지 않으신다. 하나님은 쓸모없는 당신을 가치 있는 존재로 바꾸어 놓았다. 사랑받지 못할 인생을 사랑받을 인생으로 변화시켰다.

쓸모없다고 세상이 내던진 사람마저도 하나님은 사용하기를 원하신다. 그리스도 안에서 우리의 가치는 비교할 수 없을 정도로 상승했다. 그렇다면 이제 우리의 가치를 스스로 인정해야 한다. 교만하게 으스대지는 말되, 다른 사람 앞에서 자신의 가치를 인정하며 살아야 한다. 그리스도 안에서 다른 사람을 바라볼 때 그들의 가치를 무시하지 말아야 한다. 하나님께서 부여하신 가치를 우리가 함부로 격하해서는 안 된다. 주변 사람을 쓸데없는 사람으로 간주하는 것은 한 사람에 대한 범죄일 뿐만 아니라 하나님에 대한 범죄이다.

가치는 삶의 방식을 다르게 한다. 우리의 가치가 상승했다면 이제 상승한 가치로 살아가야 한다. 가치 있는 상품을 아무렇게나 내 돌리지는 않는다. 가치 있는 존재는 삶에서 그 존재 가치를 드러내야 한다. 소금은 삶의 현장에서 그 가치를 드러내야 한다. 그렇지 않으면 사람에게 짓밟히고 만다.

롯데그룹의 신격호 회장은 세계에서도 손꼽히는 부호이다. 그에겐 십 년을 한결같이 사귀는 일본인 바둑 친구가 있다. 그 친구가 일본 국세청장으로 재직하고 있을 때의 일이다. 신 회장이 바둑을 두기 위해 친구의 집에 찾아갔다. 그때 부인이 손빨래를 하고 있었다. 신 회장은 세계 제일의 경제 대국인 일본의 국세청장 부인이 손빨래를 한다는 것은 너무 심한 일이라 생각했다. 그래서 신 회장은 순수한 친구의 우정으로 세탁기 한 대를 기증했다. 그러면 고맙다는 인사가 있어야 하지 않겠는가? 그런데 그렇지 않았다.

일본인 친구는 이렇게 말했다. "당신이 나와 수십 년 친구이니 나를 잘 아는 줄 알았는데 알고 보니 그렇지 못하다는 것을 알았소. 신 회장은 큰 부자로서 나름대로 만족한 삶을 살고 있지요. 나는 비록 20평도 안되는 집에서 살고 아내는 손빨래를 할지라도 일본 국민으로부터 절 받으며 살고 있단 말이요. 나는 그들의 존경을 당당하게 받으며 삶의 재미를 느끼지요. 양심적으로 추호도 거리낌 없다는 자부심 때문에, 그리고 일본의 많은 공직자 중에서도 가장 깨끗하기로 으뜸가는 사람이라는 긍지 때문에 박봉에도 만족하면서 나랏일에 최선을 다하고 있단 말이요. 다시 말하면 나는 평생 깨끗하게 사는 것으로 타의 모범이 되려고 작심한 사람입니다. 따라서 이런 선물은 받을 수 없소이다. 호의는 참으로 감사하지만 다시 거두어 가주시오."

바울은 이 세상 지혜를 소중히 여기던 사람이었다. 그러나 지혜의 왕이요 지혜의 근원이신 예수 그리스도를 만나고 난 후에 이 세상 지혜야말로 아무것도 아님을 고백했다. "아무도 자신을 속이지 말라. 너희 중에 누구든지 이 세상에서 지혜 있는 줄로 생각하거든 어리석은 자가 되라. 그리하여야 지혜로운 자가 되리라. 이 세상 지혜는 하나님께 어리석은 것이니 기록된 바 하나님은 지혜 있는 자들로 하여금 자기 꾀에 빠지게 하시는 이라 하였고 또 주께서 지혜 있는 자들의 생각을 헛것으로 아신다 하셨느니라"(고전 3:18-20).

바울은 지혜로운 자로 살았다. 세상 지혜를 인생의 힘으로 여겼다. 세상 지혜를 축적하는 것을 출세하는 비결로 간주했다. 그러나 이제는 다르다. 출세의 개념도 다르고 삶의 목표도 변했다.

우리가 가진 가치는 변할 수도 있다. 옛 가치에만 머물러서는 안 된다. 새로운 가치를 볼 수 있는 눈이 필요하다. 바울은 새로운 가치를 보는 눈이 열렸다. 예전에 바울이 가지고 있던 가치는 '로마 시민권'이었다. 로마 시민권을 가지면 많은 혜택을 누릴 수 있었다. 그래서 당시 사람들은 로마 시민권을 얻기 위해 돈 보따리를 갖다 주었다. 사람들에게 로마 시민권은 그 정도로 가치 있는 것이었다. 지금도 그렇지 않은가? 미국 시민권이 좋아서 미국에 가서 아이를 낳는 이상한 현상까지 벌어진다.

　그러나 바울이 그리스도를 발견하고 난 후에는 로마 시민권보다 천국 시민권이 더 중요해졌다. 이 땅에서는 보이지 않는 시민권이다. 그러나 그의 가슴에는 선명하게 새겨진 것이다. 그래서 그는 "우리의 시민권은 하늘에 있는지라"(빌 3:20)고 자랑한다. 예전에는 이 땅에서의 삶이 중요했다. 그러나 그가 예수님을 만난 후에는 이 땅의 삶보다 이 땅을 떠나 주님과의 만남을 더 갈망하고 있다. 썩어지고 닳아지는 '낮은 몸'보다 그리스도 안에 있는 생명으로 부활하게 될 '영광의 몸'을 입게 되는 것이 소망이었다.

　데이비드 리빙스턴은 아프리카 선교를 위해 헌신했다. 그가 아프리카에서 선교사역을 감당하다가 하나님의 부르심을 받아 죽자 그의 시신이 영국으로 옮겨져 웨스트민스터 사원에 안장되게 되었다. 그때 수많은 군중이 그에게 경의를 표하기 위해서 거리로 나왔다. 그러나 어떤 노인이 외로이 군중 후미에 홀로 서서 가슴을 조이며 슬피 울고 있었다. 이 노인은 리빙스턴의 친구 윌리엄이었다. 그는 리빙스턴이 아프리카에 선교하러 가겠다고 나섰을 때 미친 사람이라고 말한 장본인이었다.

　윌리엄은 리빙스턴이 아프리카로 떠난 후 런던에서 큰 부자가 되었으며 오직 자기만을 위해서 살았다. 그런데 윌리엄은 리빙스턴의 장례식에 참석하여 이렇게 고백했다. "리빙스턴은 아프리카에서 고생하고 살았지만 많은 사람의 사랑을 받고 많은 사람이 지켜보는 가운데 명성을 떨치며 이 세상을 떠나는구나! 그러나 나는 비록 부자라고 말할 수 있으나 소망 없는 세상을 위해서만 살았으니 얼마나 부끄러운가!"

정해진 순례길을 걷는 우리는 무엇을 위해 살 것인가? 저급한 가치를 위해 살겠는가? 좀 더 숭고한 가치를 위해 살겠는가? 우리는 선택해야 한다. 우리의 가치를 삶으로 보여주어야 한다. 가진 것이 없어도 더 큰 가치를 위해 우리의 인생을 투자해야 한다.

-

포기하지 않는 사명자는
열정을 회복한다

*　*　*　*　*

2013년 어느 날, 어느 남편이 퇴근길에 아내에게 전화했다. "잠시 후에 갈게." 그런데 시간이 지나도 오지 않았다. 이상한 생각이 든 아내는 남편에게 전화했다. 그랬더니 119에서 받았다. 교통사고가 나서 병원으로 가고 있다는 것이다. 자전거를 타고 오던 남편은 차와 부딪혀 뇌와 다리를 다쳤다. 발목 부분을 다쳐 응급처치하는데 환자가 자꾸 머리가 아프다고 해서 119 요원이 안정제를 놓았다고 한다. 그런데 나중에 알고 보니 뇌출혈이었는데 수술해야 할 골든타임을 놓치고 말았다는 것이다. 오른쪽 뇌를 다쳐서 왼쪽에 마비 증세가 왔는데, 출혈 때문에 오른쪽도 마비증세가 왔다. 현재는 사지(四肢) 장애가 있는데 왼쪽보다 오른쪽이 더 불편하다.

아내의 집안은 모두 기독교 가정이어서 어려서부터 신앙생활을 했다. 남편의 집안은 유교 집안이어서 유교 풍습이 가득하다. 그렇지만 남편은 막내여서 부모의 허락을 받고 어려서부터 교회를 나갔다. 그리고 군대에서 세례도 받았다.

병원 치료를 받을 때 정말 열심히 기도했다. 반드시 치료해주실 것을 믿고. 어느 순간 병원 치료를 마치고 퇴원했는데, 몸이 더는 나아질 기미가 없었다. 믿음이 흔들리기 시작했다. 실망스러운 마음에 아내는 친정 부모에게 푸념했다.

"그렇게 기도했는데도 낫지 않잖아."

부모는 안쓰러운 마음에 격려했다.

"그래도 믿음줄 놓지 않고 계속 기도해야지."

결국 아내의 마음은 믿음으로부터 멀어졌고, 교회에 발걸음을 멈췄다.

그렇다고 신앙생활 하지 않는 게 편하지는 않았다. 신앙 양심에 자꾸 가책이 들었다. 기독교방송을 통해서 신앙을 회복하려 했지만 방송으로는 갈증을 채울 수가 없었다. 그러던 어느 날, 우리 교회 권사님을 만나서 신앙생활을 다시 시작하게 되었다.

강단에서 바라보면 두 분이 예배당 맨 뒤쪽에서 예배를 드리는데 너무 귀하고 예쁘다. 아내의 얼굴이 너무 밝고 구김살이 없다. 남편도 늘 웃으면서 아내가 이끄는 대로 순종한다. 아내는 헌금도 남편의 손에 집어주고 스스로 드리도록 한다. 예배드리는 이 시간, 배우자에게 혹은 부모에게 끌려와서 마지못해 예배하는 이도 있을 텐데, 이들이 드리는 예배는 정말 주님이 기뻐하시는 예배를 드리고 있다. 지금은 코로나19로 인해 재활치료를 멈췄지만 다시 재활치료를 할 것이고, 더 나아질 내일을 기대하며 기도할 것이다. 이제는 몸 상태가 어떠냐에 상관없이 주님만을 즐길 수 있는 영적 성숙에 이르렀다.

사명자는 감동의 파장을 일으킨다

어떤 남자가 운전하다가 과속으로 경찰에게 잡히고 말았다. 그는 무의식적으로 말했다.

"술 한잔했더니 정신이 없었어요."

경찰은 즉각 음주운전을 추가했다. 그러자 당황한 아내가 남편을 거들었다.

"남편은 무면허라 맨정신에는 겁이 나서 운전을 못해요."

경찰은 다시 무면허운전을 추가했다. 그때 뒷좌석에 앉아 있던 장모가 엉겁결에 끼어들었다.

"그것 보게. 자동차를 훔쳐 타더니 오래가지 못하잖아!"

그는 결국 그 자리에서 현행범으로 붙잡히고 말았다.

세상에는 부끄러운 삶을 살아가는 사람이 허다하다. 그들은 사명 의식이 없다. 왜 살아야 하는지 무엇을 위해 살아야 하는지 모른다. 그러니 어떻게 살아야 하는지에 대한 기준도 흔들리기 마련이다. 어쩌면 그들도 나름대로 사명을 가지고 살아가는지도 모른다. 나름대로 달려가는 목표가 있을 것이다. 그러나 '거룩한 사명'이 아니다. 우리는 사명에 붙잡혀 살아가되, 거룩한 사명에 붙잡혀야 한다. 그런 사람이 감동을 낳는다.

바울 사도는 어려운 제3차 전도여행을 끝냈다. 그리고 예루살렘으로 올라가는 중에 밀레도에 들렀다. 거기서 그는 에베소교회의 장로들을 불렀다. 그들에게 에베소교회를 위해 당부해야 할 말이 있었기 때문이었다. 그가 하는 고백을 들어보면 바울 사도는 분명히 사명에 매여 산 사람이다. 그래서 세상을 살아가는 방식이 다르다. 분명한 사명 의식이 있으므로 어떤 상황에서도 흔들림이 없었다. 그의 고별 설교를 들어보라(행 20:19-20). 그는 감동적인 자신의 사역을 서술한다. 그는 당당했다. 한 점 부끄러움이 없었다.

그가 당당할 수 있었던 이유가 무엇인가? 바른길을 달려왔기 때문이다. 사명에 매여 살았기 때문에 이리저리 표류하는 인생이 아니었다. 그는 겸손하게 사역했다. 영혼과 교회에 대한 안타까움의 눈물을 흘렸다. 그의 가슴에는 끓어오르는 강한 열정이 있었다. 유대인들이 간교한 술수를 부려 시험했지만 요동하지 않고 참고 인내하면서 주를 섬겼다. 영혼과 교회, 그리고 복음을 위해 유익한 것이라면 거리낌 없이 담대하게 복음을 전하고 가르쳤다. 그는 에베소 교인들에게 회개와 믿음의 삶을 살도록 강력하게 호소했다.

얼마나 자신감이 넘치는 말인가? 그의 말에는 감동이 있다. 그렇다. 사명에 매여 살아가는 사람의 말을 듣고 있노라면 힘이 생긴다. 사명감에 매인 사람은 다른 사람의 마음을 사로잡는다. 사람들의 가슴에 불을 지펴준다. 호소력이 있고 생명력이 충만하다. 사명을 붙들고 사는 사람은 어떤 상황에서도 감동적인 삶을 걸어간다. 그리고 다른 사람들에게 감동을 불러일으킨다.

어느 해 여름, 교회에서 몽골로 비전트립을 갔다. 어느 날, 우리 팀은 한인 식당에 들렀다. 선교사님이 식당 주인아주머니와 잠시 대화를 나누는 것을 들었다. 아주머니는 몽골에서 식당을 경영하는 데 어려움을 호소했다. 몽골 사람들은 직장을 오래 다니지 않는다. 유목민 기질이 있어서 그런지 이리저리 옮겨 다닌다. 그리고 너무 가난하기 때문에 손님 물건에 손대는 일도 있고, 손님이 물건을 놓고 가면 그대로 돌려주지 않는다. 20만 원 정도의 월급으로 생활하니 그럴 수도 있을 것이다. 그러면서 주인아주머니는 선교사님에게 부탁했다.

"좋은 청년 좀 소개해주세요. 25만 원 정도 줄게요."

식당 주인이 선교사님에게 사람을 소개해달라고 부탁하는 이유가 있다. 몽골 아이들을 믿을 수가 없다는 말이다. 그러나 기독교인들은 뭔가 다르다는 것을 발견한 것이다.

"기독교인이나 천주교인은 좀 달라요. 그들은 물건을 주우면 돌려줍니다. 물론 큰돈일 때는 흔들리는 경우도 있지만."

그렇다. 사명에 매여 사는 사람은 세상 사람이 사는 방식으로 살아서는 안 된다. 세상 사람이 걸어가는 삶의 방식을 거절하고 끊어버려야 한다. 사명자는 불필요한 것을 과감하게 끊어버려야 한다. 유익하지 않은 것은 과감하게 던져버려야 한다. 부끄러운 행동은 또 다른 부끄러운 삶을 낳는다. 그러나 부끄러운 삶을 과감하게 끊어버리면 영광의 순간이 다가온다.

영국 한 하원의원의 이야기다. 그는 국회에서 회의에 참석할 때마다 늘 짜증을 내고 스트레스를 받으면서 투덜거렸다. 국회가 열리던 어느 날이었다. 그날도 기분이 좋지 않아 인상을 쓰면서 집으로 퇴근하는 길이었다. 집 가까운 골목길을 지나오고 있었다. 한 청소부가 골목길을 청소하는 모습을 보았다. 그런데 그는 즐겁게 노래하면서 신나게 청소하고 있었다. 하원의원은 이상해서 물었다.

"형제여, 그렇게 기분이 좋습니까?"

청소부는 웃으면서 대답했다.

"예, 너무너무 좋습니다."

이상하다는 듯이 다시 물었다.

"청소하면서 뭐가 그렇게 좋은 일이 있던가요?"

그러자 그는 대답했다.

"하나님이 창조하신 이 아름다운 세계의 지구 한 모퉁이를 정화하는 하나님의 일을 하므로 너무 좋습니다."

그 말을 듣는 순간, 하원의원은 머리를 망치로 맞은 기분이었다.

너무나 부끄러우면서도 깊은 감동을 피할 길이 없었다.

'아! 저게 바로 인생이구나.'

그 후부터 그는 자기 일에서 거룩한 하나님의 일을 찾아내 신나게 살게 되었다. 사람은 자기가 하는 일에서 가치를 찾으려고 한다. 그러나 일의 종류와는 상관없이 하나님께서 맡기신 사명감에서 가치를 찾아야 한다. 길거리에서 청소하든 식당에서 음식을 만들든 재봉틀로 옷을 짜든 학교에서 아이들을 가르치든 무슨 일을 하든 그 자리를 하나님의 일을 하는 거룩한 사명을 감당하는 자리로 인식하면 모든 일이 즐겁고 보람되다. 우리가 가진 힘이나 결단력으로 세상을 살아가려고 하지 말아야 한다.

사명감에 불타는 사람은 하나님의 울음소리를 들을 줄 안다. 하나님의 흐느낌을 듣기 때문에 아무렇게나 살 수 없다. 자신을 위한 이기적인 삶에 머무를 수 없다. 분당 할렐루야교회에서 시니어 선교 한국 대회가 열린 때가 있다. 그때 '내려놓음'이라는 용어를 유행시킨 이용규 선교사가 간증했다. 이용규 선교사는 하버드대 박사 출신으로 세상에서 출세의 길이 보장된 젊은이였다. 그런데 어느 날, 출세 티켓을 반납했다. 척박한 땅 몽골 선교사로 떠난 것이다.

이용규 선교사는 선교대회에서 이런 간증을 했다. "하버드대 박사 출신이 척박한 땅 몽골에 갔다는 사실 때문에 많은 분이 저를 대단하게 보시는데 결코 그렇지 않습니다. 하나님의 음성에 전적으로 순종했을 뿐입니다. 하나님은 아브라함에게 지시하신 땅으로 가라고 하셨을 뿐 그곳에 가기 위해 어떤 훈련을 받으라고 하지 않으셨습니다. 그렇듯이 하나님이 우리에게 요청하신 것은 100%의 순종입니다."

그는 몽골 국제대 교수로 재직하던 중, 아무런 준비 없이 교회를 세우게 된 사연을 이렇게 말했다. "어느 날, 기도하는데 어디선가 울음소리가 들려왔습니다. 그처럼 서럽게 우는 소리는 생전 처음 들었습니다. 울음소리의 주인은 바로 하나님이셨습니다. 하나님은 저에게 '이 백성(몽골인)을 향한 나의 울음'이라고 하시면서 함께 울어줄 수 있겠느냐고 물으셨습니다. 이것이 바로 인류를 향한 하나님의 마음입니다." 그는 하나님의 울음소리를 듣고 하나님의 마음을 알게 되었다. 하나님과 함께 그 땅의 백성을 구원하기 위하여 울기 위하여 교회를 세웠다. 몽골인의 영혼 구원을 위하여 울고 그 땅의 구원을 위하여 '천국 유목민'으로 그 땅에서 살아가고 있다고 했다.

사명자는 이 땅에서 유목민으로 살아가기를 겁내지 않는다. 그러나 그는 치졸한 유목민이 아니라 당당한 천국 유목민이다. 이 땅의 것에 과도한 욕심을 부리지 않기에 사람들로부터 감동을 자아낸다. 지금은 하나님 품에 안긴 한경직 목사님은 깨끗하고 청렴한 삶을 살다가 하나님께로 갔다. 많은 사람이 그의 죽음 앞에서 존경의 애도를 표했다. 그분은 하나님의 사명을 붙잡고 마지막까지 믿음으로 달려갔기에 순례자로 살았지만 감동을 자아내며 살았다.

가슴 뛰는 사명을
주님의 능력으로 감당하며

80세가 된 어떤 분이 있다. 그분은 몇 개월 전부터 속이 좋지 않았다. 소화 기능이 느려져서 오랫동안 다녔던 병원 담당 의사를 찾아가서 증상을 말해주었다. 의사는 별로 대수롭지 않게 처방해주었다. 그래서 몇 개월을 그대로 보냈다. 그런데 증세가 심상치가 않았다. 결국 전문병원을 찾아가서 위와 장 내시경을 해 봤다. 그런데 이게 웬일인가? 위암이라는 판명을 받았다. 환자는 너무나 놀랐다. 애초에 위내시경을 찍었더라면 초기에 발견했거나 예방하였을 것을 의사의 불찰로 병을 키운 것이다. 이런 일이 어디 한두 건이겠는가? 투철한 사명감이 있는 의사라면 그렇게 하지 않았을 텐데.

어떤 사람은 강한 사명감을 가지고 살아간다. 그들은 분명한 목적의식을 갖고 있다. 왜 살아가는지 그 이유를 알고 있다. 그래서 행복하다. 그런데 어떤 사람은 사명감이 없다. 그들은 늘 불평한다. 환경을 탓하고 자주 짜증 낸다. 그뿐만 아니라 다른 사람을 불편하게 하고 그들에게 불행을 안겨주기도 한다. 하나님께서 나에게 주신 사명이 무엇인가? 자신에게 주어진 사명을 아는 사람은 쉽게 지치지 않는다. 때때로 넘어져도 좀처럼 쉽게 포기하지 않는다. 달려가야 할 길이 있기에 넘어져도 다시 일어난다.

바울은 결연한 각오를 말했다. "보라. 이제 나는 성령에 매여 예루살렘으로 가는데 거기서 무슨 일을 당할는지 알지 못하노라. 오직 성령이 각 성에서 내게 증언하여 결박과 환난이 나를 기다린다 하시나 내가 달려갈 길과 주 예수께 받은 사명 곧 하나님의 은혜의 복음을 증언하는 일을 마치려 함에는 나의 생명조차 조금도 귀한 것으로 여기지 아니하노라"(행 20:22-24). 바울은 앞으로 에베소교회 장로들 얼굴을 보지 못할 수 있음을 느끼고 있다. 바울의 고별 설교 속에는 순교 정신이 깃들어 있다.

사명자는 환경을 탓하지 않는다. 환경을 두려워하지 않는다. 바울을 아끼는 많은 사람이 바울에게 예루살렘으로 가지 말라고 만류했다. "예루살렘에 들어가지 말라"(행 21:4). 가이사랴에 갔을 때도 마찬가지였다. 유대로부터 내려온 아가보라는 선지자는 바울이 예루살렘에서 결박당하게 될 것이라고 예언했다(행 21:11). 그러자 사람들은 다시 바울에게 말했다. "예루살렘으로 올라가지 말라"(행 21:12).

이런 상황에서 나 같으면 어떻게 했을까? 가려던 길을 포기했을까? 그러나 바울은 결코 그렇게 할 수 없었다. "여러분이 어찌하여 울어 내 마음을 상하게 하느냐. 나는 주 예수의 이름을 위하여 결박당할 뿐 아니라 예루살렘에서 죽을 것도 각오하였노라"(행 21:13).

결국 그는 예루살렘으로 올라가 결박당했다. 그러나 후회하지 않았다. 오히려 하나님의 뜻을 이루는 일이기에 그는 기뻤다. 바울은 사명을 감당하기 위해 생명을 조금도 아끼지 않았다. "유대인들이 안디옥과 이고니온에서 와서 무리를 충동하니 그들이 돌로 바울을 쳐서 죽은 줄로 알고 시외로 끌어 내치니라"(행 14:19).

그는 죽을 뻔했었다. 당시 바울을 돌로 친 사람들은 죽었을 것이라고 생각해서 그를 내버렸다. 훗날 바울은 자신의 삶을 회상하면서 이렇게 고백했다. "그들이 그리스도의 일꾼이냐. 정신없는 말을 하거니와 나는 더욱 그러하도다. 내가 수고를 넘치도록 하고 옥에 갇히기도 더 많이 하고 매도 수없이 맞고 여러 번 죽을 뻔하였으니 유대인들에게 사십에서 하나 감한 매를 다섯 번 맞았으며 세 번 태장으로 맞고 한 번 돌로 맞고 세 번 파선하고 일 주야를 깊은 바다에서 지냈으며 여러 번 여행하면서 강의 위험과 강도의 위험과 동족의 위험과 이방인의 위험과 시내의 위험과 광야의 위험과 바다의 위험과 거짓 형제 중의 위험을 당하고 또 수고하며 애쓰고 여러 번 자지 못하고 주리며 목마르고 여러 번 굶고 춥고 헐벗었노라. 이 외의 일은 고사하고 아직도 날마다 내 속에 눌리는 일이 있으니 곧 모든 교회를 위하여 염려하는 것이라"(고후 11:23-28). 바울은 어떤 어려움이 닥쳐와도 결코 사명을 포기하지 않았다. 숱한 장애물이 닥쳐왔지만 결코 멈추어 서지 않았다.

사명은 삶에 열정을 불러일으킨다. 그래서 사명을 붙잡은 사람은 뜨거운 가슴으로 열정을 불태우면서 살아간다. 사명이 없는 사람은 한가하다. 사명이 없는 사람은 할 일이 없다. 사명이 없는 사람은 지금 내게 주어진 시간이 얼마나 귀중한 것인지를 모른다. 그래서 시간을 낭비하면서 살아간다. 그러나 사명은 열정을 일으킨다. 사명이 절실해질수록 가슴이 열정으로 타오른다. 불타는 사람이 있기에 기대가 된다. 사명자는 역사의 희망이다. 사명자는 기적을 일으킨다. 몽골 단기선교를 갔을 때 몽골 다르항 충성교회에서 찬양하고 율동하는 젊은이들을 보면서 감격이 넘쳤다. 그들 안에 불타오르는 사명감을 보면서 가슴이 뭉클했다. 그리고 그들을 품고 몽골 땅을 위해 기도했다.

아프리카에서 선교하던 리빙스턴이 한번은 아주 무서운 짐승의 습격을 받았다. 그는 너무 놀라서 그 자리에서 졸도하고 말았다. 그는 죽은 줄 알았다. 그런데 살아 있었다. 깨어나 보니 몸에 발톱 자국만 몇 개 나 있고 아무 이상이 없었다. 그때 그가 한 말은 위대한 명언으로 전해지고 있다.

"사람은 자신의 사명을 다할 때까지는 결코 죽지 않는다."

우리는 지금 왜 사는가? 살아 있으니까 그저 살아가는가? 죽지 못해서 살아가는가? 그렇다면 우리는 얼마나 비참한 인생인가? 우리가 살아가는 이유는 분명하다. 하나님께서 나에게 맡겨주신 사명이 있기 때문이다. 사명을 다하기까지는 죽을 수도 없다. 사명이 우리의 죽음과 삶을 결정한다. 사명을 놓친 자는 살았으나 죽었다. 그러나 사명을 붙잡고 살아가는 사람은 죽은 것 같지만 기필코 다시 살아난다. 사명 때문이라도 주저앉아 있을 수가 없다. 아직 이 사명의식이 없다면 인생을 재점검해보아야 한다.

어느 신학대학교 졸업 감사예배 때였다. 그때 한 교수가 학생들에게 이런 말을 당부했다. "여러분들의 뒤에 서 있는 사람들이 나는 보인다. 수백, 수천, 수억의 영혼이 여러분 뒤에 서 있다. 나아가다 보면 넘어질 때가 있다. 그땐 날 딛고 올라서라. 건너지 못할 것 같은 큰 강이 있을 수 있다. 그땐 날 징검다리 삼아 달라. 어려운 일들이 있지만 반드시 넘어서고 건너야 한다. 한국 교회 선배님들이 정말 힘껏 달려온 길에서 바통을 넘기니 골인을 잘해 달라."

사명자의 길은 쉽지 않다. 어려운 고비도 다가온다. 가난과 질병이 친구를 하자고 찾아온다. 늘 반대와 비난의 소용돌이에 휘말린다. 사람들은 한순간도 그냥 내버려 두지 않는다. 반대와 대적들이 두 손을 쳐든다. 그래서 가야 할 길인 줄 알지만 주저한다. 해야 할 사명인 줄 알지만 주저앉아 있다. 좀처럼 일어나지 않으려고 한다. 절망과 사귀려고 손을 내민다. 그러나 전도의 사명자들이여, 일어나라. 기도의 사명자들이 일어나야 한다. 부모의 사명을 제대로 감당해야 한다. 일터에서 하나님이 보내신 목적을 알고 최선을 다해야 한다. 희생정신을 가지고 섬김의 사명을 감당해야 한다. 그러면 하나님께서 우리와 함께하실 것이다.

언젠가 월드비전 긴급구호팀장이었던 한비야 씨가 방송에 나왔다. 진행자가 그에게 물었다.

"왜 그 일에 종사하게 되셨나요?"

그는 서슴없이 답했다.

"이 일이 내 가슴을 뛰게 만들기 때문이죠."

진행자가 또 물었다.

"긴급구호는 무엇을 하는 것인가요?"

그는 활기찬 음성으로 대답했다.

"재난 상황이 발생했을 때 달려가서 세 가지 일을 합니다. 첫째, 위기 가운데 있는 사람들을 찾아서 생명을 건져줍니다. 둘째, 재난당한 사람들의 고통을 경감시켜 줍니다. 셋째, 사람들이 일상적인 삶으로 복귀할 수 있도록 도움을 줍니다."

당신의 가슴을 뛰게 만드는 일이 있다면 행복한 사람이다. 설레는 가슴으로 열정적으로 사명을 감당한다면 당신은 성공할 수 있다. 그러나 기억할 것이 있다. 가슴을 설레게 한다고 다 즐거운 것만은 아니다. 사명자는 늘 장애물에 봉착한다. 어려움을 감수하고 딛고 일어서야 한다. 어려운 일이 있을 때 불평하지 말고 하나님을 신뢰하며 무릎 꿇어야 한다.

순례의 길을 가는 동안 주님이 주신 사명을 감당하려는가? 몇 가지 기억할 사실이 있다.

첫째, 하나님의 능력을 받아야 한다. 하나님의 능력을 입지 않고는 하나님이 주신 사명을 끝까지 감당할 수가 없다. "안 된다, 할 수 없다"라고 함부로 말하지 말아야 한다. 그렇게 말하기 전에 하나님의 능력을 더 철저히 신뢰해야 한다. 하나님이 능력을 주시면 안 되는 일도 없고 못 할 일도 없다.

둘째, 하나님의 능력을 공급받기 위해서는 겸손하게 무릎을 꿇고 하나님께 기도해야 한다. 기도는 하늘의 능력을 공급받는 충전소다. 기도 없이는 능력을 받을 수 없고 하나님의 능력을 공급받지 않고는 사명을 감당할 수 없다. 하나님은 당신이 무릎으로 사명을 감당하길 원하신다. 너무 능력이 많아서 하나님이 필요 없다고 말하지 말아야 한다.

셋째, 하나님의 마음을 읽으면서 사명을 감당해야 한다. 우리가 열심히 살아가고 일하는 것도 중요하다. 그러나 하나님의 마음을 읽을 줄 알아야 한다. 하나님의 마음을 모르고 일할 때 자기 영광을 추구하게 되고 자기 의만 앞세우게 된다. 화려한 업적을 남기려고 애쓰기보다 하나님의 마음을 따라 일하는 법을 배워야 한다. 사명은 나의 일을 이루는 것이 아니다. 하나님이 원하시는 방법대로 하나님이 하시는 일을 드러내는 것이다.

절망의 순간에
회복의 문을 열어야 한다

하나님이 맡기신 사명을 가슴에 품고 순례길을 갈 때 예외 없이 낙담과 실망은 다가온다. 때로는 좌절감에 휩싸인다. 때로는 불평과 원망이 나오기도 한다. 사역에 대한 회의도 든다. 때로는 그만두고 싶다는 유혹에 휘말린다. 사명자를 철인으로 착각하지 말아야 한다. 아무리 사명을 굳게 잡고 살아도 넘어지고 쓰러진다. 열정적으로 사명을 붙잡고 달릴지라도 순간적으로 식을 수 있다. 그래서 사명자에게 늘 회복이 필요하다. 식어가는 불꽃을 살리기 위해 불을 다시 지펴야 한다. 아무리 절망적인 순간일지라도 회복의 문을 열면 된다.

몽골 단기 사역을 할 때 하나님의 만지심을 경험했다. 다르항에서 김신국 선교사님과 대화를 나누는 시간이 있었다. 선교사님은 이런 말을 했다. "단기 선교팀이 선교지를 품고 열심히 기도합니다. 그리고 선교지의 영혼을 안고서 열심히 사역합니다. 그런데 선교지에서 정작 필요한 것이 없습니다. 지치고 상한 선교사님들을 위로하고 격려하는 것입니다. 최전방 소총수를 지원하는 사역을 모르는 것 같아서 아쉽습니다." 그래서 우리는 선교사님과 사모님을 축복하고 부둥켜안고 눈물을 흘리면서 함께 기도했다. 하나님은 선교사님 부부와 우리 팀원 모두를 만지셨다.

뭉힝오스교회 사역서에도 우리는 선교사님 부부와 함께 위로의 밤을 가졌다. 다음 날 나는 사모님과 대화를 나누면서 하나님께 감사했다. 사모님은 눈물을 흘리면서 나에게 이런 고백을 했다. "목사님, 너무너무 고맙습니다. 어제저녁, 저는 남편의 품에 꼭 안겨서 그동안 퍽퍽하고 답답했던 제 가슴에 맺힌 아픔이 다 무너져 내리는 느낌을 받았습니다. 단기선교팀이 저희 부부를 안고 기도하고 축복할 때 제 가슴은 터지는 것 같았어요. 너무너무 고맙습니다. 하나님께서 저를 위로하기 위해 여러분을 보내신 것 같아요."

사명을 붙들고 살아도 힘들 때가 있다. 때로는 실망도 한다. 사람들이 원망스럽고 하나님이 원망스러운 경험도 한다. 그때 서로 격려하고 위로해야 한다. 주변 사람의 격려와 위로가 쓰러져가는 사명자를 다시 일으키게 할 것이다. 쓰러지지 않도록 붙들어주고 지탱해주어야 한다. 사명자도 때로는 지치고 쓰러질 때가 있다. 식은 열정에 다시 불을 지펴야 한다. 회복만이 살길이다. 회복의 문은 언제나열 수 있다.

어느 선교사가 온 가족과 함께 선교사역을 하기 위하여 아프리카 지역에 도착했다. 그는 목숨을 걸고 복음을 증거했다. 그런데도얼마 가지 않아 큰아들이 풍토병으로 죽었다. 슬픔도 채 가시기 전에 작은아들마저도 병을 이기지 못하고 죽었다. 부부는 두 아들을 묻고서도 여전히 복음을 위해 애를 썼다. 그런데 이게 웬일인가? 아내마저 병들어 죽고 말았다. 혼자 남은 선교사는 사역을 마감하고 미국으로 돌아오게 되었다. 배를 타고 미국 땅에 도착했다. 부둣가에서 많은 사람이 누군가를 환영하고 있었다. 도대체 누구를 저렇게 환영하는가 하고 배 갑판으로 나가보았다. 자기가 타고 있던 배에 대통령이 타고 있었다는 것을 그제야 알았다.

선교사는 그런 광경을 보면서 죽은 가족을 생각했다. 너무나 원망스러웠다. 그래서 선교사는 불평이 나왔다.

"하나님, 너무 하십니다. 저는 복음을 위해 모든 것을 잃고 왔는데, 이렇게 초라할 수가 있습니까?"

그때 성령께서 말씀하셨다.

"너희 식구는 천국에서 대통령의 환영식보다 더 좋은 환영식을 받았다. 그리고 너의 환영식은 아직 남아 있다."

그 순간 그는 회개했다. 그리고 보따리를 싸서 다시 아프리카로 되돌아갔다. 그곳에 자기 뼈를 묻었다. 투철한 사명 의식을 가지고 달려간다고 할지라도 때때로 일어나는 내적인 갈등을 극복하기란 쉬운 일이 아니다. 성취에 대한 제어하기 힘든 욕망이 우리를 지치게 만든다. 때로는 일을 헤쳐나가지 못하는 자신의 무력감 때문에 딜레마에 빠진다.

때때로 우리는 사람들의 환영을 기대한다. 사람이 인정해주고 알아주기를 바란다. 그것이 우리를 넘어지게 하는 신호탄이건만 좀처럼 느끼지 못한다. 그래서 사명자는 땅에 매이지 말고 하늘에 매여야 한다. 땅의 것을 주목하지 말고 하늘의 것을 주목해야 한다. 게다가 주변에서 사나운 이리떼가 덤벼들기라도 할 때면 정말이지 용기가 나지 않는다(행 20:29). 만만치 않은 주변 환경이 사명자를 낙담하게 만든다. 그러나 사명자는 다시 일어서는 힘을 찾아야 한다.

세상에는 어려운 환경에서 자수성가한 사람들이 많다. 그중의 한 사람이 바로 CS코리아 이경준 회장이다. 그의 삶은 자신의 자서전인 「인생은 도전할 수 있기에 아름답다」에 잘 나타나 있다. 그는 7남매의 맏아들로 태어났다. 중학교 2학년 때 아버지께서 세상을 떠나셨다. 졸지에 가장의 몫을 지게 되었다. 그는 돈을 벌어야 했다. 농사를 짓고 허드렛일을 하면서 1년여를 보냈다. 이듬해 겨울 어느 날이었다. 읍내에서 고교생 모자를 쓴 초등학교 동창들과 마주쳤다. 자존심이 상했다. 초등학교 시절 자신은 반장을 도맡아 했다. 그런데 가정 형편 때문에 더는 공부할 수 없었다. 기분이 좋을 리 없었다. 순간 그의 머리에는 이상한 생각이 스쳐 지나갔다. '저 친구들은 나중에 취업할 때 고졸이라고 적겠지만 나는 중학교 중퇴라고 쓸 수밖에 없구나…' 그 생각이 머리를 스치면서 그에게는 오기라는 것이 생겼다. 그때부터 그는 주경야독하게 되었다.

결국 1965년, 전북 김제고에 입학했다. 경제적 어려움을 딛고 일어서서 독학으로 이룬 성과였다. 가난 때문에 힘들기는 했지만 결코 좌절하지 않았다. 어려운 가운데 고등학교를 무사히 졸업했다. 그리고 말단 공무원으로 인생을 시작했다. 그런데도 그가 50대 중반에 대기업 CEO 자리에 오르기까지 그의 인생은 패기와 도전의 연속이었다. 1968년, 그는 대학 진학에 실패했다. 그래서 곧장 직장부터 찾아야 했다. 집안 형편 때문에 재수는 꿈도 꿀 수 없었다. 어느 날, 그는 이장 집에 배달된 신문을 보았다. 그리고 체신청에 입사원서를 냈다. 5급(현재 9급) 무선 기술직 공무원으로 사회에 첫발을 내디뎠다. 1973년, 군 복무를 마친 뒤 그는 잠시 방황했다. 인문계 고교를 졸업했으니 자격증도 없었다. 대학에 다니지 못했으니 직장에서도 승진에 한계가 있겠다고 생각했다. 그러자 앞날에 대한 회의가 밀려왔다. 그래서 틈만 나면 술을 마시고 당구를 치면서 시간을 보냈다. 친구들이 결혼한다는 소식이 그렇게 반가울 수 없었다. 새벽까지 친구들과 어울려 술을 마실 수 있었기 때문이다.

사람들이 가치 있다고 보는 것이 부정적으로 보였다. '열심히 살면 뭐 해? 음유시인(吟遊詩人)처럼 자유롭게 산다고 문제 될 것 있어?' 그에게 부정적이고 회의적인 생각들이 방문하기 시작했다. 그렇지만 최소한 인생을 왜 살아야 하는지 이유는 알고 싶었다. 그래서 섬 근무를 자원했다. 유혹이 없는 환경에서 깊은 생각을 통해 답을 찾고 싶었다. 목표를 정하지는 못했지만 실력부터 키우고 기회를 보자는 생각으로 닥치는 대로 공부를 시작했다. 섬을 떠날 때 그는 스스로 다짐한 것이 있었다. "술을 가끔 마시긴 하겠지만 취할 때까지 마시진 않겠다."

그리고 1975년에 군산우체국으로 복귀했다. 그는 새로운 도전에 나섰다. 급기야 독일 우정성 근무 선발시험에 합격했다. 그는 독일로 떠났다. 그는 독일에서 18개월간 선진 통신 기술을 배웠다. 귀국한 뒤에는 체신공무원 교육원 교관으로 일했다. 동시에 그는 방송통신대를 다녔다. 이후 그는 1978년에 기술고시를 패스했다. 이듬해에는 기술사 자격증도 땄다. 내친김에 연세대 산업대학원에서 석사학위까지 받았다. 1986~1988년에는 미국 최대 유무선 통신사인 AT&T 파견 근무도 다녀왔다. 2009년에는 서울벤처정보대학원대학교에서 박사학위도 받았다.

그는 젊은 시절 한때 허송세월하였다. 그런 그가 변화된 삶을 살게 된 계기는 도대체 무엇일까? 그는 말한다. "누구나 인생의 사명이 있잖아요. 이 땅에 태어나 사는 이유가 있죠. 내 사명은 뭐냐? 최소한 엉터리로 살아선 안 된다는 겁니다. 젊은 시절 불우했지만 다른 이들에게 도움을 주는 삶이어야 하지 않을까 생각했어요."

그는 수없이 역경 앞에 섰다. 그러나 그는 결코 거기에 굴하지 않았다. 그렇게 노력하는 그에게 보상이 잇따랐다. 1992년에 서기관으로 승진했다. 2002년에는 KT 기획조정실장에 이어 KTF 사장직이 주어졌다. 이어 KT네트웍스 사장 3년, 에이스안테나 사장 3년을 지냈다. 그리고 2009년에는 경영컨설팅 업체인 CS코리아를 차렸다. 이제 그는 기업체 등으로부터 특강 요청을 받을 때가 많다. 그때마다 그는 젊은이들에게 곧잘 하는 표현이 있다. "여러분은 귀한 인재입니다. 살다 보면 언젠가 좌절할 때도 있겠죠. 중요한 건 좌절할 때 다시 일어서는 겁니다. IQ(지능지수), EQ(감성지수)보다 중요한 RQ(회복지수, Rebound Quotient)를 아십니까? 넘어져도 다시 일어서겠다는 능력과 의지가 있는 한 어떤 좌절도 이겨낼 수 있을 겁니다."

아무리 강한 순례자도 넘어진다. 넘어져도 다시 일어서는 인생은 아름답다. 장애물에 걸려 수없이 넘어져도 오뚝이 정신을 가지고 다시 일어서는 사람은 위대하다. 다시 일어서기 위해서는 회복지수를 높여야 한다. 아무리 절망적인 상황에서도 주님은 사명자가 회복할 수 있는 문을 예비해두셨다.

일상을 즐기는 자가
진정한 사명자이다

지혜의 임금으로 알려진 솔로몬이 하루는 성전 건축 현장을 방문하고 일꾼들을 돌아보았다.

"당신은 왜 여기서 일합니까?"

한 일꾼이 대답했다.

"그야 뭐 배운 것도 없고 이럭저럭 살아가려니 죽지 못해서 하고 있지요."

얼마쯤 가다가 다른 일꾼에게 똑같이 물었다. 그 일꾼이 이렇게 대답했다.

"배운 게 일하는 것뿐이니 놀고먹을 수가 있나요? 그럭저럭 한세월 보내는 것이죠."

왕은 얼마쯤 가다가 해진 옷을 입고 일하는 청년에게 같은 질문을 했다. 청년은 환한 미소를 지으며 대답했다.

"왜 여기서 일하냐고요? 저는 정말 기뻐서 죽을 지경이지요. 자, 보세요. 저는 지금 하늘나라의 영광을 이 땅 위에 드러내는 성전을 바로 이 손으로 돌을 쌓고 있지 않나요?"

이 청년은 자신이 한 장 한 장 쌓아가는 벽돌이 위대한 성전을 이루어간다는 사실 앞에 감격스럽게 일하고 있었다. 사명을 가지고 살아가는 사람과 그렇지 않은 사람과는 살아가는 방식이 전혀 다르다.

바울은 하루하루를 그럭저럭 그냥 보내지 않았다. 그는 매 순간을 의미 있게 보내려고 애썼다. 무슨 일을 하든지 함부로 할 수 없었다. '어떻게 하면 효율적으로 일할 수 있을까?' '어떻게 해야 하나님이 기뻐하실까?' 그는 에베소에서 사역하는 동안 최선을 다하는 삶을 살았다. "내가 삼 년이나 밤낮 쉬지 않고 눈물로 각 사람을 훈계하던 것을 기억하라"(행 20:31).

바울은 성도 한 사람 한 사람을 소중하게 여겼다. 군중 속의 한 사람 정도로 생각하지 않았다. 각 개체에 대한 가치와 소중함을 늘 가슴에 새기며 사역했다. 그는 사명을 감당하는 데 주야를 가리지 않았다. 결코 형식적으로 사역하지 않았다. 성심을 다했다. 그렇기에 그의 눈에서는 눈물이 마르지 않았다. 사명을 붙들고 사는 바울이었기에 누구에게서 은이나 금이나 의복을 탐하지 않았다. 오히려 그는 열심히 일하면서 사역하는 자비량 선교를 했다. 오히려 자기 손으로 텐트를 만들어 다른 사람들을 도와주면서 사역했다. 그가 보내는 매일의 삶은 사명을 감당하는 것과 관련되어 있었다. 하나님이 자신을 보내신 목적과 결별 된 삶은 있을 수가 없었다.

이와 관련해서 테일라드 드 카르댕은 이런 말을 했다. "인생의 가치와 흥미는 괄목할 만한 일들을 하는 데 있다기보다 일상사의 막대한 가치를 인식하고 그 일상사를 수행하는 데 있다." 그렇다. 사명이라고 하면 사람들은 대단한 일을 상상한다. 물론 어떤 사람은 대단한 업적을 이루는 사명을 가지고 있다. 그가 이룬 업적은 괄목할 만한 것이다. 그러나 세상에는 위대한 일을 남기는 사람들만 존재하지 않는다. 어쩌면 다른 사람들과 비교했을 때 하찮고 사소한 일에 종사할 수 있다. 그러나 그에게 주어진 일을 즐길 수 있는 사명감이 있어야 한다.

다른 사람의 직업이나 하는 일을 부러워해서는 안 된다. 자신에게 주어진 일이 있고 자신만이 할 수 있는 사명이 있다. 그 사명을 수행하는 데 충실해야 한다. 그 사명을 즐겨야 한다. 일상을 즐기지 못하는 사람은 평생 채울 수 없는 갈증에 지쳐 쓰러질 것이다. 주부는 가사 일을 즐겨야 한다. 직장인은 그 업무가 어떤 것이든 간에 그것을 즐겨야 한다. 자기 역할에 만족하지 않고 다른 사람의 업무를 기웃거려서는 결코 행복한 삶을 살 수 없다. 주어진 일이 어떤 것이든지 그것에 최선을 다할 때 또 다른 기대하지 않은 보상들이 주어진다. 학생은 먼 미래를 바라보면서 현재 주어진 학업에 충실해야 한다. 현재에 충실하지 못한 자는 미래가 불투명할 수밖에 없다. 충실한 현재가 아름다운 미래를 보장한다.

국제레노바레 대표인 리처드 포스터 목사는 자신의 어머니 메리 템퍼런스 포스터의 죽음에 관해 이런 이야기를 들려준다.

그가 10대였을 때 그의 어머니는 중년이었다. 어머니의 죽음이 갑작스럽거나 극적인 것은 아니었다. 처음에는 그리 대수롭지 않았다. 어머니는 보행이 좀 불편할 뿐이었다. 얼마 후 어머니의 상태가 다발성 경화증 같다는 진단이 내려졌다. 상태는 서서히 악화하였다.

때로 어머니는 새벽 5시에 진공청소기로 마루를 청소했다. 카펫의 한 부분을 깨끗하게 청소한 다음 기진맥진해 소파에 푹 쓰러졌다가 잠시 후 다시 일어나 다른 부분을 청소하시곤 했다.

어머니의 상태가 악화하면서 아버지와 리처드 포스터 삼 형제는 가사를 떠맡았다. 이윽고 어머니가 몸져누웠다. 그러자 그들은 거실에 병원용 침대를 들어놓았다. 그는 어머니의 치유를 위해 기도했다. 그러나 치유는 일어나지 않았다. 어느덧 대학에 진학하여 1,000마일이나 멀리 집을 떠났다. 당시 어머니는 병원에 있었다. 어머니의 임종이 가깝다고 생각되어 1학년 때 세 차례나 집에 다녀와야 했다. 하지만 그때마다 어머니는 원기를 다소 회복하였고 어두운 죽음의 비극 대신 평온무사한 일상을 되찾았다. 그러나 리처드 포스터가 여름 방학을 맞아 집에 와 있을 때 어머니는 돌아가셨다. 어머니는 맨 마지막으로 그를 만나고서 돌아가셨다. 수개월 동안 말도 못 하고 신체적인 반응도 없었지만 그가 찾아갔을 때 아들 손을 꼭 잡았다. 하지만 안타깝게도 어머니가 천국으로 들어갈 때 그는 그 자리에 없었다.

새벽 2시, 그녀는 홀로 있었다. 하나님의 천사들을 제외하곤…. 그녀는 순조롭게 숨을 거두었다. 후일 의료진은 포스터에게 이런 이야기를 들려주었다. 그녀의 죽음은 너무 조용하고 너무 평온해서 나중까지도 의료진은 그녀의 죽음을 알아차리지 못했다. 어머니의 삶은 너무나 평온하고 일상적이었다. 굉장한 드라마, 대서특필할 만한 뉴스거리, 대단한 사건은 없었다. 그의 어머니는 평범한 삶을 살다가 평범한 죽음을 맞았다. 그러나 그녀의 삶과 죽음은 훌륭했다. 남편을 극진히 사랑하고 자녀들을 몹시 사랑하였다. 일상의 회색지대를 통과하며 은혜롭고 온유하게 살았다. 병중이 점점 악화할 때도 고상한 신앙을 잃지 않고 이를 감수하였다. 삶과 질병처럼 죽음도 인내와 용기로 맞이하였다. 그의 어머니는 일상사의 거룩함을 이해하고 있었다.

아름답고 평온하게 죽을 수 있는 비결이 무엇인가? 하루하루를 잘 사는 것이다. 매일의 삶을 후회가 남지 않도록 살아가는 것이다. 죽음의 어두운 그림자가 드리워질 때 가슴에 맺힌 사람이 없도록 하루하루 만나는 주변 사람에게 잘하는 것이 바로 사명을 감당하는 삶이다. 때로는 일상사에서 일탈하고 싶은 충동이 일어난다. '내가 이 집안에 하녀로 들어왔나? 왜 이런 허드렛일만 하고 있어야 해?' '나는 돈 벌어주는 기계에 불과해. 이렇게 처자식을 먹여 살리느라 돈만 벌다가 나에게 돌아오는 건 뭐지? 병든 몸과 가족에게 천대받는 노년이 아니던가?' '공붓벌레처럼 이렇게 공부만 하는 게 무슨 의미가 있어? 이게 무슨 재미야? 왜 이렇게 살아야 해?'

그때 사탄은 말한다.

"그래, 거기서 벗어나. 거기에 묶여 있을 필요가 없어. 밖으로 나가봐. 더 좋은 일이 기다리고 있을 거야."

그러나 알고 있는가? 나에게 주어진 사명은 일상을 즐기는 것이라는 것을. 믿음의 순례자는 일상을 통해 하나님께 기쁨을 드린다.

일상을 통해 하나님 나라의 복음을 확장해나간다. 일상생활을 즐기는 사람이 바로 사명을 붙잡고 살아가는 사람이다. 일상에 충실하게 살아가는 것이 바로 사명감으로 무장된 삶이다. 일상을 통해 복음을 드러내고 하나님의 명예를 나타내는 것이 바로 사명자가 목숨 걸어야 할 가치이다. 그에게 은혜가 부어진다.

꿈꾸는 순례자는
천국 길벗과 동행한다

* * * * *

　내가 가까이 지내는 한 목사님은 고백한다. 주님이 주신 사명을 갖고 순례길을 걸어가지만 그리 녹록하지 않단다. 외롭고 고독한 시간을 보내야 하고 숱한 밤을 지새우기도 한다. 어떤 때는 너무 마음이 아파서 몇 시간 동안 멈추지 않는 눈물을 흘리기도 한다. 홀로 몇 시간씩 운전해서 바닷가로 훌쩍 떠나기도 한다. 교회를 개척해서 20년이 넘도록 행복하게 목회했던 목사님이 최근 가장 가깝게 동역하던 장로님과 갈등이 생겨 어려움을 겪고 눈물을 흘리는 모습을 보면서 가슴이 매우 아프다. 목사님 말이라면 순종하던 장로님이었는데, 왜 이 지경이 되었을까?

　바울은 꿈꾸는 자였다. 하나님은 바울에게 팔레스타인 땅을 넘어 이방 세계에 대한 비전을 주셨다. 베드로가 유대인의 사도로서 섬긴다면 바울은 이방인의 사도로 세계를 향해 맨발로 뛰어다녀야 했다. 그는 소아시아를 넘어 로마, 유럽 땅을 헤집고 다녔다. 당시 상황으로 볼 때 불가능하다는 생각이 들었다. 그러나 그의 가슴은 꿈으로 불타올랐다. 땅끝이라고 생각했던 스페인 땅을 밟고자 하는 그의 꿈은 심장을 뛰게 했고, 여행길을 멈출 수가 없었다. 어떤 고비가 기다리고 있을지라도 그는 가야 했다. 꿈이 기다리고 있는 곳으로!

그런데 알고 있는가? 꿈꾸는 자는 외로울 틈도 없지만 외로울 때 하나님께서 천국 벗을 붙여주신다는 사실을. 그래서 외로움과 고달픔을 잊게 하신다. 그들과 함께 이루어내는 꿈의 성취를 경험하게 하신다. 그래서 바울의 비망록에는 늘 다정한 천국 벗들의 이름이 즐비하다. 그는 기회가 있을 때마다 그들을 자랑했다. 이제 하나님이 주시는 꿈을 갖고 순례길을 걸어가는 바울이 어떻게 천국 길벗들과 동행했는지 함께 살펴보려고 한다.

천국 길벗은
소중한 주님의 은혜이다

존 번연은 유명한 고전 「천로역정」에서 그리스도인의 삶을 은유적으로 묘사했다. 주인공인 크리스천은 장망성을 벗어나 천성까지 갔다. 모든 여행이 그러하듯이 천성을 향해 나아가는 길모

툭이 군데군데 장애물이 기다리고 있었다. 그는 도중에 간난산, 멸망소, 허영시와 같은 어려움을 만났다. 많은 유혹에 걸려 넘어질 뻔했다. 그때 안내자가 나타나 그에게 도움과 조언을 주었다. 그런데 그것보다 더 소중한 자원이 있었다. 그것은 바로 길벗이었다.

천로역정에서 크리스천은 낙심하거나 길을 잘못 들어서기도 했다. 하지만 그때마다 길벗이 그를 격려하고 적절한 충고를 해주었다. 예를 들어 순례자들이 자칫 잠들기 쉬운 미혹의 땅에서 크리스천과 소망씨는 서로가 잠들지 않도록 힘써 도왔다.

그때 소망씨가 말했다.

"'두 사람이 한 사람보다 낫다'(전 4:9)는 지혜자의 말은 옳아요."

그렇다. 우리가 동료 그리스도인과 함께 천국행 여행길을 걷는 것은 엄청난 하나님의 은혜요 축복이다. 천국 길벗은 우리가 넘어질 상황에서 든든한 버팀목이 되어 줄 것이다.

우리는 때때로 홀로 여행을 즐기는 경우도 있다. 그러나 여행은 역시 동반하는 친구가 있을 때 더 멋지다. 예수님은 공생애 3년 동안 뒤에서 도움을 주었던 많은 동역자를 두었다. 열두 제자뿐만 아니라 많은 여인이 마지막 십자가 처형 장소까지 친구가 되어주었다. 험난한 고난의 길을 마다하지 않고 비전을 따라 하염없이 여행길에 올랐던 바울에게도 많은 동역자가 있었다.

그래서 바울은 서신을 끝맺을 때마다 자신과 함께 꿈꾸고 꿈을 성취하기 위해 어려움을 극복하면서 수고했던 천국 벗들의 이름을 잊지 않는다. 그리고 그들을 알아주고 도우라고 권한다. "또 참으로 나와 멍에를 같이한 네게 구하노니 복음에 나와 함께 힘쓰던 저 여인들을 돕고 또한 글레멘드와 그 외에 나의 동역자들을 도우라. 그 이름들이 생명책에 있느니라"(빌 4:3).

하나님의 왕국을 위해 서로 돕고 격려하는 천국 길벗을 소중히 여길 줄 알아야 한다. 그들이 필요로 할 때 적절한 도움을 주면서 협력해야 한다. 하나님은 그의 자녀를 다양한 축복으로 채우신다. 우리가 누리는 소중한 축복 가운데 하나는 바로 천국 길벗을 얻는 것이다.

이동원 목사는 주변 사람들로부터 이런 질문을 자주 받는다고 한다.

"어떻게 교파도 배경도 다른데 옥한흠 목사님이나 홍정길, 하용조 목사님 등과 남부러운 우정 관계를 갖게 되었습니까? 그리고 이런 관계가 신앙의 여정에 어떤 경험을 제공할 수 있었습니까?"

그는 이들과의 천국 벗이 된 과정들을 설명하면서 이렇게 말을 맺었다.

"이런 과정에서 의도적이 아닌 아주 자연스러운 방법으로 나는 목회의 예지를 모았고, 설교의 칼을 예리하게 할 수 있었고, 제자훈련의 가슴을 넓게 했고, 인생을 바라보는 풍요한 전망을 선물받게 되었다. 그리고 또한 계획적이 아닌 역시 자연스러운 발전으로 동역의 축복들을 누리게 되었다. 이것은 우정의 시너지 효과라고 할 수 있을 만하다. 누구를 만나 사귀는가는 정말 삶의 중요한 사건임을 느끼게 한다. 이 모든 만남을 나는 '하나님이 주선하신 만남'으로 믿는다."

이동원 목사는 하나님이 주선하신 천국 벗들과의 교분을 통해서 한국 교회를 이끌어가는 리더로서의 에너지를 축적할 수 있었다. 인생은 혼자 만들어가는 것이 아니다. 더불어 만들어간다. 특히 비전을 성취하도록 하나님께서 주선하신 우정을 잘 발전시켜나가면 천국 벗이야말로 아름다운 인생의 보약이 될 수 있다.

나는 바울을 생각할 때 행복한 전도자라고 생각된다. 물론 그의 힘들고 고통스러운 여정을 몰라서가 아니다. 힘들고 어려운 여행길에서 그가 누렸던 만남의 축복이 있었고 천국 벗들과 함께한 아름다운 추억이 있었기 때문이다. 그들과 함께했던 고민의 시간들, 그들과 함께 흘렸던 눈물, 열매 맺는 사역을 위해 흘렸던 땀방울들, 이 모든 것이 너무나 아름다운 추억이자 하나님의 보상이 아닌가! 바울은 로마교회 성도들에게 브리스길라와 아굴라를 이렇게 자랑한다. "그들은 내 목숨을 위하여 자기들의 목까지도 내놓았나니 나뿐 아니라 이방인의 모든 교회도 그들에게 감사하느니라"(롬 16:4).

바울은 고린도에서 전도할 때 이들 부부를 만났다(행 18:1-4). 그들은 글라우디오가 로마 지역에서 유대인을 축출할 때 이곳으로 쫓겨 온 유대인 출신이었다. 이들은 바울과 같이 천막 만드는 직업을 가졌다. 이들은 같은 직종에 종사하는 경쟁자였다. 그러나 경쟁자가 아니라 동역자의 길을 걸었다. 이들은 함께 기거하면서 같이 일했다. 바울이 주민들로부터 핍박받을 때도 함께했고, 후에 배를 타고 수리아로 떠날 때도 동행했다. 목숨을 걸고 바울의 일을 돕고 그의 안전을 지켜주었다. 그래서 바울은 이들의 사랑의 돌봄을 잊을 수가 없었다. 그런데 세상을 보라. 사람들은 천국 벗이 갖는 가치를 대수롭지 않게 생각한다. 필요할 때 가까이하지만 거추장스럽게 여겨질 때는 내팽개친다.

재미있는 이야기 하나 나누어보자. 한 남자가 말과 개와 더불어 길을 가고 있었다. 커다란 나무 옆을 지날 때 갑자기 벼락이 떨어져서 모두 즉사했다. 하지만 남자는 더 이상 자신이 이 세상 사람이 아니라는 사실을 모른 채 두 동물과 계속 걸었다. 먼 길을 걸었던 그는 강렬한 태양 아래 땀을 흘리고 심한 갈증을 느꼈다. 당장 마실 물이 시급했다. 얼마 후 금빛 찬란한 성문이 보였다. 성안은 대리석과 금으로 만들어졌고 맑은 생수가 흐르는 분수가 보였다. 남자는 입구 보초에게 인사를 했다.

"안녕하세요?"

"네, 안녕하세요?"

"아름다운 이곳은 어디입니까?"

"여기가 바로 천국입니다."

"천국에 왔다니 다행입니다. 우리 모두 목이 너무 마릅니다."

"들어가서 물을 마음껏 마셔도 괜찮습니다."

"말과 개도 물을 마셔야 합니다."

"미안하지만 동물의 출입은 금지되어 있습니다."

남자는 실망했다. 도저히 혼자 마실 수 없어서 그곳을 지나쳤다. 한참 후 기진맥진한 그가 낡은 농장에 도착했다. 나무가 우거진 그곳은 허름한 문이 하나 있었고, 얼마 떨어진 나무 밑에서 한 남자가 잠을 자고 있었다.

"안녕하세요?"

남자는 손으로 신호했다.

"저를 비롯해 제 말과 개가 아주 목마릅니다."

"저기 보이는 바위에 시원한 물이 흐릅니다."

남자는 동물들을 데리고 바위까지 가서 물을 실컷 마시고 그 남자에게 돌아와서 감사를 전했다.

"감사합니다. 그런데 이곳은 어디입니까?"

"천국입니다."

"제가 조금 전에 지나온 금과 대리석으로 만든 그곳도 천국이라고 했는데…."

"조심해야 합니다. 그곳은 가짜 천국입니다."

남자가 웃으면서 덧붙였다.

"하긴 거기에 오랜 친구들을 버릴 수 있는 사람들이 남기 때문에 제가 편한 점도 있어요."

사람들은 필요에 따라 천국 벗을 쉽게 내팽개친다. 그런데 어떤 사람은 어렵고 힘든 상황에 있을 때도 천국 벗을 저버리지 않는다. 요나단은 그의 친구 다윗이 어려움을 당할 때 버리지 않았다. 오히려 아버지 사울왕을 속이면서 친구의 목숨을 지켜주었다. 때로는 천국 벗이 방해꾼처럼 여겨지기도 하고 그 천국 벗 때문에 심한 상처를 받기도 한다. 그러나 천국 벗과 더불어 동역자의 길을 걸어갈 수 없다면 우리가 꾸는 꿈을 이루는 데 난관에 부딪힐 수 있음도 기억해야 한다.

상생의 갈등으로
관용하고 격려하며

길 떠나는 나그네에게 벗이 있다는 것은 행복한 일이다. 그러나 때때로 동행자가 마음을 아프게 하고 고통을 주는 원인이 되기도 한다. 바울과 바나바는 명콤비였다. 초대 교회 인물 가운데 바나바는 겉으로 보기에는 걸출하지 않았다. 하지만 실상은 대단한 저력을 가진 큰 나무였다. 바울은 바나바의 그늘서 커갔다. 바울이 회심하고 예루살렘 지도자들에게 따가운 의심의 눈초리를 받고 있을 때 바나바는 화해의 악수를 할 수 있도록 주선하였다. 그뿐만 아니다. 바나바는 예루살렘교회에서 선교사로 파송되어 안디옥교회에서 목회할 때 안디옥교회를 크게 부흥시켰다.

그 당시 바울은 고향 다소로 가서 은둔생활을 하고 있었다. 바나바는 바울을 찾아가서 안디옥교회로 데리고 와서 함께 동역했다(행 11:25). 나중에 그는 예루살렘교회를 부조하는 일을 위해 바울과 함께 예루살렘교회를 방문했다. 그때 바나바의 생질인 마가 요한을 함께 데리고 왔다(행 12:25). 사실 바나바는 바울의 대선배이고 바울을 바울 되게 한 훌륭한 멘토요 후원자였다. 그런데 얼마 있지 않아 바울과 바나바의 자리가 바뀌었다. 사도행전 13장을 중심으로 사역의 주도권이 바나바에게서 바울에게로 넘어갔다. 그래서 성경은 이들의 순서를 '바울과 바나바'라고 기술했다. 그러나 바나바는 어떤 불만도 토로하지 않았다. 그는 이인자의 자리를 원망하지 않았다. 진정한 동역자의 자리로 만족했다. 기쁨과 즐거움을 함께한 진정한 동역자였다.

그런데 환상의 콤비에게도 갈등은 찾아온다. 바울과 바나바가 바보에서 밤빌리아 버가에 이르렀을 때였다. 예루살렘에서 데리고 왔던 마가 요한이 갑자기 그들 곁을 떠나서 예루살렘으로 돌아갔다(행 13:13). 마가 요한이 왜 갑작스레 예루살렘으로 돌아갔는지는 알 수 없다. 그런데 그것이 바울에게 상당한 분노를 불러일으켰다. 바울은 화가 났다. 동역자의 관계를 그렇게 쉽게 깨뜨린 마가 요한을 이해할 수가 없었다. 후일 그 사건이 바울과 바나바에게 갈등의 불씨가 되었다.

제2차 전도여행을 떠날 때 바나바는 마가 요한을 함께 데리고 가자고 제안했다. 그런데 바울은 그렇게 하고 싶지 않았다. "어떻게 그런 무책임한 사람을 신뢰할 수 있단 말인가? 나는 도저히 그런 사람과 함께 동역할 수 없다"라고 강경한 태도를 보였다. 그러나 바나바는 "그래도 한 번만 더 기회를 주자"고 부탁했다. 결국 이들은 '심히 다투어' 서로 갈라서게 되었다. 바나바는 마가 요한을 데리고 갔고, 바울은 실라를 데리고 전도여행을 떠났다(행 15:36-41). 물론 바울이 나중에 로마에 갇혀 있으면서 디모데에게 "네가 올 때에 마가를 데리고 오라. 그가 나의 일에 유익하니라"(딤후 4:11)고 부탁하는 것으로 보아 마가 요한과의 관계를 다시 회복했음이 분명하다.

바울과 바나바는 천국 여행의 좋은 길벗이다. 그러나 이들에게도 관계를 깨뜨리는 바이러스는 잠복해 있었다. 바울과 바나바 가운데 누가 옳았는지에 대해서는 성경이 침묵하고 있다. 이들 두 사람은 큰 차이가 있었다. 바울은 과업 지향적인 사람이었다. 그래서 사역을 성취하는 데 집중되어 있었다. 그러나 바나바는 관계 지향적인 사람이었다. 사역보다는 관계를 중시했다. 사역을 성취하는 데 관계가 중요하다고 생각했다. 사역에 불타는 바울은 일을 그르치는 마가 요한을 용납할 여유가 없었다. 그러나 이미 마음의 여유를 갖고 넉넉한 사역 경험을 가진 바나바는 용납을 통한 더 큰 미래를 준비하는 것이 유익하다고 생각했다. 두 사람은 서로의 차이를 극복하기가 어려웠던 것 같다. 그러나 세월이 흐른 후에 바울도 마가 요한을 용납하고 자신 곁으로 부르는 것으로 보아 사역과 관계에 대한 또 다른 관점을 가진 것으로 보인다.

욥에게는 절친한 친구들이 있었다. 욥이 극심한 재난을 당했다는 소식을 듣고 멀리서 친구들이 찾아왔다. 대단히 고마운 친구들이었다. 욥을 찾아온 친구들은 그가 처한 시련을 보면서 아무 말도 할 수가 없었다. 그런데 시간이 지나면서 욥에게 한마디씩 조언하기 시작했다. 친구들은 위로하고 조언했다. 그런데 그것이 욥에게는 더 큰 고통이었다. 욥에게 친구들은 참된 위로자가 아니라 "재난을 주는 위로자들"(욥 16:2)일 뿐이었다.

천국 벗으로 여행하지만 우리는 서로 다른 기질과 견해 차이 등으로 갈등을 겪기도 한다. 갈등을 갖지 않고 다정스레 동역자의 길을 걷고 싶지만 결코 쉬운 일이 아니다. 사실 우리는 사역에 지치기보다는 오히려 갈등 때문에 에너지를 소진한다. 천국 벗으로서, 동역자로서 함께 사역을 감당하기 위해 디스크(DISC) 검사를 해 보는 것도 매우 유익하다. 디스크 검사에서는 사람들을 네 가지 유형으로 나눈다. 주도형, 사교형, 안정형, 신중형이다. 어느 것이 좋고 어느 유형이 나쁘다고 말할 수 없다. 이들 유형에는 각각 장단점이 있다. 장점은 계발하고 단점은 보완해야 한다.

함께 일하다 보면 상대방을 이해하기 어려운 경우가 많다. '저 사람은 도대체 왜 저렇게 생각하지? 왜 늘 저런 방식으로 일하지?' 이해할 수 없기 때문에 서로를 향해 얼굴을 붉히고 화를 낸다. 그런데 기질 검사를 통해서 상대방의 기질을 알게 되면 상대방이 왜 그렇게 생각하고 행동하는지를 이해하게 된다. 그래서 상대방을 수용하고 심지어 보완하고 도와줄 수도 있다. 우리가 좋은 벗이 되려면 자신의 단점을 자꾸 보완해 나가야 한다. 나의 연약함 때문에 동역 관계가 깨어지기 때문이다. 한편 다른 사람이 가진 연약함을 수용할 수 있어야 한다. 그리고 서로의 조화를 위해 함께 짐을 나누어 져야 한다. 상대방을 향해 '틀렸다'고 말하기 전에 '다르다'는 사실을 인정하고 조화를 위해 노력해야 한다.

장상 이화여대 전 총장이 이런 말을 했다. "이화여대 교수로서 맛본 즐거움 중 하나는 마음에 맞는 동료들을 만나 생의 친구가 된 것이다." 그는 연령이나 생각이 비슷한 동료 교수들과 자연스럽게 모임을 했다. 이들은 서로 기쁨과 슬픔을 나누고 힘들 때는 모여 격려해주기도 했다. 이들은 각기 전공이 달랐다. 하지만 모두가 사회복지사업에 관심이 컸다. 그래서 그것을 위해 의기투합하기도 했다.

천국 벗들은 서로 같은 비전을 갖고 있어야 한다. 그리고 서로 마음과 뜻이 하나가 되어야 한다. 이들이 하는 말도 하나가 되어야 한다. 그래서 바울은 고린도교회 성도들에게 이렇게 말한다. "형제들아 내가 우리 주 예수 그리스도의 이름으로 너희를 권하노니 모두가 같은 말을 하고 너희 가운데 분쟁이 없이 같은 마음과 같은 뜻으로 온전히 합하라"(고전 1:10). 천국 벗끼리 서로 편이 갈려서 싸워서는 안 된다. 그렇게 되면 이루고자 하는 비전에 집중할 수 없다.

함께 행복을 만들어가야 할 부부끼리 불행의 씨를 뿌리는 모습을 본다. 공동의 이익을 추구해야 할 직장 동료들 간에 중상모략하고 서로를 매장하려는 음모가 나도는 것을 경험한다. 가슴에 불을 품고 칼을 지니고 함께 여행할 수 없다. 분리하고자 하는 마음을 버려야 한다. 서로를 향한 비난과 중상모략을 멈춰야 한다. 궁극적인 가치와 진리의 문제가 아니라면 적당하게 눈감아주며 살아야 한다. 자기 것을 챙기고 따지면서 어떻게 함께 걸어갈 수 있겠는가?

좋은 벗들은 서로 시기하고 질투하지 않는다. 경쟁심으로 서로 다투고 싸우기보다 서로 위로하고 격려한다. 서로의 짐을 나누어 지면서 협력한다. 이에 대해 국제 레노바레 대표로서 레노바레 영성훈련을 주도하고 있는 리처드 포스터 목사는 이런 말을 했다. "나는 초능력 제자가 되고 싶지 않고 그리스도인으로서 바른 삶을 살고 싶을 뿐이다."

그는 영성훈련 그룹에서 매주 네 명의 그리스도인과 함께 모임을 했다. 그들은 모두 그리스도인의 삶을 살기로 언약한 사람들이었다. 이들의 목표는 상호 책임의 은혜를 통해 서로를 격려하고 필요할 때 서로에게 조언을 주는 것이었다. 이들은 매주 모임을 했다. 그때 세 가지 일을 행했다. 첫째, 지난 한 주간을 뒤돌아보며 즐거웠던 일과 힘들었던 일을 함께 나눈다. 둘째, 오는 한 주간을 바라보며 자신과 주변인들에게 힘이 되어 줄 특정 훈련 과제를 계획하고 다짐한다. 셋째, 각자에게 필요한 것들과 관심사를 함께 나누고 서로를 위해 기도한다. 이를 통해 그들이 얻으려 하는 궁극적 목적은 바로 '격려' 였다.

결국 이들은 모일 때마다 새로운 충전과 감동을 얻었다. 그래서 그는 이렇게 외친다. "외로운 방랑자 신앙은 가라. 혼자 가려 하지 말라. 예수님은 제자들을 파송하실 때 결코 한 사람씩 보내지 않으셨다."

아름다운 천국 벗들이여! 하나님의 임재를 기대하라. 서로를 향한 돌봄의 책임을 벗어 던지려 하지 말라. 서로 좋은 마음을 함께 나누라. 서로 아프고 힘든 일을 내놓고 위로하고 격려하라. 서로를 향한 파괴 행위를 그치고 격려와 협력을 통해 서로 세워주는 데 힘쓰라. 갈등을 피하려면 흑백논리에서 벗어나라.

어느 날, 미국 인권운동가인 제시 잭슨 목사님이 이런 질문을 받았다. "당신은 우익입니까, 좌익입니까?" 그때 목사님은 "새들은 양쪽 날개로 납니다"라고 대답했다. 한쪽 날갯짓으로는 결코 창공을 날 수 없다. 친한 벗으로 한 길을 걸어가려면 '이쪽이냐? 저쪽이냐?'는 흑백논리로 접근하지 말아야 한다. 그러나 때때로 갈등을 경험하기도 한다. 그러나 갈등을 두려워하지는 말자. 왜냐하면 갈등에서 보석을 캐내면 되니까.

19세기 영국 철학자 존 스튜어트 밀은 이렇게 말한다. "모든 인간사에서 서로 생명력을 갖기 위해, 그리고 그들의 고유한 목표를 실현하기 위해 서로 갈등하는 영향력이 필요하다." 서로의 이해관계와 차이 때문에 인간은 갈등할 수밖에 없다. 그러나 어쩌면 갈등 때문에 발전과 성장이 따라오는 것이 아닐까? 문제는 서로를 향한 배타적인 태도이다. 상대방을 인정하고 그 말에 귀 기울이는 관용의 정신을 가질 때 갈등은 '상생의 갈등'이 된다. 그러나 관용의 정신을 버리고 배타적인 태도를 보일 때 '적대적 갈등'으로 전락한다. 그로 인해 사회는 황폐해지고 점점 퇴보하게 된다. 나만 옳다고 고집부리지 말자. 좋은 천국 벗들은 서로 존중한다. 서로 배려하고 이해하려는 마음을 가진다. 서로 조화를 이루기 위해 양보하고 참는다. 상대방의 말에 귀를 기울이고 그의 논리와 주장에도 타당성이 있음을 인정할 때 꿈을 실현하는 천국 벗으로 함께 걸어갈 수 있다.

마음 훈련으로
좋은 길벗을 섬겨가며

우리는 하나님 나라의 비전을 위해 함께 동역하는 친구다. 천국을 향한 길벗으로 함께 여행한다. 그러나 갈등을 넘어 좋은 친구로 남는 것은 결코 쉬운 일이 아니다. 좋은 천국 벗이 되려면 필연코 자기 훈련에 집중해야 한다.

에바브로디도와 디모데는 바울에게 아주 소중한 동역자였다. 그들이 바울의 좋은 천국 벗이 될 수 있었던 것은 그들이 가지고 있었던 헌신 된 마음 때문이었다. 디모데는 자기 일을 구하지 않고 그리스도 예수의 일을 구하던 사람이었다(빌 2:21-22). 사람은 저마다 자기 유익을 추구한다. 그런데 디모데는 자신을 뒷전으로 미뤄두었다. 그리고 그리스도의 유익을 위해 헌신했다.

또한 바울은 에바브로디도를 칭찬했다. 그는 로마에 갇혀 있는 바울을 위해 빌립보교회에서 파송한 사자였다. 그런데 어찌 된 일인지 심한 병이 들고 말았다. 이제는 바울을 돕기보다는 짐이 된 형편이었다. 바울이나 에바브로디도 자신, 빌립보 교인들, 모두의 근심거리였다. 그때 바울은 에바브로디도에 대해서 이렇게 말한다. "그가 그리스도의 일을 위하여 죽기에 이르러도 자기 목숨을 돌보지 아니한 것은 나를 섬기는 너희의 일에 부족함을 채우려 함이니라"(빌 2:30).

에바브로디도의 몸 상태는 심각했다. 그래서 '병들어 죽게 되었다'고 표현했다. 그러나 에바브로디도는 자기 몸을 돌아볼 생각은커녕 바울을 지극 정성으로 섬겼다. 그래서 바울은 이러한 자들을 '존귀히' 여기라고 간곡하게 부탁했다. 바울이 디모데와 에바브로디도를 이렇게 극찬할 수밖에 없었던 것은 그들의 헌신 때문이었다. 헌신이 없이는 좋은 친구로서 동역할 수 없다.

어느 목사님이 우리 교회 헌신 예배에 오셔서 간증하셨다. 그 교회 장로님에 대한 간증이었다. 목사님이 교회를 개척한 지 20년이 되었는데, 개척 2년 차부터 그 장로님이 목사님 교회에 출석했다고 한다. 18년이 지난 해 교회 건축을 위해 그분이 100억 원을 헌금하셔서, 그것을 계기로 건축이 시작되었다. 얼마 후에 장로임직도 받았다. 목사님은 그 장로님이 하나님의 축복을 받을 수밖에 없는 이유를 다음과 같이 몇 가지 말씀하셨다.

첫째, 어머니께서 시골교회 권사님이신데 지금도 새벽종을 치시면서 기도하신다. 둘째, 부모님께 효도하는 부부이다. 어머니 회갑 때였다. 그는 어머니에게 "소원이 무엇입니까?"라고 물었다. 그러자 어머니는 "네가 교회에 나가는 것이다"라고 말씀하셨다. 그는 어머니 말씀에 순종하느라 처음 교회를 나갔다. 물론 그때부터 지금까지 신앙생활을 하고 있다. 그가 처음 교회를 나올 때 그 당시 20만 원의 헌금을 하나님께 드렸다. 셋째, 하나님께 드리는 것을 아끼지 않는다. 그는 하나님께 물질을 드리는 데 인색하지 않았다. 그래서 그 장로님을 '드리고 복받은 분'이라고 소개했다. 넷째, 목사를 주의 종으로 섬기는 분이시다. 목사님이 외국을 나가실 때면 100만 원을 준비해서 여비로 드리신다. 본인의 돈으로 3년마다 목사님의 차를 바꾸어드린다. 그러면서도 정말 순한 양 같은 분이라고 한다. 그 정도로 목회자에게 잘하면 거들먹거릴 수도 있다. 그런데 그분은 절대 그렇지 않다고 한다. 다섯째, 너무 겸손하고 간섭하지 않는다. 일반적으로 교회와 목회자를 그 정도로 섬기면 교회 일이나 목회에 많이 간섭하는 것이 통례이다. 그런데 장로님은 결코 간섭하지 않고 한결같이 겸손을 잃지 않았다.

이 정도로 헌신하는 분인데도 목사님은 공적으로 한 번도 교회 앞에 추켜세운 적이 없다. 심지어 장로 피택할 때도 목사님은 추천도 하지 않았다. 오히려 다른 장로님들이 이번에 꼭 뽑아야 한다고 할 때도 목사님은 반대했다. 결국 아슬아슬한 표 차로 장로임직을 받기는 했지만 불평 한마디 없었다. 그뿐만이 아니다. 연말이 되면 5억 원씩 헌금한다.

언젠가 목사님이 웃으면서 물었다.

"집사님, 그렇게 헌금하면 부인 집사님에게 안 쫓겨납니까?"

그랬더니 집사님이 이렇게 대답했다.

"목사님, 무슨 말씀을요. 그 사람은 도리어 저한테 '쩨쩨하게 그것밖에 안 하냐?'고 하면서 저를 나무라는데요?"

하나님의 일을 하는 데도 부부가 죽이 맞다. 목사님은 "그러니 하나님께서 복을 주시지 않겠습니까?"라고 칭찬하셨다. 나로서는 믿기 어려운 간증이었다. 부러운 일이지만 그 정도면 목사님이 칭찬할만한 동역자가 아닌가?

어떤 사람은 거치는 자, 대적자의 길을 걷는다. 그런데 어떤 사람은 감사와 칭찬의 대상으로 살아간다. 어떤 사람은 불필요한 사람처럼 살아가는데, 어떤 사람은 없어서는 안 될 천국 벗으로 살아간다. 나는 다른 사람의 가슴에 '좋은 인상'으로 새겨져 있는 좋은 벗인가? 아니면 '나쁜 인상'으로 새겨져 있는 벗인가? 과연 내 주변에는 나를 위해 목숨 걸 사람이 있는가? 그 정도의 동역자가 있다면 그는 행복한 천국 순례자일 것이다.

우리가 다른 사람들에게 좋은 천국 벗이 되려면 '조연의 자리'를 잘 지켜야 한다. 배우라면 누구나 주연을 맡고 싶어 할 것이다. 사람들에게는 튀고 싶은 욕구가 있다. 다른 사람에게 인정받고 자신을 드러내고 싶어 한다. 그래서 모든 부모가 자녀들을 튀는 사람으로 만들기를 원한다. 누구도 다른 사람을 돕고 협력하는 어시스턴트 역할을 하지 않으려고 한다. 화려한 무대에서 스포트라이트를 독차지하려고 다른 사람과 경쟁을 일삼는다. 결국 네트워크나 팀플레이를 찾아볼 수가 없다. 그런데 우리 사회가 요구하는 영웅은 연합과 일체를 가져올 수 있는 조연이다. 주연은 그렇게 많이 필요하지 않다. 실상은 많은 조연이 주연을 빛나게 만들 뿐이다. 그런데 조연은 원치 않고 주연만 넘본다. 그러다 보니 시기와 다툼, 분열과 대립의 양상만이 나타난다.

엑스트라가 없는 드라마나 영화를 기대할 수 있는가? 엑스트라가 있으므로 주인공이 뜰 수 있다. 그렇다. 이 사회에 만연해야 할 조연의 미학이 그립다. 조연과 주연이 갈등하지 않고 자기 자리에 만족하는 공동체가 요청된다. 주연이 조연을 무시하지 않고 그 가치를 인정하는 공동체, 조연이 자존심을 내세우지 않고 성실히 제 일을 잘 감당해주는 사회가 되어야 한다. 조력자는 전면에 드러나지 않는다. 그러나 조력자의 가치는 무시할 수 없다. 그야말로 보이지 않는 무명의 영웅이다. 훌륭한 천국 벗은 주연이든 조연이든 시기하거나 다투지 않는다. 세례 요한은 이인자의 영광을 마다하지 않았다. 그는 주인공의 길을 예비하는 자의 삶을 소중히 여겼다. 주인공의 신발 끈을 푸는 하찮은 자로서 만족했다. 광야의 소리로 사라져가는 것을 불평하지 않았다. 우리 사회는 바로 이런 자를 찾는다. 좋은 천국 벗, 아름다운 동역자가 되려는가? 그렇다면 조연의 철학을 개발해야 한다.

우리는 너무 자주 '당신은 나에게 불필요한 자'라고 낙인찍는다. 사실 우리가 살아가다 보면 내 마음에 꼭 맞는 벗이 몇이나 될까? 여기서 기억해야 할 사실이 있다. 불필요한 존재였던 오네시모가 바울에게 너무나 소중한 천국 벗이 되었다. 오네시모는 빌레몬의 종이었다. 그런데 빌레몬에게 심각한 재정적인 손실을 입히고 도망친 것 같다. 그는 로마에서 바울을 만나 회심했다. 회심한 오네시모는 바울의 신실한 동역자가 되었다. 그래서 바울은 오네시모를 빌레몬에게 보내면서 "나를 위해 오네시모를 용서하고, 천국 벗으로서 함께 동역할 수 있게 해달라"고 간청한다. 그런데 우리는 너무 쉽게 동역자의 그룹에서 특정인을 제외시키려고 한다. 좀 참아주는 기다림의 미학을 가졌으면 좋겠다. 그래서 함께 가는 다정한 천국 벗이 되었으면 좋겠다.

길벗에 대한 배타적인 마음을 접어야 한다. 내가 배타적인 마음을 가지면 나 역시 다른 사람에게 따돌림당하고 말 것이다. 좋은 친구가 되려면 다른 사람이 힘들어할 때, 곤란한 처지에 있을 때, 어려운 코너에 몰렸을 때 동역하는 마음을 가져야 한다. 대부분 벗은 이런 상황이 되면 차갑게 외면한다. 그런데 이런 때 외면하지 말아야 한다. 다른 사람이 다 비난할 때 비난하지 말고 덮어주고 감싸주어야 한다. 그게 바로 천국 길벗의 삶이다.

최고의 천국 길벗인
그리스도와 동행하라

열여덟 살의 한 청년이 있었다. 그는 성인식을 마친 후 마을에서 가장 연로한 노인을 찾아가 자문을 구했다.

"오늘부터 저는 성인이 되었습니다. 인생을 어떻게 살아야 하는지 충고를 좀 해주시지요."

노인이 청년에게 물었다.

"네가 가장 잘할 수 있는 일이 무엇이냐?"

청년은 대답했다.

"비누와 양초를 만드는 일은 자신 있습니다."

노인은 청년의 손을 잡고 충고해주었다.

"네가 좋아하는 일을 해라. 단 한 가지 조건이 있다. 예수 그리스도를 네 사업의 동업자로 모셔 들여라. 그리고 수입의 10분의 1은 반드시 그 동업자에게 드려라."

청년은 이 충고를 받아들여 큰 사업가로 성공했다. 이 사람이 바로 세계적인 치약, 비누 회사의 설립자인 윌리엄 콜게이트이다. 그는 또 콜게이트대학을 설립해 회사의 수입을 사회에 환원했다. 그렇다. 예수 그리스도를 인생의 동역자로 모시고 사는 사람은 꿈을 성취할 수 있다. 그는 날마다 기적을 체험하며 살아갈 것이다.

바울에게 예수 그리스도는 절대적인 존재다. 그는 그리스도께서 자신을 위해 저주를 받아 십자가에 죽으신 사실을 잊지 않았다(갈 3:13). 그는 이미 그리스도와 함께 연합하여 십자가에 못 박혀 죽었다. 그리고 그리스도의 살아나심에 함께 참여하여 살아났다. 그러므로 그가 사는 것은 그리스도 중심이었다. "내가 그리스도와 함께 십자가에 못 박혔나니 그런즉 이제는 내가 사는 것이 아니요 오직 내 안에 그리스도께서 사시는 것이라. 이제 내가 육체 가운데 사는 것은 나를 사랑하사 나를 위하여 자기 자신을 버리신 하나님의 아들을 믿는 믿음 안에서 사는 것이라"(갈 2:20).

그는 자신의 왕좌를 그리스도에게 양도했다. 그는 그리스도의 발 앞에 엎드렸다. 그리스도의 종이 된 것이다. 주님이 시키시는 명령이 그의 모든 것이었다. 이제 그에게 중요한 것은 자신의 형편이 아니었다. 어떤 형편에 처하든지 간에 "주를 기쁘시게 하는 자"(고후 5:9)가 되기를 힘썼다. "이제 내가 사람들에게 좋게 하랴. 하나님께 좋게 하랴. 사람들에게 기쁨을 구하랴. 내가 지금까지 사람들의 기쁨을 구하였다면 그리스도의 종이 아니니라"(갈 1:10). 그는 하나님의 기쁨을 구하는 사람이기에 그리스도를 위해서라면 미친 사람으로 간주될 각오도 되어 있었다.

그는 결코 자아 몰두의 질병에 걸리지 않는다. 그의 모든 관심은 하나님의 왕국에 있었다. 자기 왕국을 건설하기 위해 맘몬신을 추구하지 않았다. 그는 이 땅에 있는 육신의 장막을 소중하게 생각하지 않았다. 오히려 부활의 몸, 하늘에 있는 영원한 장막을 원했다(고후 5:1). 그는 "차라리 몸을 떠나 주와 함께 있는 그것"을 더 원했다(고후 5:8). 그의 시야는 자신에게 있지 않았다. 다른 사람에게 있었으며 그리스도에게 있었다. 그의 눈은 이 땅을 주시하는 것이 아니라 하늘을 바라봤다. 그래서 이 땅의 것을 추구하지 않았다. 위의 것을 추구했다.

그리스도를 가장 친한 벗으로 사귀어보라. 그리스도는 우리 삶을 예비하신다. 우리의 삶에 최고의 것으로 필요를 채워주신다. "우리 가운데서 역사하시는 능력대로 우리가 구하거나 생각하는 모든 것에 더 넘치도록 능히 하실 이"(엡 3:20)를 기대하라. 당신이 구하는 것은 물론이며, 때로는 구하지 않고 마음에 생각으로 품고 있었던 것조차도 풍성하게 채워주시는 분이다.

바울은 하나님의 왕국이 확장되는 비전을 품고 여행하면서 하나님이 채우시는 은혜를 수없이 경험했다. "나의 하나님이 그리스도 예수 안에서 영광 가운데 그 풍성한 대로 너희 모든 쓸 것을 채우시리라"(빌 4:19). 바울은 무엇을 먹을까, 무엇을 마실까, 무엇을 입을까 염려하지 않았다. 그는 하나님을 너무 많이 경험했다. 그는 자신의 삶을 이끌어가시는 하나님을 신뢰하고 있었다. "평강의 하나님이 친히 너희를 온전히 거룩하게 하시고 또 너희의 온 영과 혼과 몸이 우리 주 예수 그리스도께서 강림하실 때에 흠 없게 보전되기를 원하노라"(살전 5:23).

바울은 자신의 마음과 생각을 주장하셔서 늘 평강의 세계로 인도하시는 주님의 손길을 알고 있었다. 그래서 데살로니가 성도들에게 주께서 그들과 함께하시기를 기원했다. "평강의 주께서 친히 때마다 일마다 너희에게 평강을 주시고 주께서 너희 모든 사람과 함께 하시기를 원하노라"(살후 3:16). 그렇기에 최고의 인생 길동무는 바로 예수 그리스도이시다.

종교 개혁자 마틴 루터의 절친한 친구 가운데 한 사람이 바로 요한 브렌츠이다. 그는 마틴 루터의 종교 개혁 운동의 동역자이기도 하다. 그 당시 스페인의 찰스왕은 종교 개혁자들을 매우 싫어했다. 그래서 왕은 극심한 핍박을 했다. 어느 날, 기병대를 보내 요한 브렌츠를 체포하라고 명령했다. 그 소식을 들은 요한 브렌츠는 피신할 수밖에 없었다. 그는 기병대에 쫓겨 산 너머 다른 마을로 피신했다. 하지만 그를 숨겨주는 집이 없었다. 기병대가 점점 바짝 뒤쫓아 오고 있었다. 위급한 상황에서 그는 기도하면서 계속 도망쳤다.

그러던 어느 순간, 그는 막다른 골목에 이르렀다. 그는 눈을 들어 사방을 살펴보았다. 마침 농가에 닭장이 있는데 문이 열려 있었다. 요한 브렌츠는 '하나님께서 열어주신 것'이라고 믿었다. 그래서 그는 닭장으로 들어가 닭장 천장 속에 숨었다. 잠시 후 스페인 기병대가 도착했다. 그들은 이곳저곳을 샅샅이 뒤졌다. 하지만 닭장 천장 속은 뒤지지 않았다. 요한 브렌츠는 한동안 그 천장 속에서 은신할 수밖에 없었다. 그런데 신기한 일이 있었다. 매일 암탉 한 마리가 올라와서 알을 하나씩 낳는 것이었다. 그래서 요한 브렌츠는 하루에 계란 하나로 연명할 수 있었다. 그런데 15일째가 되자 닭이 올라오지 않았다. 그는 그나마 먹을 양식이 끊어져서 서운한 생각이 들었다. 그런데 그날 오후였다. 동네 사람들이 "스페인 기병대가 떠났다"고 말하는 것이었다. 요한 브렌츠는 그제야 주께서 모든 것을 예비하고 계심을 깨닫게 되었다.

때때로 하나님 왕국을 섬기는 데 버거울 때가 있는가? 꿈을 성취해나가는 과정에서 다른 벗들로 인해 짜증 나고 불편할 때가 있는가? 모든 사람이 내 마음 같지 않다는 생각이 드는가? 그때 주님 품으로 나아가라. 사람들은 우리를 실망하게 해도 주님은 실망시키지 않는다. 결코 우리를 홀로 내버려 두지 않는다. 때때로 엘리야처럼 나만 홀로 싸운다고 생각될지 모르지만 주님은 늘 우리와 함께하신다.

내가 교회에 부임한 지 21년이 되었다. 행복한 순간도 많았고 너무나 귀하고 소중한 동역자들이 있어서 주님 앞에 갈 때까지 평생 잊지 못할 것이다. 그들은 나의 브리스길라와 아굴라이다. 그러나 목회 현장이 다 좋고 행복한 것만은 아니지 않은가? 그동안 많은 우여곡절도 지났다. 눈물로 보내는 밤도 많았다. 때로는 한순간도 눈을 붙이지 못한 채 온종일 주일 사역을 감당한 때도 많았다. 낙심될 때가 왜 없었겠는가? 스스로 지쳐서 포기하고 싶은 생각이 들기도 했다. 그러나 그때마다 주님은 나의 천국 길벗이 되어주셨다. 조용한 묵상 속에서 나를 만져주셨다. 찬양 속에서 나를 세워주셨고, 급한 상황을 헤쳐나갈 수 있는 분별력과 지혜도 주셨다. 만약 주님이 이끄시는 손길이 아니었다면, 주님의 채우심이 없었더라면 나는 벌써 실패자가 되었을 것이다.

그리스도는 최고의 천국 길벗이었다. 그래서 히브리서 기자는 이렇게 고백한다. "우리에게 있는 대제사장은 우리의 연약함을 동정하지 못하실 이가 아니요 모든 일에 우리와 똑같이 시험을 받으신 이로되 죄는 없으시니라. 그러므로 우리는 긍휼하심을 받고 때를 따라 돕는 은혜를 얻기 위하여 은혜의 보좌 앞에 담대히 나아갈 것이니라"(히 4:15-16).

그리스도는 구약의 대제사장과 같이 한계를 가진 존재가 아니다. 그분은 우리가 당한 모든 삶을 다 경험하셨다. 우리의 처지와 마음을 너무나 잘 아신다. 그러므로 가장 적절하게 도우실 수 있다. 사람에게 은혜를 입으려 하기 전에 주님이 은혜를 베푸시는 시은좌(施恩座)로 나아가면 된다. 그리스도께서는 우리에게 가장 필요한 대로 은혜를 베푸실 것이다. 우리의 가장 좋은 천국 길벗이기 때문에.

-

섬김을 체질로 삼는 자는
존귀하게 된다

* * * * *

어느 시골 부잣집에 잔칫날이 다가왔다. 졸지에 부잣집의 모든 가축이 비상에 걸렸다. 잔칫날을 맞아 희생제물이 될까 봐 걱정이 이만저만이 아니었다.

강아지가 먼저 주인에게 달려가 울면서 하소연했다.

"저는 밤마다 잠도 자지 않고 집을 지켰습니다. 이번 잔치 때 저를 죽이지 말아주세요."

주인이 고개를 끄덕였다.

그다음 암탉과 수탉이 재빨리 달려가서 말했다.

"주인님, 제가 새벽마다 주인님을 깨워드렸습니다. 그래서 아침 일찍 일할 수 있었습니다."

수탉의 말이 끝나자 옆에 있던 암탉이 말했다.

"저는 주인님의 건강을 위해 영양가 높은 달걀을 낳아드렸습니다. 그러니 이번 잔치에 저를 잡지 마세요."

이번에는 고양이도 달려왔다.

"저는 곡식을 축내는 쥐들을 쫓아버렸습니다. 제가 한 봉사도 기억해주십시오."

뒤늦게 소식을 들은 황소도 주인에게 하소연했다.

"농사는 제가 다 했습니다. 잔치 때 저를 죽이지 말아주십시오."

그러자 주인이 역시 고개를 끄덕였다.

이때 주인에게 오지도 못하고 자기 집에서 머리를 처박고 우는 짐승이 있었다. 돼지였다. 돼지는 늘 주는 밥만 먹고 잠만 잤기 때문에 주인에게 내세울 것이 없었다. 주인이 일을 맡겼는데, 열심히 섬기지 않고 게으름을 피우는 사람은 돼지 신세가 될 수 있다. 예수님의 말씀처럼 권위를 주장하는 자가 높아지는 것이 아니다. 주인이 되려고 애쓰지 않고 종이 되어 겸손하게 열심히 섬기는 자가 오히려 섬김을 받는다. 주님은 그에게 더한 권위를 선물로 주실 것이니까.

더 큰 대의를 위해
손을 잡고 뭉치며

친구 목사가 어느 교회에 부임했다. 그 교회는 훌륭한

목사님이 목회하셨던 교회이다. 원로 목사님은 교회에서 멀리 떠나서 생활하고 계셨다. 친구 목사가 목회한 지 3년이 채 되지 않은 어느 날이었다. 당회에 자신의 사임 의사를 밝혔다. 본래 왜소한 체구를 가졌던 그가 몸무게가 7~8kg이 줄어서 몰골을 알아볼 수 없는 지경이 되었다. 결국 사임을 결정해야만 하는 지경까지 치달았다. 그렇다면 그런 결단을 내린 이유가 무엇일까? 한 장로님이 목회에 대해 사사건건 문제를 제기했다. 참다못한 친구 목사는 새롭게 개척할 생각으로 그 장로님과 함께 물러나기로 했다.

어쩌면 한국 교회의 단면이 아니겠는가? 사실 장로와 목사는 바늘과 실 같은 관계인데, 오늘날 많은 교회에서 직분에 대한 오해가 있다. 장로가 되면 교인의 대표로서 목사를 견제해야 한다는 사명감을 가진다. 장로는 '주주'로, 목사는 '고용 사장'처럼 생각한다. 그래서 가장 많은 주주가 되기 위해 힘 있는 장로 간에도 암투가 벌어진다. 주주총회의 요구에 맞지 않으면 고용 사장을 쉽게 갈아 치우기도 한다. 가슴 아픈 현실이다.

교회의 직분을 둘러싸고 심각한 오해가 빚어진다. 하나의 극단적 오해는 교권주의이다. 목회자들이 평신도를 무시하는 경향도 있다. 목사를 구약 제사장의 계승자로 강조하면서 평신도 위에 군림하려고 한다. 실제 중세 가톨릭에서는 계급구조처럼 성직자와 평신도를 엄격하게 구별했다. 그래서 평신도는 성경도 소유할 수 없었다. 몽골에서는 아직 지식 계층이 대우받지 못한다. 왜냐하면 러시아의 공산권이 장악했을 때 우민정치를 단행했는데 그 잔재가 그대로 남아 있기 때문이다. 대신 향락 문화를 조장해서 대항하지 못하는 무기력한 군중으로 만들어놓았다. 중세시대에도 이런 현상이 있었다. 그런데 종교개혁자들이 "모든 신자가 제사장이다"라는 만인 제사장 신학을 찾아내면서 평신도의 정체성을 재정립하게 되었다.

성경은 우리가 모두 '왕 같은 제사장'으로 부르심을 받았다고 말한다. 평신도는 교회의 주체이다. 평신도가 사역자로 훈련되어 주체 세력으로 섬길 때 교회가 부흥하고 성장할 수 있다. 평신도가 사라진 교회에서 하나님 나라의 확장을 기대할 수 없다. 그러다 보니 또 다른 극단적인 오해가 빚어졌다. 반교권주의가 머리를 쳐들고 있다. 교직을 멸시하여 "너나 나나 다를 바가 무엇이냐" 하는 식이다. "교역자나 평신도나 하나님 앞에서 무슨 차이가 있느냐?"는 것이다. 교역자가 필요 없는 것처럼 그 자체를 거부하는 현상까지 치달았다. 평신도가 주체의식을 갖는 것은 소중한 일이지만 교회의 주인 노릇을 하려는 것이 문제이다. "우리가 교회를 지키지 않으면 안 된다"라고 말한다. 그러다 보니 중직자는 목사를 견제하는 사람으로 생각한다. 결국 교육 부서 안에서는 부장과 부교역자가 헤게모니 싸움을 하고, 교회 전체적으로는 장로와 담임목사가 갈등 구조를 이루고 있다. "우리 교회에 왔으면 우리 교회에 맞추라"는 것이다.

그렇다면 이러한 극단적인 이해 속에서 우리는 어떻게 교역자와 평신도를 이해해야 하는가? 성경은 교역자와 평신도에 대해서 근본

적이고 본질적인 차이를 두지 않는다. 그러면서도 분명한 차이를 두고 있다. 실제 교역자나 평신도 모두 동일한 왕 같은 제사장이다. "그러나 너희는 택하신 족속이요 왕 같은 제사장들이요 거룩한 나라요 그의 소유가 된 백성이니 이는 너희를 어두운 데서 불러 내어 그의 기이한 빛에 들어가게 하신 이의 아름다운 덕을 선포하게 하려 하심이라"(벧전 2:9).

모든 그리스도인은 서로 차이를 둘 수 없고 무시할 수 없다. 모두가 존귀한 자들이다. 그러나 바울은 교역자와 평신도 사이에 분명한 차이가 있음을 지적한다. 즉 하나님께서 교회를 위해 교역자를 세우셨다. "그가 어떤 사람은 사도로, 어떤 사람은 선지자로, 어떤 사람은 복음 전하는 자로, 어떤 사람은 목사와 교사로 삼으셨으니 이는 성도를 온전하게 하여 봉사의 일을 하게 하며 그리스도의 몸을 세우려 하심이라"(엡 4:11-12).

교역자에게는 평신도에게는 없는 분명한 사역 상의 권위가 있다. 하나님은 교역자를 통해서 평신도를 구비시켜서 그리스도의 몸인 교회를 세워나가도록 하셨다. 교역자가 평신도를 하나님 말씀으로 훈련하여 평신도 한 사람 한 사람을 성숙시켜서 평신도 사역자로 세워야 한다. 그래야 그들이 그리스도의 몸을 온전하게 섬길 수 있다. 평신도가 성숙한 태도로 섬기지 않으면 봉사하면서도 상처투성이가 될 수밖에 없다. 교회 안에 봉사자가 없는 것이 문제가 아니다. 성숙하지 못한 봉사자 때문에 어려움을 당한다. 봉사하면서 서로 상처를 주고받는다. 봉사하면서 편 가르기를 한다. 그래서 교역자는 평신도를 하나님 말씀으로 잘 훈련해야 한다. 만약 교역자의 권위가 무너진다면 어떻게 훈련할 수 있으며 말씀에 대한 순종이 나올 수 있겠는가? 모든 평신도가 다 교역자일 수는 없다.

그래서 마틴 루터는 이렇게 말한다. "목사와 다른 신자 사이에 어떤 차이, 특히 신분상의 차이는 존재하지 않는다고 할지라도 하나님의 특별한 명령으로 어떤 봉사가 하나의 직분으로 바뀔 수 있다는 점에서 목사의 직분은 다른 것과 확실히 구별된다."

칼빈 역시 교역자의 차별성을 이렇게 강조한다. "따라서 우리가 지금 논하고 있는 이 질서와 이런 종류의 통치(성직 제도)를 폐지하려고 애쓰거나 필요 없는 것으로 여기는 자는 누구나 교회의 분열, 내지는 파멸과 멸망을 바라는 자들일 것이다. 그러므로 현세의 삶을 지탱하고 더욱더 중요하게 하기 위해서는 태양과 빛과 열이나 먹을 것과 마실 것이 필요하듯이, 지상의 교회를 보존하기 위해서는 사도직과 목사직이 반드시 필요한 것이다."

그래서 옥한흠 목사는 이에 대해서 분명한 선을 긋고 있다. "목사는 하나님이 아니다. 목사만이 제사장이나 선지자, 사도의 계승자는 아니다. 그럼에도 불구하고 목회자를 함부로 취급해서는 안 되는 신성한 권위이다."

사탄은 인간의 마음을 너무 잘 알고 교회를 허무는 방법을 잘 알고 있어서 교묘하게 공격한다. 교회의 헤드십을 공격한다. 서로를 불신하게 만들고 갈등하고 반목하도록 유혹한다. 사실 교역자와 평신도는 서로 반목하고 헤게모니 싸움을 해야 할 존재가 아니다. 하나님의 비전을 이루기 위해 동역해야 할 동업자이다. 서로가 존중하고 순종해야 한다. 사탄을 대적하고 함께 싸워나가기 위해 힘을 뭉쳐야 한다. 대적해야 할 적을 착각하지 말아야 한다. 같은 편끼리 서로 갈등하고 다투면 결과가 어떻게 되겠는가? "만일 서로 물고 먹으면 피차 멸망할까 조심하라"(갈 5:15). 한편끼리는 서로 손을 잡고 단단히 뭉쳐야 한다. 어려움이 있어도 격려하고 위로하면서 하나 됨을 지켜나가야 한다. 함께 협력해서 갈등과 장애물을 극복해 나가야 한다. 그렇지 않으면 장애물에 의해서가 아니라 자폭하고 만다. 사탄은 교회를 분열시킨다. 그런데 사탄의 교란에 의해서가 아니라 헤게모니 싸움 때문에 교회가 자폭하는 현실을 본다.

예수님이 십자가에 못 박히시기 위해 예루살렘으로 올라가실 때의 광경을 기억하는가? 그때 제자들은 "누가 크냐?"는 싸움으로 분주했다. 스승은 죽음의 자리로 나아가는데 제자들은 영광스러운 자리를 차지하기 위해 서로 시기하고 자리다툼으로 얼굴을 붉히고 있었다. 작금에 안티 기독교의 횡포는 급증하고 있다. 그런데 기독교는 여전히 헤게모니 다툼에서 벗어나지 못한다. 교회가 위대한 하나님의 사역을 하려면 먼저 교권주의와 반교권주의에 대한 서로의 갈등을 넘어서야 한다. 그리고 더 큰 대의와 복음을 위해 하나로 단단히 뭉쳐서 사탄을 대적해야 한다. 서로를 향해 섬기는 종이 되어야 한다. 주님은 종으로 섬기는 자에게 권위를 더하셔서 공동체에서 존귀하게 만든다.

권위를 내려놓고
섬기는 자가 돋보인다

교역자는 쓸데없는 권위주의에 사로잡히는 것을 경계해야 한다. 한때 교역자가 "우리는 제사장 반열이다"라고 하면서 성도 위에 군림하려고 한 것이 사실이다. 교역자가 제사장 반열이라면 성도도 마찬가지다. 그것을 가지고 교역자의 권위를 확보하려는 것은 성경의 가르침을 위배하는 것이다. 그러나 교역자의 권위가 상실되는 우를 범하지도 말아야 한다. 하나님이 교역자에게 특별한 권위를 주신 것이 사실이다. 교역자의 권위가 무너지면 교회의 질서가 무너진다.

바울은 고린도교회와 갈라디아교회에서 자신의 사도직을 의심하고 자신에게 주어진 권위를 무시하는 것에 대해서 심각하게 경고했다. 하나님은 한 교회를 세우시고 그 교회를 목회자에게 위임하여 그리스도의 통치를 대행하도록 하셨다. 하나님은 자신의 신정정치 권한을 목회자에게 부여하시고 책임지고 섬기도록 하셨다. 그래서 교회는 목회자에게 순종함으로 권위를 세워주어야 한다. 히브리서 기자는 "너희를 인도하는 자들에게 순종하고 복종하라"(히 13:17)고 요청한다. 세상 문화와 세태가 순종과 복종이라는 단어를 혐오할지라도 교회는 세우신 지도자에게 순종하고 복종하는 태도를 잃지 말아야 한다. 교회에서 권위에 대한 순종이 무너진다면 세상 어느 곳에서도 권위에 대한 순종을 찾아볼 수 없다.

한편 지도자는 스스로 자신의 권위를 실추시키는 어리석은 행동을 조심해야 한다. 현대 사회에서 목회자의 신뢰도가 떨어지는 심각한 도전이 일어나고 있다. 믿지 않는 사람들이 교회 직분자를 무시하는 현상에 대해서도 심각한 반성이 일어나야 한다. 세상 앞에 차별화된 대안 사회가 아닌 무시당하는 졸렬 집단으로 전락하면 하나님의 왕국을 확장하는 비전을 이룰 수가 없다. 그래서 교회와 성도의 이미지 회복을 위한 각고의 노력을 기울여야 복음이 방해받지 않는다. 이미지 회복 없이는 전도도 될 수 없다. 어쩌면 한국 교회는 이미지 전도에 더 각별한 관심을 기울여야 한다.

이미지 회복을 위해 교회는 섬김의 리더십을 회복해야 한다. 바울은 고린도 교인들에게 이렇게 고백한다. "우리가 너희 믿음을 주관하려는 것이 아니요 오직 너희 기쁨을 돕는 자가 되려 함이니 이는 너희가 믿음에 섰음이라"(고후 1:24). 바울은 고린도 교인들의 믿음을 돕는 자가 되기를 원했지, 결코 주관하고 주장하려는 태도를 취하지 않았다.

"주께서 주신 권세는 너희를 무너뜨리려고 하신 것이 아니요 세우려고 하신 것이니 내가 이에 대하여 지나치게 자랑하여도 부끄럽지 아니하리라"(고후 10:8). 바울은 고린도 교인들을 세우기 위해 자신의 모든 특권이나 권세를 내려놓기까지 했다. 바울의 권위는 돕는 권위였고, 세우는 권위였다. 그런데 역사적으로 파괴와 무너뜨림을 위해 권위가 얼마나 사용됐던가? 권위는 "나에게 권위를 달라"고 부르짖어서 얻어지는 것이 아니다. 공동체가 권위 앞에 무릎을 꿇도록 감동으로 창출해내야 한다. 그래서 어렵다. 세상 권위는 힘에 의한 굴복으로 이루어진다. 회사에서 권위에 순종하지 않으면 밥줄이 끊어진다. 그래서 마음에 내키지 않아도 마지못해 순종한다. 그러나 교회의 권위는 그렇지 않다. 밥줄과 아무런 상관이 없다. 그래서 교회에서 권위에 대한 순종을 끌어내는 것은 결코 쉬운 일이 아니다.

하늘에 닿을 정도의 지식을 갖춘 교인들이 아닌가? 결국 교회의 권위는 바로 감동의 리더십을 발휘하는 것이다. 그래서 바울은 이렇게 말한다. "우리는 우리를 전파하는 것이 아니라 오직 그리스도 예수의 주 되신 것과 또 예수를 위하여 우리가 너희의 종 된 것을 전파함이라"(고후 4:5). 바울의 관심은 자신이 주인 행세를 하는 것이 아니다. 주인은 예수 그리스도이다. 그는 그리스도의 종이다. 그것을 자부심으로 여겼다. 그렇기에 그는 성도를 섬기는 종의 자리를 마다하지 않았다. 바울은 자신이 섬기는 성도를 주인인 그리스도처럼 생각했다. 그래서 그는 겸손하게 그들 앞에 무릎을 꿇어 섬겼다.

혹시 기억하는가? 십자가의 죽음을 며칠 앞둔 저녁을. 예수님은 제자들과 함께 다락방에 둘러앉았다. 성찬식을 마치신 예수님은 허리에 수건을 둘렀다. 그리고 대야에 물을 담아오셨다. 제자들의 발 앞에 무릎을 꿇고 앉으셔서 그들의 발을 손수 씻겨주셨다. 예수님이 이 집에 들어오실 때 그 누구도 손님의 발을 씻겨주는 사람이 없었다. 팔레스타인에서는 손님이 집안에 들어올 때 발을 씻겨주는 풍습이 있다. 사막 지방에서 샌들을 신고 다니기 때문에 모래를 닦아주는데, 이때 일반적으로 하층 노예가 그 일을 했다.

그런데 예수님이 이 집에 들어오실 때는 그 누구도 그 일을 하지 않았다. 결국 예수님께서 그 일을 하셨다. 그리고 제자들에게 말씀하셨다. "내가 주와 또는 선생이 되어 너희 발을 씻었으니 너희도 서로 발을 씻어주는 것이 옳으니라"(요 13:14). 예수님은 섬김을 받기 위해 자신의 권위를 휘두르지 않으셨다. 오히려 겸손하게 종이 되어 섬기는 본을 보여주셨다. 우리는 하늘이 무너지는 것과 같은 엄청난 말씀을 가슴에 기억해야 한다. "그러나 나는 섬기는 자로 너희 중에 있노라"(눅 22:27).

하나님이신 예수님, 하나님의 아들이신 예수님께서 섬기는 자로 오셨다. 주인이 종을 섬겼다. 스승이 제자를 섬겼다. 그렇다면 우리가 권위를 휘둘러야 할 근거를 찾을 수가 없다. 세상 집권자들처럼 권세를 부리는 데서 권위를 확보하려고 하지 말아야 한다. 섬기자. 그러면 권위는 자연스럽게 찾아올 것이다. 얻어내는 권위가 아니라 주어지는 권위를 기다리자. 섬김에서 권위를 드러내야 한다. 그래서 칼빈은 교역자의 권위를 '불편한 권위'라고 표현한다. 즉 교역자의 권위는 높아지는 권위가 아니라 오히려 속박당하는 권위라는 것이다. 베드로 사도 역시 영적 지도자들을 향해 "주장하는 자세를 하지 말고 양 무리의 본이 되라"(벧전 5:3)고 강조한다.

이쯤 되면 또 다른 오해가 있을 법하다. "영적인 지도자는 섬김으로 본을 보여야 한다. 그러니 우리가 요구하는 대로 따라야 한다." 그래서 어떤 교회에서는 교역자에게 차량 운전을 시킨다. 그런데 교인들은 미안한 마음도 없고 당연한 듯이 탄다. 교회의 궂은일을 일꾼처럼 한다. 물론 나쁘다고 할 수는 없다. 그러나 그것이 교역자의 섬김의 본연의 자리는 아니다. 교회 지도자의 권위는 말씀의 권위에서 출발한다.

사도에게 주어진 본연의 자리는 무엇인가? "우리는 오로지 기도하는 일과 말씀 사역에 힘쓰리라 하니"(행 6:4). 여기서 말씀을 전하는 것이 바로 '디아코니아', 즉 '봉사, 섬김'이다. 디아코니아는 종처럼 섬기는 것을 말한다. 영적인 지도자는 말씀을 가르치고 전하는 일에 종이 되어 최선을 다해 섬겨야 한다. 영적인 지도자가 해야 할 섬김은 바로 성도가 온전한 사람으로 성숙할 수 있도록 말씀으로 훈련하고 세우는 사역이다. 그리고 다른 사역은 그리스도의 군사로서 무장된 군사들이 교회의 구석구석을 충성스럽게 섬겨야 한다. 이것이 건강한 교회의 모습이다.

요즘 많은 여성이 친구 같은 신랑감을 원한다. 자녀도 친구 같은 부모를 좋아한다. 서로 예수님의 마음을 가지고 섬기는 가정은 반드시 행복하다. 그러나 섬기지 않고 섬김을 받으려 하므로 불행하다. 직장에서 다른 사람이 요구하지 않아도 스스로 섬기는 태도로 일해보라. 모든 상사의 사랑을 받을 것이다. 모든 부하직원이 존경함으로 추종할 것이다. 가끔 이런 항변을 듣는다. "왜 직장에서 여성들이 커피 심부름을 해야 하는가?" 그렇다. 왜 그렇게 되는지 이해할 수 없다. 서로 섬겨야 한다. 그러나 하나만 기억하자. 섬기는 것이 자존심 상해서 짜증을 부리는 당신은 결코 사람에게 그리스도에게 하듯 할 수 없다. 믿음은 사람들에게 그리스도에게 하듯이 자원해서 기꺼이 섬기도록 요청한다.

섬기는 종은 자신의 감정을 내세우지 말아야 한다. 감정은 믿을 만한 것이 아니다. 감정에 사로잡히면 진리가 흐려진다. 섬기는 종은 자기 생각대로 고집을 피우지 않는다. 생각은 왜곡되기 쉽다. 늘 자기중심적이다. 자기 이권이 개입되면 정상적인 생각을 하기 어렵다. 그래서 모든 생각을 그리스도에게 복종시키지 않으면 섬기는 종이 될 수 없다. 다른 사람을 섬기려면 그들의 필요가 무엇인지를 알아야 한다.

섬기는 자는 높아지려는 마음을 내려놓아야 한다. 우리 마음에는 늘 높아지려는 욕구가 치밀어 오른다. 그때마다 제자들의 발을 씻기신 주님을 생각해야 한다. 섬기기 위해 무릎을 꿇는 것이 자존심 상하는 것이 아니다. 혹시 알고 있는가? 낮은 자의 섬김보다 높은 자의 섬김이 훨씬 더 아름답고 감동적이라는 사실. 낮은 자의 섬김은 당연하게 이해된다. 아무리 돋보이게 섬겨도 감동적으로 받아들여지지 않는다. 그러나 높은 자의 섬김은 하찮은 것일지라도 감동을 준다. 이렇게 섬길 때 주님은 더한 권위로 우리를 높여주실 것이다. 공동체는 종으로 섬기는 자를 알아주고 존경한다.

어느 날, 돼지가 암소에게 찾아와서 볼멘소리를 했다.

"나는 사람들에게 고기와 털과 삼겹살, 심지어 족발까지도 다 주는데, 왜 사람들은 나보다 너를 더 칭찬하는지 도대체 그 이유를 모르겠어."

그때 고개를 갸우뚱하던 소가 입을 열었다.

"글쎄, 그건 말이야. 너는 죽은 다음에 네 몸을 주지만 나는 아직 살아 있을 때 우유나 치즈와 같이 유익한 것을 사람들에게 주기 때문일 거야."

섬김은 영광을 가져온다. 섬김을 양보하거나 연기하지 말아야 한다. 섬김은 죽을 때 선택할 일이 아니다. 가장 건강할 때, 영향을 줄 수 있을 때, 가지고 있을 때 실천해야 할 덕목이다. 오늘은 내 인생의 처음이요 마지막이다. 나에게 유일무이한 시간이다. 오늘 최선을 다하지 못한 사람은 내일 반드시 후회한다.

사람의 종이 되는 것을
경계하고

　　　권위를 가진 자는 늘 조심해야 한다. 고린도교회는 권
위를 가진 사람들 때문에 큰 어려움에 봉착했다. 교회가 불화의 화
염에 휘말렸다.

"나는 바울파다. 나는 아볼로파다. 나는 베드로파다. 나는 그리
스도파다."

교인들은 권위를 가진 영적 지도자들로 인해 사분오열되었다.
그래서 큰 진통을 겪고 있었다. 교회의 교회다움을 다 잃어버릴 지
경이었다. 그래서 영적인 지도자는 자신의 처신을 늘 조심해야 한
다. 오늘날 원로목사파, 담임목사파로 갈라져서 갈등하는 모습을 본
다. 어떤 교회는 유력한 장로들을 둘러싸고 파가 나누어졌다. 많은
교회가 장로파와 목사파로 갈려서 진통을 겪기도 한다. 모두 권위를
잘못 이해하기 때문이다. 권위는 종이 되어 서로를 주인처럼 섬길
때 주어진다.

바울은 갈라디아서를 시작하면서 상당히 강한 어조로 시작한다.
바울이 편지를 쓰는 자신의 신분을 어떻게 소개하는지를 보라. "사
람들에게서 난 것도 아니요 사람으로 말미암은 것도 아니요 오직 예
수 그리스도와 그를 죽은 자 가운데서 살리신 하나님 아버지로 말미
암아 사도 된 바울은"(갈 1:1).

이렇게 편지를 쓰는 경우는 거의 없다. 편지를 쓰는 처지에서 인사부터 부드럽게 하는 것이 상례이지 않은가? 그런데 바울은 자신의 사도권을 내세웠다. 왜일까? 갈라디아교회 안에 바울의 사도직에 대한 논란이 있었기 때문이다. 바울의 사도적 권위를 인정하지 않으려는 교인들이 있었기 때문이다. 그들은 바울의 사도적 권위에 대해서 이러쿵저러쿵 말들을 만들어내고 있었다. 그래서 바울은 부득이하게 자신의 사도권을 못 박아놓고 있다.

그 후에 자신은 바른 복음을 전하고 있다고 강조하면서 이렇게 말한다. "이제 내가 사람들에게 좋게 하랴. 하나님께 좋게 하랴. 사람들에게 기쁨을 구하랴. 내가 지금까지 사람들의 기쁨을 구하였다면 그리스도의 종이 아니니라"(갈 1:10).

우리가 가진 권위는 '하나님의 종'으로 걷는 길이다. 하나님의 종이라는 말에는 상당한 자부심이 담겨 있으면서 동시에 겸손한 섬김의 정신이 담겨 있다. '종'이라는 말은 고대사회에 배 밑창에서 노 젓는 사람들, 식당에서 접시 닦는 사람들을 가리킨다. 아주 천한 일을 하는 사람이다. 그러나 그에게는 상당한 자부심이 있어야 한다. 로마 가이사 황제의 종이 아니라 하늘과 땅의 모든 왕국을 통치하시는 하나님의 종이다. 그렇기에 하나님의 종은 어떤 일이 있어도 하나님의 종으로 사는 삶에서 떠나서는 안 된다.

그런데 사탄은 하나님의 종에게 '사람의 종'이 되라고 유혹한다. 사람의 종이 된다는 것은 사람의 기분이나 비위를 맞추는 것을 말한다. 사람을 기쁘게 하려고 하나님의 종의 자리를 떠나는 것을 말한다. 이들은 하나님을 기쁘게 하는 것과 사람을 기쁘게 하는 것의 갈림길에서 사람의 기쁨을 따른다. 왜냐하면 사람을 따르지 않음으로 닥쳐올 손해와 불이익을 감수하지 않으려고 하기 때문이다. 오늘날 성도들은 목회자가 '하나님의 종'이 되기를 기대한다. 어떤 상황에서도 진리와 정의를 저버리지 않고 의연하게 결단해주기를 원한다.

영적인 지도자들은 다니엘과 세 친구처럼 포기할 수 없는 하나님의 권위 앞에서 세상 권위에 저항할 용기를 가져야 한다. 성도들은 그런 목회자들을 기다리고 있다. 그런데 점검해봐야 할 것이 있다. 많은 성도가 나와 상관없는 일에서는 목회자가 하나님의 종으로서 있기를 기대한다. 그런데 자신이 결부된 일에는 사람의 종이 되기를 바라고 있다. 자기편을 들어주지 않는다고 상처받고 비난한다. 객관적인 입장에서 하나님 말씀의 원리를 따라 처리해도 섭섭하다고 말한다. 심지어 등지고 대적하기까지 한다. 자기와 상관없는 경우에는 소신 있는 목회자를 기대하지만 자기와 관련된 일에는 자신의 종이 되기를 원한다. 목회자가 사람의 종이 되기를 원하지 않으면서도, 다른 한편으로는 사람의 종이 되라고 강요한다.

더구나 최근 한국 교회는 심각한 현상을 자아내고 있다. 지금까지 오랫동안 개척해 온 목사님들이 은퇴하고 세대교체를 하면서 한국 교회는 상당한 진통을 앓고 있다. 그동안 목회자들이 군림하는 당회가 많았다. 그런데 후임 목사를 청빙하면서 당회와 중직자들이 결심한다. "이제부터 교회에 대한 권한을 평신도 지도자들이 쥐자"는 것이다. 그래서 후임 목회자들은 소신 있는 목회를 하지 못하고 사람의 종으로 끌려다니고 있다. 이에 대해 어떤 신학자는 심각한 우려의 목소리를 내고 있다. "목사는 단순히 교회에 고용된 종처럼 취급당해서는 안 될 것이다. 하나님 뜻을 행하는 사람으로서 사람의 변덕에 이리저리 끌려다니지 않는 하나님의 종으로 인정받아야 할 것이다."

많은 교회가 하나님의 종을 사람의 종으로 만들기 위해 모종의 모의를 한다. 목사를 '교회에 고용된 종'으로 만들기 위해 당회 정치를 하는 교회가 많다. 사실 오늘날 담임목사 청빙에서부터 문제가 있었다. 예전에는 교회에서 청빙위원회가 청빙하기를 원하는 교회에 방문해서 담임목사를 모셨다. 그런데 요즘은 이력서를 제출하고 설교를 해서 교인 앞에서 선을 본다. 그리고 당회원들 앞에서 이런 저런 질문을 받으면서 테스트를 받는다. 그것도 몇 차례에 걸쳐서. 그러다 보니 '우리 손으로 뽑은 목사'라는 이미지를 갖고 있다.

결국 목회자의 권위는 그만큼 실추되었다. 이 정도까지 되다 보니 성도들은 목사의 설교를 과감하게 평가한다. 그리고 자신들 입맛에 맞는 설교를 해달라고 요청한다. 크고 작은 행정적인 처리에 대해서 과도한 평가와 비난이 뒤따른다. 그러니 목회자의 설교와 가르침과 훈계로 인한 변화를 기대하기가 어렵다. 이제 교회는 목회자가 사람의 종이 아닌 하나님의 종으로서 사역하도록 구조와 의식을 바꾸어야 한다. 그렇지 않으면 교회도 성도들도 목회자도 다 하나님의 책망으로부터 피할 수 없게 될 것이다.

어느 교회에서 십수 년 목회하던 담임목사를 내보냈다. 장로가 한 명도 없었기 때문에 안수집사들이 주축이 되었다. 그리고 후임자를 뽑을 때 아예 정관을 만들었다. 그 정관에는 담임목사가 교회에 고용된 일꾼에 가까운 항목으로 가득 차 있었다. 그리고 운영위원회를 두어서 교회를 그들 마음대로 움직이려고 시도했다. 그러다 보니 목회자와 충돌이 일어날 수밖에 없었다. 목회는 운영위원회가 아니라 바로 목사가 하는 것이기 때문이다. 만약 목사가 목회할 수 없는 교회라면 이미 그것은 교회라 할 수 없을 것이다. 결국 후임 목사가 부임하여 6년을 사역하고 사임했다. 목사를 사람의 종으로 만들려고 했는데 생각처럼 안 되었던 것이다. 목회자는 어떤 일이 있어도 하나님의 종의 자리를 지켜야 한다. 교회는 목회자가 하나님의 종의 자리를 지킬 수 있도록 위임된 권위에 순종해야 한다.

그리스도인은 사회에서 하나님의 종으로 살아가야 한다. 세상은 늘 우리에게 사람의 종이 되라고 요청할 것이다. 그러나 우리가 사람의 종으로 전락하는 순간, 우리는 이미 추한 그리스도인으로 전락하고 말 것이다. 사람의 비위를 맞추기보다 하나님의 마음을 맞춰야 한다. 하나님 앞에서 살아가는 사람은 정직할 수밖에 없다. 신실하게 일할 수밖에 없다. 다른 사람의 눈을 의식하지 않고 최선을 다한다. 감시카메라가 없어도 상관없다. 하나님의 감시카메라를 의식하기 때문에 기계 따위는 아무렇지 않다.

요셉은 하나님의 권위 아래 살아가기 때문에 인간의 권위 아래서도 최선을 다했다. 하나님의 임재가 그의 마음 씀씀이에서 나타났고 그의 일상적인 모습에서 드러났다. 무슨 일을 하든지 요셉이라면 마음 놓고 맡길 수가 있었다. 매사에 사람의 종으로 살려고 하지 말고 뚝심 있게 하나님의 종으로 섬기면 세상은 당신에게서 하나님의 권위를 읽게 될 것이다.

세상 권위를 인정하므로
하나님을 경외하고

직장에서 윗사람의 권위에 대항하거나 비난해보지 않은 사람은 없을 것이다. 자라는 동안 부모의 권위에 한 번쯤 반항심을 표출하고 대들어보지 않은 사람이 있겠는가? 신앙생활 하면서 목회자가 하는 일에 반론을 제기하고 불만을 품어보지 않은 신앙인이 있겠는가? 모든 그리스도인이 한결같이 하나님의 권위를 인정한다고 말한다. 그렇다. 감히 하나님의 권위 앞에 굴복하지 않을 사람이 있겠는가? 그렇다면 당신이 하나님의 권위에 굴복하는 것을 어떻게 증명할 수 있는가? 하나님께서 꿈에 직접 나타나셔서 "얘야, 너희 아들을 나의 종으로 드려라"고 해야 순종하겠는가? 하나님께서 직접 나타나셔서 "러시아로 선교를 떠나라"고 해야 순종하겠는가?

하나님은 우리가 세상 권위 앞에 순종하는 것으로 하나님의 권위에 대한 순종을 드러내라고 말씀하신다. 바울은 하나님의 권위와 세상의 권위를 분리하지 않았다. "각 사람은 위에 있는 권세들에게 복종하라. 권세는 하나님으로부터 나지 않음이 없나니 모든 권세는 다 하나님께서 정하신 바라. 그러므로 권세를 거스르는 자는 하나님의 명을 거스름이니 거스르는 자들은 심판을 자취하리라"(롬 13:1-2).

세상의 모든 공동체에서 다스리는 자들을 하나님께서 세우셨다. "아니, 우리가 투표해서 뽑았는데요?"라고 반문할지 모르겠다. 그런데 제비는 우리가 뽑을지라도 그것을 결정하는 것은 하나님께서 정하셨다고 받아들이는 것이 바로 믿음이다. 그러므로 하나님께서 세우신 인간 권위에 순종하지 않는 것은 하나님의 권위에 대한 반항으로 간주하신다. 그것에 대한 심판은 하나님께서 반드시 하신다. 혹시 "하나님께는 순종하지만 인간 권위에는 순종하지 않아도 된다"라고 생각하는 사람은 다시 한번 신앙을 점검해봐야 한다.

존 비비어는 「순종」이라는 책에서 "하나님에게만 있는 권위에 대한 복종과 하나님이 위임하신 권위에 대한 복종은 나눌 수 없다. 모든 권위의 근원은 하나님이다!"고 말한다. 그렇다면 잘못된 권위 앞에서도 순종해야 하는가? 바울은 당시의 노예들에게 기존 질서에 복종할 것을 강조한다. "무슨 일을 하든지 마음을 다하여 주께 하듯 하고 사람에게 하듯 하지 말라"(골 3:23). 인간 주인을 주님으로 생각하라는 것이다.

우리가 좋은 주인을 만나서 그들에게 순종하는 것은 결코 어려운 일이 아니다. 그런데 문제는 정직하지 못한 주인일 때 어떻게 해야 하는가? 베드로 사도는 그것에 대해서 이렇게 말한다. "사환들아 범사에 두려워함으로 주인들에게 순종하되 선하고 관용하는 자들에게만 아니라 또한 까다로운 자들에게도 그리하라"(벧전 2:18).

여기서 '까다롭다' 는 말은 '비뚤어지다, 괴팍하다, 악하다, 불공평하다, 주제넘다' 는 의미가 있다. 포악하거나 불의한 주인을 가리킨다. 그런데 불쾌할지라도 베드로는 우리에게 "그런 주인들에게도 복종하라!"고 가르친다. 사실 받아들이기 어려운 일이다. 이러한 정치 지도자들 때문에 학생들은 화염병을 집어 들고 치열한 데모를 해왔다. 이러한 기업주들을 대항해서 노조는 팽팽한 싸움을 그치지 않았다. 이런 학교 당국을 대항하기 위해 교원노조를 결성해서 교사들의 권익을 보호받기 위해 대항했다. 과연 어떻게 받아들여야 하는가? 존 비비어는 이것을 설명하기 위해 자기 아내 이야기를 들고 있다.

어느 날, 아이가 엄마에게 형 몫이 자기 몫보다 많은 것에 대해 강하게 항변했다.

"엄마, 이건 너무 불공평해요!"

그러자 엄마는 이렇게 대답했다.

"얘, 인생이란 불공평한 거야!"

아들은 이상하다는 눈초리로 엄마를 쳐다보며 물었다.

"엄마가 어떻게 그런 말을 하실 수가 있어요?"

그러자 엄마는 아이에게 물었다.

"그럼, 아무 죄도 없는 예수님이 우리 죄를 대신해서 벌을 받으신 것은 공평한 일이니?"

결국 아들은 알아들었다는 듯이 입을 다물었다.

권위를 말할 때 우리는 위대한 성군 다윗을 찾지 않을 수 없다. 다윗에게는 착한 부하, 사위를 죽이려 한 불한당 같은 폭군 상관이 있었다. 바로 사울이었다. 사울은 다윗을 시기했다. 자신의 기득권을 빼앗길까 두려워했다. 사람들이 다윗에게로 몰려가지나 않을까 겁이 났다. 그래서 몇 차례 다윗을 죽이려고 시도했다. 그러나 하나님은 다윗의 생명을 보호해주셨다. 결국 다윗은 목숨을 건지기 위해 광야로, 외국으로 도망 다닐 수밖에 없었다. 궁궐 밖으로 도망갔으니 그냥 놔두면 얼마나 좋았겠는가? 그러나 사울은 마음을 놓을 수가 없었다. 그래서 끝없이 뒤쫓았다. 다윗을 해하려고 작정한 사울은 군사를 이끌고 추격했다.

다윗에게는 불의한 폭군을 죽일 절호의 기회가 몇 차례 주어졌다. 그때 다윗은 이렇게 말할 수도 있었다.

"봐라. 내가 하나님 뜻대로 살아가니까 하나님은 나에게 이런 기회를 주셨다. 하늘이 내린 기회가 아닌가?"

다윗 수하에 있는 부하들은 사울을 단칼에 날리자고 떼를 썼다.

그러나 다윗은 그때마다 "하나님이 기름 부으신 자를 내가 함부로 해할 수 없느니라. 결단코 손을 대지 말라"고 명령했다. 이렇게 좋은 기회를 왜 놓쳐야 하는가? 그러나 다윗은 하나님의 권위에 순종했다. 그래서 사울의 권위를 향해 도전하지 않았다. 다윗도 사울이 그렇게 하면 안 된다는 사실을 알았다. 그는 하나님이 하실 심판권을 자신이 행사하지 않았다. 하나님께서 악한 자를 알아서 심판하실 것을 믿고 있었다. 그러나 '나는 그를 해하지 않겠다'는 생각이었다. 왜냐하면 그것이 하나님이 주신 권위를 존중하는 것이기 때문에.

세월이 흘렀다. 하나님은 다윗을 왕으로 세우셨다. 사울은 블레셋 군대의 손을 빌려 친히 심판하셨다. 사울의 가문은 전쟁터에서 멸망했다. 사울도, 그 아들들도 한 전쟁에서 다 죽고 말았다. 그 소식을 들은 다윗은 가슴을 찢으면서 통곡했다. 그때 "내가 사울을 죽였다"라고 거짓말을 하면서 보상을 노렸던 사람이 있었다. 그러자 다윗은 그를 처형하고 이렇게 말한다.

"다윗이 그에게 이르되 네가 어찌하여 손을 들어 여호와의 기름 부음받은 자 죽이기를 두려워하지 아니하였느냐 하고 다윗이 청년 중 한 사람을 불러 이르되 가까이 가서 그를 죽이라 하매 그가 치매 곧 죽으니라. 다윗이 그에게 이르기를 네 피가 네 머리로 돌아갈지어다. 네 입이 네게 대하여 증언하기를 내가 여호와의 기름 부음받은 자를 죽였노라 함이니라 하였더라"(삼하 1:14-16).

자신이 직접 해하지는 않을지라도 다른 사람이 그렇게 해주었으면 속으로라도 쾌재를 부를 일이 아닌가? 그러나 다윗은 결코 그렇게 하지 않았다. 그는 인간의 권위를 인정하는 것이 바로 하나님의 권위를 인정하는 것임을 알았다. 그래도 내가 심판해야 할 권위가 있다고 생각하는가?

많은 사람이 정의와 진리를 운운하면서 인간 권위 앞에 도전한다. 자기가 하나님의 자리에 서서 하나님이 세우신 사람을 폐하려고 안간힘을 쓴다. 그런데 바울은 그런 자들 앞에서도 순종하라고 요청했다. 권위를 가진 자들은 잊지 말아야 한다. 나의 권위가 궁극적인 하나님의 권위 아래 있음을 알고 하나님이 위임하신 권위를 바르게 사용해야 한다. 그렇지 않으면 하나님께서는 자신의 공의로운 통치를 위해 언젠가는 반드시 심판하실 것이다. 하나님의 권위가 바로 집행되어야 한다. 그렇지 않으면 하나님은 사울에게 하신 것처럼 권위를 폐하신다.

순례자로 살아가는 동안 때때로 권위 문제 앞에서 어려움에 봉착한다. 불신 가정에서 혼자 신앙생활을 하는 경우가 있다. 그때 당장 부딪히는 것이 있다. 바로 제사 문제이다. 부모나 집안 어른들은 "내 눈에 흙이 들어가는 한이 있어도 제사를 안 드리면 안 된다"라고 강경한 태도를 보인다. 그런데 성경에서는 우상숭배를 철저하게 금하고 있다. 과연 어떻게 해야 하는가? 부모의 말씀을 따라야 하는가, 부모를 거스르면서 제사를 지내지 말아야 하는가? 회사에서 상사가 부당한 사회적인 악을 행하라고 명령할 때 과연 순종해야 하는가, 명령을 거슬러야 하는가? 때때로 상위 권위와 하위 권위가 충돌하는 때도 있다. 상위법과 하위법, 상위 질서와 하위 질서가 충돌할 때, 그때는 상위 권위에 복종해야 한다. 그러나 그때도 지혜를 발휘해야 한다.

위기보다 더 큰 하나님이
반드시 길을 여신다

* * * * *

북이스라엘의 아합왕은 악의 축처럼 간주 되었던 악한 왕이다. 그가 통치한 22년은 최악의 시대였다(왕상 16:30-33). 그는 이전의 모든 사람보다 더한 악을 행했고, 여로보암의 길을 선택하여 죄짓는 것을 가볍게 여겼다. 시돈의 공주 이세벨과 정략 결혼하여 바알과 아세라 목상을 만들어 섬겼다. 사마리아에 바알 신전을 만들고 바알 제단을 쌓아 하나님이 가장 싫어하는 우상숭배를 조장하여 하나님의 분노를 자극했다. 히엘이 사마리아 성을 건축하여 맏아들과 막내아들이 죽어 하나님의 예언이 성취되었는데도 깨닫지 못하는 사람이었다(수 6:26).

그러나 하나님은 최악의 상황에서 최선을 만드시는 분이다. 절대 소망이 없어 보이는 영적인 암흑기에도 하나님께서 숨겨 놓은 보석 같은 엘리야가 있었다. 당시 가나안 사람들과 베니게 사람들은 바알 신이 비를 내리고 농사의 축복을 준다고 믿었다. 그런데 엘리야는 '바알이 농사를 주관한다'고 믿고 있던 아합을 향해 거침없이 "하나님이 비를 주관하고 땅을 비옥게 하시며 풍작을 주신다"라고 선포했다. 악종인 아합에게 도전장을 던지고, 정면 대결을 선언한 셈이다. 하나님은 위기에 처한 엘리야를 요단강 동편 길르앗 땅 그릿 시냇가로 보내 가뭄의 재앙 중에서 마실 물을 공급해주셨고, 까마귀들을 보내 먹을 떡과 고기를 공급해주셨다(왕상 17:4-6). 엘리야는 염려에 빠지기보다 모든 것을 책임지시는 하나님을 더 신뢰해야 한다. 위기에 처한 엘리야에게 아합보다 더 크신 하나님이 함께 하시니 얼마나 든든한 일인가!

내 마음대로 안 되는 인생이지만
마음을 통제하고

폴 세잔은 근대 미술의 아버지라 불린다. 후세의 평가와는 달리 세잔 자신은 화가 인생이 실패했다고 생각했고, 결국 고향에 묻혀 은둔자의 삶을 살았다. 그는 고독과 신경과민, 우울증에 시달렸다. 정말이지 꿈에도 원하지 않던 인생이었다. 그는 66세가 되어서야 가까스로 첫 개인전을 열 정도로 빛을 보지 못했다. 그가 죽은 지 1년 뒤에 그의 회고전이 열렸다. 그때 그의 작품 세계는 세상을 깜짝 놀라게 했다. 본인도 자신의 인생을 실패라고 생각했었다. 그러나 죽음 이후의 반응은 달랐다. 누가 그를 실패자라 말할 것인가? 그렇다. 우리가 당하는 위기나 실패에 대한 평가는 주관적인 판단일 뿐이다.

세상을 살아가는 사람 대부분이 "사는 것이 내 마음대로 안 된다"라는 고백을 한다. 내가 원하는 대로 세상이 따라주면 얼마나 좋겠는가? 그런데 불행하게도 세상은 그렇게 호락호락하지 않다. 그래서 사람들은 절망하고 좌절하기도 한다. 바울은 평소에 로마로 가고 싶었다. "어떻게 하든지 이제 하나님의 뜻 안에서 너희에게로 나아갈 좋은 길 얻기를 구하노라. 내가 너희 보기를 간절히 원하는 것은"(롬 1:10-11).

바울은 로마로 가기 위해 여러 차례 시도했다. "형제들아 내가 여러 번 너희에게 가고자 한 것을 너희가 모르기를 원하지 아니하노니… 지금까지 길이 막혔도다"(롬 1:13). 그런데 로마로 가는 길이 왠지 자꾸 막혔다. 그러나 포기할 수 없는 꿈이었다. 또다시 도전할 수밖에 없었다. "그러므로 나는 할 수 있는 대로 로마에 있는 너희에게도 복음 전하기를 원하노라"(롬 1:15).

얼마나 갈망했던 일이던가? 드디어 로마로 갈 수 있는 길이 열렸다. 사도행전 27장 1~15절에서는 바울이 배를 타고 지중해를 지나 로마로 가는 과정이 소개되어 있다. 결국 바울이 바라던 대로 로마로 가게 되었다. 뜻이 있는 곳에 길이 있다고 했듯이. 그런데 상황이 달랐다. 소원대로 로마로 가긴 가는데 개선장군처럼 멋진 모습으로 가는 것이 아니다. 그는 죄수의 신분으로 심문받기 위해 이송 중이다. 바울은 가이사랴에서 2년 동안 구류되어 있다가(행 24:27) 이제 다른 죄수들과 더불어 로마로 이송 중에 있었던 것이다.

이들은 원형 극장에서 굶주린 맹수와 싸워야 한다. 이들을 이송하는 책임은 아구스도대의 백부장 율리오에게 맡겨졌다. 그는 알렉산드리아를 거쳐 로마로 가기를 원했다. 약 하루를 지나 시돈에 도착했다. 율리오는 바울에게 친구들을 만날 수 있도록 친절을 베풀어 주었다. 죄수인 바울에게는 큰 위로였다. 바울이 탄 아드라뭇데노 배는 가이사랴를 출발하여 소아시아의 가장 남단에 있는 루기아의 항구 무라에 도착했다. 무라에서 바울은 곡물 운반선인 알렉산드리아 배로 갈아탔다(행 27:6). 알렉산드리아에서 로마까지 곡물을 운반하는 배였지만 여객선 역할도 했다. 이 배에는 무려 276명이나 탈 수 있었다.

무라를 출발한 배는 서쪽으로 항해하다가 강한 북서풍을 만나 어려움을 겪다가 간신히 니도 항에 당도했다. 이틀 정도면 도착할 수 있는 거리였지만 여러 날 걸려 힘겹게 갔다. 그야말로 난항이었다. 바울을 태운 배는 니도를 거쳐 서쪽으로 계속 가려고 했다. 그런데 북서풍이 강하게 불어 도저히 서쪽으로 항해할 수 없었다. 바울은 아름다운 항구라는 뜻을 가진 미항에 도착했다. '간신히' 라는 표현이 바울의 항해가 얼마나 어려웠는지를 보여준다(행 27:7-8).

세상을 살아가는 동안 마음에 소망하고 바라는 것이 많다. 마음의 소원이 빨리 이루어지면 기분이 좋다. "소망이 더디 이루어지면 그것이 마음을 상하게 하거니와 소원이 이루어지는 것은 곧 생명 나무니라"(잠 13:12). "소원을 성취하면 마음에 달아도"(잠 13:19).

그런데 마음을 유쾌하게 만드는 소원 성취가 그렇게 쉽지만은 않다. 그래서 우리는 세상을 향해 원망과 분노를 품을 때가 있다. 하나님의 사람 바울마저도 생각하는 대로 소원을 성취하지 못했다. 간신히 소원을 성취하는가 싶었는데 죄수의 신분으로 호송되었다. 원하지 않는 길이었다. 그러나 바울은 다가온 현실을 원망할 수 없었다. 로마로 가는 길도 뜻대로 되지 않았다. 예정대로 항해가 순탄하게 이루어져야 하는데 생각대로 되지 않고, 거센 폭풍이 몰려와서 계획을 바꾸어야만 했다.

주변 상황이 내 마음대로 따라준다면 얼마나 좋겠는가? 주변 사람들이 내가 원하는 대로 응해 준다면 걱정할 것이 별로 없다. 그러나 세상은 결코 그렇게 돌아가지 않는다. 교회에 30대 후반, 심지어 40대 초반의 미혼자가 많다. 그들을 바라볼 때마다 안타까운 마음이 든다. 때로는 교회 봉사하다 보니 나이가 훌쩍 뛰어넘은 청년들도 있다. 본인도 결혼하기를 원하고 주변에서도 신경을 쓰고 기도하고 심지어 사람을 찾아보기도 한다. 그런데도 쉽지 않다.

특별 새벽기도회를 시작할 즈음에 어떤 분이 목양실 문을 두들겼다. 아들 부부를 위한 기도를 부탁하기 위해서였다. 아들이 결혼한 지 1년이 지났다. 이들 부부는 30대 중반에 결혼했다. 자식을 가지려고 노력하는데 생각대로 되지 않았다. 결국 어머니가 안타까운 마음으로 목양실 문을 노크한 것이다.

"아들이 자식을 낳을 수 있도록 기도 좀 해주세요."

그래서 특별 새벽기도 내내 기도했다. 하나님이 응답해주시길 기대했다.

특별 새벽기도회를 시작할 때부터 매일 감사예물을 드리면서 기도 제물을 올리는 분들이 있다. 한 사람은 고3 수험생이다. 다른 한 사람은 사업을 하는 분이다. 이들은 하나님의 도우심을 간절히 사모하고 있다. 특히 고3 수험생이 시험을 며칠 앞두고 새벽기도회를 나온다는 것이 얼마나 부담스러운 일인가? 더구나 시험 당일도 새벽기도회를 나와서 기도했다. 그렇다고 공부를 못하는 학생이 아니다. 그만큼 하나님의 도우심이 절박하다는 의미일 것이다. 나도 그 학생에게 좋은 결과가 맺어지길 기도했다. 그러나 상황이 내가 원하는 대로 만들어진다는 보장은 없다. 이게 현실이다.

현실이 내가 원하는 대로 따라와주지 않는다고 노하지 말아야 한다. 오히려 내 마음대로 되지 않는 현실을 받아들이는 것이 지혜다. 현실은 내가 원하는 대로 따라주지 않는다. 어쩌면 전혀 엉뚱한 형태로 다가올 수 있다. 그때 우리는 현실을 받아들이지 않고 거부한다. 화를 내고 불평하고 짜증 낸다. 체념하고 절망에 빠진다. 그런데 우리가 기억할 사실이 있다. 그렇게 거부하고 저항한다고 달라질 것은 없다. 단지 우리의 마음만 복잡하고 힘들 뿐이다. 현실은 변하지 않는다. 차라리 현실을 그대로 인정하는 것이 훨씬 더 지혜롭다. 차라리 수용하라. 수용하고 나면 마음이 편해진다. 수용하고 나서 가만히 주저앉아 있지는 말자. 내가 원하지 않는 현실을 새로운 현실로 바꾸어나가려고 노력하라. 새로운 도전이 가능할 것이다. 다가오는 현실을 헤쳐나가는 지혜와 기술이 필요하다. 예수님은 비전을 성취하기 위해 보냄을 받는 제자들에게 "비둘기같이 순결하고 뱀같이 지혜로우라"고 말씀하셨다.

인생을 너무 쉽게 살려고 하는 사람이 많다. 요행주의, 한탕주의가 사람의 정신을 오염시키고 있다. 쉽게 갈 수 있을지 모르지만 굉장히 위험한 발상이 아닐 수 없다. 요즘 우리 주변을 보면 일시적 유행이나 인스턴트 제품이 기승을 부린다. 그런데 일본 기업들은 꾸준한 생명력을 강조한다. 일본 제조업체들이 물건을 잘 만드는 이유가 무엇일까? 그것은 바로 '모노즈쿠리' 때문이다. 일본 상품의 경쟁력은 바로 모노즈쿠리에 있다고 한다. 모노즈쿠리는 물건을 뜻하는 '모노'와 만든다는 뜻을 가진 '즈쿠리'가 합쳐진 단어이다. 즉 장인정신을 갖고 온 힘을 다해 최고의 제품을 만든다는 뜻이다. 일본 경제가 어려움 가운데서도 쉽게 무너지지 않는 것은 모노즈쿠리 정신으로 무장한 세계 최고 기업들이 버티고 있기 때문이다. 이들은 눈앞의 이윤추구보다는 종업원과 고객, 사회 전체를 이롭게 하겠다는 철학을 갖고 있다.

인생을 좀 더 멀리 보아야 한다. 냉혹한 현실이 우리 앞에 놓여 있다. 힘겨운 경쟁시대를 너무 쉽게 살아가려는 얕은 생각을 버려야 한다. 꾸준히 실력을 길러야 한다. 무엇보다 어려운 위기와 환경을 정복할 수 있는 내공을 길러야 한다. 그리스도인의 내공은 어디에서 오는가? 바로 하나님의 은혜를 경험하는 것이다. 하나님의 말씀으로 속사람을 강건하게 하는 것이다. 하나님 앞에 무릎을 꿇어보라. 약했던 마음이 다시 일어설 용기와 힘을 얻게 된다.

마음대로 안 되는 세상이지만 내가 통제할 수 있는 한 가지가 있다. 바로 자신의 마음이다. 어려운 위기의 순간, 어떤 마음의 태도를 보이느냐에 따라 운명이 달라진다. 아우슈비츠 수용소에서 죽음의 고비를 넘긴 빅터 프랭클, 그는 죽음의 수용소에서 겪은 경험을 통해 삶의 의미를 일깨운 세계적인 정신의학자이다. 그는 수용소에서 아내와 부모 형제가 눈앞에서 죽어가는 상황을 목격해야만 했다. 눈이 뒤집히고 분노가 하늘을 향해 치솟는 순간이다. 그러나 그는 그런 상황에서도 정신 줄을 놓지 않았다. 희망을 잃지 않았기 때문이다. 그는 이렇게 말한다. "나는 어떤 상황에서도 그것이 최악은 아니라고 생각했습니다."

고난을 지혜롭게 해석하는 사람에게는 어떤 상황도 최악이 될 수 없다. 위기를 어떻게 해석하느냐에 따라 우리 운명은 달라진다. 최악의 상황에도 견뎌낼 만한 희망은 아직 감추어져 있다. 빅터 프랭클은 절망적인 환경이 절망적인 마음을 낳지 않도록 삶의 의미를 찾아 나섰다. 그는 모든 순간을 감동하며 살기로 선택했다. 깨진 유리 조각으로 수시로 면도했다. 떠오르는 햇살과 황혼의 아름다움에 감동했다. 동료의 콧노래, 한 줄기 바람, 먼지 하나, 풀잎 하나, 수용소 입구에 핀 들꽃 하나에도 의미를 두고 감동하면서 거기에서 삶의 이유를 발견했다. 결국 그는 피해 갈 수 없는 죽음의 수용소를 유유히 걸어 나올 수 있었다. 후일 그는 의미요법이라는 정신 치료 기법을 개발해냈다. 상황을 움직일 수는 없어도 내 마음은 내 마음대로 조정할 수 있다. 자신의 마음만 잘 다스리면 상황은 그 언제가 새롭게 바뀔 수 있다.

유라굴로 강풍 때는
맡기는 게 상책이다

바울은 여러 차례의 경험으로 볼 때 지금 항해가 위태하다고 판단했다. "여러분이여 내가 보니 이번 항해가 하물과 배만 아니라 우리 생명에도 타격과 많은 손해를 끼치리라"(행 27:10). 바울은 지금은 추운 겨울이라 항해하기에는 적절하지 않은 계절이라고 생각했던 것 같다. 그래서 "항해를 중단하고 겨울을 지낸 후에 다시 항해를 계속하자"고 제안했다. 사실 후에 실제로 위험이 다가온 것으로 보아, 바울의 제안은 매우 현명한 제안이었다.

때로는 '중단' 할 수 있는 지혜가 필요하다. 거침없는 달음질이 다 좋은 것은 아니다. 때로는 멈출 수 있는 지혜가 필요하다. 멈춤이 달림보다 더 지혜로운 판단일 수도 있다. 사람들은 너무 분주하게 달린다. 서야 할 상황에서도 멈추려고 하지 않는다. 가속도가 붙었기 때문에 계속 달리려고 한다. 그러나 멈추어야 생각할 여유가 생긴다. 멈추어야 일어나는 장애물을 피할 지혜도 생긴다. 열심히 달리는 것보다 잠시 멈추는 것이 더 지혜로운 선택일 수 있다. 멈추지 못하고 달리면 도리어 위기를 불러올 수 있다.

바울은 선장이나 선주의 생각과 달라서 갈등을 빚었다. 바울은 "미항에 머물면서 겨울을 지나자"고 주장했다. 그러나 선장과 선주는 "뵈닉스에 가서 겨울을 보내자"고 주장했다(행 27:12). 이렇게 서로 다른 주장을 펼치는 상황에서 결론을 내릴 사람은 로마 장교인 백부장뿐이다. 이 배는 로마 정부와 계약 관계로 로마의 통제를 받고 있었기 때문이다. 그렇다면 백부장은 누구의 말을 믿어야 할 것인가? 바울은 죄수의 신분으로 재판받기 위해 로마로 이송 중이다. 그러나 선장과 선주는 항해 전문가이다. 더구나 미항은 빈약한 촌락이다. 또한 이곳은 추운 지역이어서 겨울 동안 배를 정박시키기에는 어려움이 있다. 그러나 뵈닉스는 달랐다. 서북풍을 막아주는 온화한 곳이기 때문에 겨울을 지나기에는 적절했다. 그러니 뵈닉스 쪽을 지지하는 사람이 더 많았다.

당연히 결론은 뻔했다. 백부장도 바울의 말보다 선장과 선주의 말을 더 믿었다. 사실 그게 합리적이다. 그런데 문제는 여기 있다. 하나님께서는 바울을 보호하고 계신다. 그렇지만 그가 제시하는 제안은 인간적으로 볼 때 그렇게 타당성이 없어 보였다. 그래서 바울의 의견을 받아들이기가 쉽지 않았다. 하나님이 보호하고 계신 바울의 권면을 어기는 것은 아무리 지혜롭다고 할지라도 어두운 결과를 예고하고 있다.

살다 보면 어느 것을 선택해야 하는지 갈등할 때가 있다. 누구의 말을 믿어야 할지 고민하기도 한다. 사실 말하기 나름 아닌가? 때로는 합리적인 생각일지라도 전문가의 경험에서 나오는 생각조차도 위기를 불러올 수 있다. 어떤 경우에는 다수결의 법칙도 위기를 불러온다. 일반적으로 다수의 생각을 따른다. 그러나 다수의 법칙이 늘 맞는 것은 아니다. 가나안 땅을 정탐했던 사람들도 그랬다. 당연히 열 명의 주장을 따라야 했다. 그러나 결과는 40년간의 기나긴 광야 방황이다. 기억하자. "하나님 편에 서 있는 한 사람의 말에 귀를 기울이라." 하나님과 동행하는 한 사람의 말을 무시하지 말아야 한다. 하나님 편에 서 있는 한 사람의 주장이 다수결의 원칙에 의해 쓰레기통에 내팽개쳐지지 않아야 한다.

바울 일행이 내리는 결론은 무엇인가? 많은 사람과 전문가의 주장대로 배는 뵈닉스 항구를 향해 출발했다. 때마침 남풍이 순하게 불었다. 사람들은 "우리가 선택을 잘했다"고 안도의 한숨을 돌렸다.

그들은 안심하고 닻을 감아올렸다. 그리고 그레데 해변을 끼고 서쪽으로 항해를 계속했다. 우리는 한순간의 남풍을 보면서 감추어진 위기를 눈치채지 못하는 경우가 자주 있다. 인생과 상황을 너무 피상적으로 본다. 그런데 우리가 살아가는 현실은 그렇지 않다.

요나를 보자. 하나님은 요나에게 "니느웨로 가서 하나님 말씀을 전하라"고 명령하셨다. 그런데 요나는 앗수르의 수도인 니느웨로 가고 싶지 않았다. 앗수르는 이스라엘의 대적이기 때문이다. 앗수르에 가서 하나님 말씀을 전할 때 그들이 돌이켜 회개하면 하나님께서 용서하실 것을 잘 알고 있었기 때문이다. 요나는 니느웨가 망하기를 기대했다. 하나님께서 그들을 용서하시는 것을 어떻게 눈 뜨고 바라보란 말인가? 결코 그럴 수 없었다. 그래서 요나는 다시스로 도망가기 위해 나섰다.

마침 다시스로 가는 배가 도착했다. 순간 요나는 하나님이 나를 도우신다고 생각했을 것이다. 그러나 요나는 얼마 있지 않아서 거센 폭풍우를 만났다. 때때로 순항을 만난다고 할지라도 정도를 간다고 말할 수는 없다. 한순간 일이 잘 풀린다고 하더라도 그것이 정도에서 벗어나고 진리에서 어긋났다면 가던 길을 멈추어야 한다. 비정상이 정상처럼 가장하고 비진리가 진리처럼 가면을 쓰고 나타나는 경우도 많기 때문이다. 그렇기에 우리는 위기에 빠져들지 않기 위해 하나님의 음성에 늘 귀를 기울여야 한다.

한동안 배가 평안하게 잘 간다 싶었는데 이게 웬일인가? 갑작스레 광풍이 일기 시작했다. 순풍에 의지하여 순항하고 있던 배가 유라굴로라는 강한 태풍에 휘말리게 되었다. 정말로 갑작스럽고 당혹스러운 일이다. "이제 다 잘될 것이다"고 안심하던 순간이 아니던가? 그런데 예기치 않은 일이 벌어진 것이다. '유라굴로'는 동풍이라는 헬라어 '유로스'와 북풍을 뜻하는 라틴어 '아퀼로'의 합성어이다. 이 바람은 이다산맥으로부터 불어오는 강한 북동풍을 말한다. 이 바람이 불면 배는 방향을 조절할 수 없을 정도로 속수무책이 된다. 선장과 모든 선원이 살기 위해 노력했다. 그러나 아무런 소용이 없었다. 결국 배가 바람에 의해 가는 대로 그냥 맡겨두어야 했다(행 27:15). 그것이 인간이 할 수 있는 최선이기 때문이다.

인생을 살다 보면 아무리 노력해도 소용없는 상황에 직면한다. 그때는 자포자기에 빠진다. 이것이 인생 위기이다. 그런데 하나님은 그때 우리에게 "나에게 맡기라"고 메시지를 주신다. 요셉은 아무 잘못도 없이 감옥에 갇히는 신세가 되었다. 인생의 위기였다. 그러나 그는 모든 삶을 하나님께 맡겼다. 그렇기에 그는 불평하지 않았고 짜증 내지도 않았다. 유라굴로가 다가올 때 앞뒤가 다 막히는 느낌을 경험할 것이다. 그때 우리가 할 일이 있다. 하늘을 향해 눈을 드는 것이다. 사방이 다 막혀 있어도 하늘은 열려 있다. 사방의 막힘은 하나님의 도우심으로 상황이 열리는 경험을 할 기회이다.

살아가는 동안 예기치 않았던 유라굴로를 만나서 쩔쩔맬 때가 많다. 천재 골프 소녀 미셸 위는 한때 '미운 오리'라는 별명을 들으며 숱한 좌절과 방황을 했지만 결국 '우아한 백조'로 다시 탄생했다. 재미교포 미셸 위는 네 살 때부터 골프채를 잡았다. 열 살이었던 2000년에는 역대 최연소로 US 여자 아마추어 퍼블릭링크스 챔피언십에 출전했다. 열두 살이던 2002년에는 최연소로 미국 여자프로골프(LPGA) 투어 대회에 참가했다. 2003년에는 US 여자 아마추어 퍼블릭링크스 챔피언십에서 가장 어린 나이로 우승컵을 들어 올렸다. 2005년에는 '여자 타이거 우즈'라는 극찬을 받으면서 프로로 전향했다. 그녀는 나이키, 소니 등과 거액의 후원 계약을 맺어 '1,000만 달러의 소녀'라는 별명도 생겼다.

180cm가 넘는 장신에 300야드를 넘나드는 호쾌한 장타로 골프 여제 등극은 시간문제처럼 보였다. 아마추어 시절 천재 골프 소녀라는 이름을 들으면서 스포트라이트를 한 몸에 받고 프로 무대에 뛰어들었지만 현실은 너무나 냉혹했다. 그녀는 프로 데뷔 후에 혹독한 가시밭길을 걸어야만 했다. 그녀는 LPGA 투어에 64차례 문을 두들겼다. 그러나 한 번도 우승컵을 거머쥔 적이 없었다. 우승은 고사하고 실격과 기권 등 크고 작은 시련을 수없이 겪었다. 남자 대회에도 수차례 도전장을 던졌다. 그러나 컷오프의 연속이었다. 주위로부터 냉혹한 비난이 빗발쳤다. 그녀는 끝없는 추락을 거듭했다. 급기야 '미운 오리 새끼'라는 오명까지 붙었다. 그녀에게는 유라굴로와 같은 엄청난 위기였다. 그러나 그녀는 '64전 65기' 끝에 LPGA 투어 65번째 대회에서 생애 첫 우승컵을 번쩍 들어 올림으로 위기 탈출기를

아름답게 썼다. 가공하지 않은 원석과도 같았던 그녀의 잠재성은 유라굴로처럼 다가왔던 끈질긴 위기 속에서 찬란한 보석으로 다듬어진 것이다.

살아가는 동안 벼랑 끝에 서보지 않은 사람은 없다. 아무리 평온한 항해를 하는 것처럼 보이는 사람도 위기 속에 허덕인다. 아무리 능력 있고 지혜로운 사람도 위기에 봉착한다. 그러나 위기는 새로운 기회를 준비해두고 있다. 스스로 절망하지 않으면 언젠가 유라굴로는 우리 곁에서 도망가는 때가 있다.

절망적인 위기에서
새 출발을 위해 일어서며

미국의 100대 여성 기업인으로 선정된 한국계 여성이 있다. 바로 진수 테리이다. 한국에서 의류업을 하던 그녀는 남편 샘 테리를 만나 미국으로 건너갔다. 그러나 처음부터 이런 성공자의 모습은 아니었다. 미국으로 가자마자 그녀는 어떻게든 성공해보려고 일만 열심히 했다. 그러던 어느 날, 7년간 일한 직장에서 해고당하고 말았다. 인생 일대의 위기가 찾아왔다. 자신이 이렇게 된 것이 인종차별 때문이라고 생각했다. 속상해서 잠도 이루지 못했다.

이유라도 알고 싶어 회사로 전화를 걸었다. 그런데 회사에서는 이렇게 대답했다. "당신은 인종차별 때문에 해고당한 것이 아닙니다. 엔지니어로서 일도 잘하고 학벌도 좋지만 너무 잘하려고 늘 긴장해 있기 때문에 얼굴엔 미소가 없습니다. 그래서 아랫사람이 당신을 따르지 않는 게 문제입니다."

그 후 그녀는 주위에 성공한 사람들을 찾아 '마음 만들기'를 위한 새로운 인생 개척을 시작했다. 우선 표정을 부드럽게 바꾸려고 노력을 기울였다. 근육 마사지를 하고 거울을 보고 표정 연습을 하면서 억지로라도 혼자 웃는 연습을 많이 했다. 미국에서 스피치 강사를 초청하면 시간당 평균 5천 불을 받는데, 진수 테리는 늘 두 배를 요구했다. 그 정도로 유능한 강사가 된 것이다. 그녀는 절대적인 위기를 소중한 기회로 만들었다.

바울이 탄 배는 유라굴로 광풍에 밀려 베니스에서 남서쪽으로 약 35km 떨어진 가우다라는 작은 섬에 이르렀다(행 27:16). 그러니까 폭풍으로 인해 손쓸 수 없는 채 상당한 거리를 밀려온 셈이다. 이 배가 가우다 섬으로 밀려온 것은 그래도 천만다행이다. 이 섬이 바람막이 역할을 해줄 수 있었기 때문이다. 배가 좀 잔잔해지자 이제 선원들은 폭풍 때문에 고물에서 풀려 간신히 매달려 있던 거룻배를 갑판 위로 끌어올렸다. 이 거룻배는 배가 암초에 걸려 파선될 경우, 항구시설이 없는 곳에 비상 상륙하기 위해 꼭 필요한 도구이다.

거룻배에는 물이 가득 차 있었다. 아직 폭풍이 몰아치는 상황이다. 폭풍의 피해를 조금이라도 줄이기 위해 줄로 선체를 둘러 감았다. 배를 조금이라도 더 단단히 보호하기 위해서다. 바다에 있는 모래톱인 스르디스에 걸리지 않기 위해 노력했다. 만약 배가 스르디스에 걸리게 되면 헤어 나올 수 없게 된다. 그래서 스르디스와 먼 거리에 있지만 미리 연장을 내려 대비했다. 선장과 선원들은 배가 서남쪽으로 떠밀려 가는 것을 막기 위해 돛과 닻을 내리고 할 수 있는 모든 조처를 했다. 그런데도 폭풍은 잔잔해질 기미가 보이지 않았다. 뱃사람들은 심히 애쓰다가 이제는 배를 좀 가볍게 해서 위험을 피하려고 짐까지 바다에 내던졌다(행 27:18).

위기의 때는 우리가 가진 소중한 것들도 쓸모없는 것이 된다. 사흘이 지났다. 많은 짐을 버렸지만 위기를 피할 수는 없었다. 이제 배의 기구마저도 바다에 내던져야 했다. 배를 가볍게 해서 위기를 피할 방법이 있다면 무엇이든지 감수할 상황이다. 너무나 비참한 상황까지 이르렀다. 자기 손으로 내버려야 하는 상황이 얼마나 가슴이 아팠겠는가? 얼마나 처참함이 밀려왔겠는가? 그러나 위기를 피하기 위해서는 어쩔 도리가 없었다. 이것이 하나님의 사람 바울의 권고를 무시한 결과였다. 만약 바울의 조언대로 했다면 이런 위험은 피할 수 있었을 것이다. 그러나 사람들은 바울의 권고를 무시했다. 좀 더 나은 방법을 택하여 자신들의 생각대로 항해를 강행했다. 그러나 지혜로운 방법도 쓸모가 없었다. 상황은 점점 더 악화되어 갔다. 항해길을 안내해주는 해와 달도 여러 날 동안 볼 수 없게 되었다.

방향감각을 상실한 배는 어떻게 되겠는가? 언제 암초에 걸릴지,

모래톱에 걸려서 파선될지 아무도 예측할 수 없었다. 그야말로 무방비 상태였다. 그러니 구원의 여망이 사라진 상태이다. 전문가로서 할 수 있는 모든 조처를 했다. 그러나 피할 방법이 없었다. 절망적인 상황이었다. 게다가 사람들은 오랫동안 제대로 먹지도 못해 허기져 있었다. 흔들리는 배에서 멀미는 오죽했으랴? 우리는 때때로 감당하기 어려운 위기에 봉착해서 쩔쩔맬 때가 있다. 그때 우리가 해야 할 선택은 무엇인가?

입으로 그림을 그리는 김준호라는 화백이 있다. 그는 인하대학교 공과대학 건축과에 진학했다. 학업 도중에 군에 입대했다. 군 복무 19개월이 되던 10월의 어느 날이었다. 부대에서 관물대 위에 올라가 물건을 정리하다가 실수로 땅바닥에 떨어져 크게 다쳤다. 척추 중에서 가장 중요한 경추를 다쳐 전신마비 환자가 되었다. 인생의 위기가 찾아왔다. 그러나 그는 절망적인 신체장애를 탓하지 않았다. 그러한 와중에 그는 예수님을 영접했다. 예수님을 영접하고 보니 그는 어렵고 힘든 생활 속에서도 하나님께 감사할 수 있었다.

그는 감사의 이유를 이렇게 말한다. "첫째는 내가 전신마비 환자가 되었기 때문에 주님을 영접하고 믿게 된 것이 무엇보다 감사합니다. 둘째는 군대에서 다쳤기 때문에 치료비를 해결할 수 있게 된 것을 하나님께 감사합니다. 셋째는 원호병원에 입원하는 중에 그 병원의 실습생이었던 지금의 아내를 만나게 된 것을 감사합니다. 넷째는 남들이 하지 못하는 구필화가가 된 것이 감사합니다."

그는 1981년에 세종문화회관에서 전시회를 열기도 했다. 말할 수 없는 절망이 그의 인생에 다가왔다. 하지만 그는 불행 앞에서 좌절하고 포기하는 것이 아니라 오히려 신앙으로 힘을 얻었다. 자신의 온전하지 못한 모습에 기죽지도 않았다. 자기에게 주어진 여건 속에서 힘을 얻어 많은 사람을 감동시키고 하나님께 영광을 돌리는 삶을 살고 있다. 누구에게나 위기는 새로운 선택의 기회가 될 수 있다.

인생은 시소게임과 같다. 올라갈 때가 있는가 하면 내려갈 때가 있다. 오르내림이 시소게임의 묘미이다. 그렇기에 인생의 오르막과 내리막을 지혜롭게 잘 타야 한다. 사람들은 Up 상태는 잘 누린다. 그런데 Down 상태를 잘 대처하지 못한다. 분명히 Up이 있으면 Down도 있는 법이다. 위기 없는 인생이 어디 있던가? 그런데도 정작 나에게 위기가 다가오면 위기관리 능력이 떨어진다. 벼랑 끝 위기에서 다시 시작하는 힘이 필요하다. 생각하기 나름이다.

조금만 시각을 달리해보라. 자살을 순서만 바꾸어보라. 살자가 아닌가? 비록 호랑이 굴에 들어갈지라도 정신만 차리면 살 수 있다. 아무리 죽을 지경의 위기가 닥쳐와도 살자는 생각으로 도전하면 얼마든지 살길은 있다. 위기의 순간에 감정과 생각을 잘 통제해야 한다. 절대 극단적인 생각을 하지 말아야 한다. 감정이 치닫는 대로 그대로 방임하지 말아야 한다. 순간적인 감정을 통제할 수 있는 자제력이 필요하다. 두려움과 공포, 통제하기 힘든 분노, 섭섭한 마음, 불편한 감정을 그냥 방치하지 말아야 한다. 위기 때는 능숙한 감정

조절사가 되어야 한다. 그렇지 않으면 패배자로 전락하게 될 것이다. 인생에 다가오는 위기의 때는 돌이킴의 기회이다. 많은 사람에게 위기는 인생의 터닝 포인트로 작용했다. 위기가 아니면 인생을 새롭게 출발하지 못했을 것이다.

어느 집사님에게 암이 찾아왔다. 그녀는 남편이 죽고 아이들을 기르느라 정신없이 살았다. 그럭저럭 돈은 좀 모았다. 그런데 어느 날, 갑작스레 암이라는 판정을 받았다. 순간 정신이 없었다. 속상하기도 하고 분하기도 했다. 앞만 바라보느라 인생을 즐길 겨를도 없었다. 아이들을 키우느라 인생이 무엇인지도 모른 채 살았다. 그저 열심히 일하면 되는 줄 알고 달려왔다. 그런데 암이라니? 기가 막혔다. 허전하고 속상한 마음을 추스르기가 어려웠다. 그때 어느 권사님이 "목사님을 찾아가서 기도를 받고 상담을 해보라"고 권했다.

어느 날, 나에게 찾아와서 기도를 받고 치료받기 시작했다. 그때부터 집사님은 하나님 앞에 엎드리기 시작했다. 살아온 삶이 허무하기도 했다. 그래서 하나님 앞에 약속했다. "하나님, 저를 살려 주신다면 앞으로 새벽기도하고, 주의 복음을 전하는 전도자의 삶을 살겠습니다."

하나님께서는 집사님의 기도를 들어주셨다. 생명을 건져주셨다. 벌써 15~16년이 지난 것 같다. 그때부터 집사님은 새벽기도를 시작하고 전도하기 시작했다. 눈이 오나 비가 오나 전도에 여념이 없다. 지금은 그 집사님의 전도를 통해 수많은 영혼이 주님께로 돌아왔다.

그에게 찾아온 위기는 인생의 전환을 가져온 사건이었다.

절망적인 위기에서 새 출발을 위해 일어서면 된다. 우리가 당하는 인생 위기는 인격 제련소이다. 우리는 크고 작은 위기를 겪으면서 강해진다. 철이 든다. 겸손을 배우게 된다. 다른 사람들을 배려할 줄 아는 마음을 갖게 된다. 그래서 인격이 점점 더 아름다워지고 성숙해진다. 다윗은 사울에게 쫓겨 다니는 삶을 통해 신앙과 인격이 성숙해졌다. 사막의 음침한 골짜기를 다닐지라도 해를 두려워하지 않는 견고한 믿음의 동굴로 들어갔다. 위기가 다가올수록 지혜가 필요하다. "지혜는 진주보다 귀하니 네가 사모하는 모든 것으로도 이에 비교할 수 없도다"(잠 3:15). 지혜로운 사람은 위기를 기회로 만든다.

위기 상황에서
하나님의 임재를 경험하고

영국 여성 리타 나이팅게일이 있다. 언젠가 그녀는 홍콩에서 남자친구를 만났다. 그 후 그녀는 방콕에 왔다가 다시 파리 행 비행기를 기다리고 있었다. 그때 한 경관이 그녀에게 다가왔다. 경찰은 몇 가지 질문을 하더니 이윽고 군인들이 있는 방으로 데리고 갔다. 그리고 짐을 수색하기 시작했다. 그녀는 남자친구가 준 가방을 가지고 있었는데, 그 가방의 실밥을 뜯자 몇 개의 작은 봉지가 나왔다. 헤로인이었다. 비록 그녀의 생활이 문란하기는 했지만 결코 마약 밀매를 한 적은 없었다. 누군가가 그녀를 이용한 것이 분명했다. 그러나 자신의 결백을 증명할 수가 없었다. 결국 그녀는 20년형을 선고받고 수감되었다.

어느 날, 한 여인이 교도소에 있는 리타를 찾아왔다. 그 여인은 "하나님이 리타를 사랑한다"고 말했다. 그러자 리타는 화를 버럭 냈다. "하나님께서 나를 사랑한다면 내가 이런 곳에 있을 리가 없지 않겠느냐?"고 따졌다. 그 후 영국에서 한 노파가 찾아와서 그녀에게 신앙 서적을 한 권 전해주었다. 그 책을 읽으면서 그녀는 자신의 삶을 돌아보게 되었다. 급기야 예수님을 구주로 영접했다. 얼마 뒤 그녀는 사면 소식을 듣게 되었다. 매우 이례적인 일이었다. 그녀는 지금 영국에서 척 콜슨 형무소 담당 목사들과 함께 일하고 있다. 우리가 경험하는 위기의 결과를 섣불리 예측하지 말자. 왜냐하면 그 위기 속에서 우리는 하나님을 만나고 경험할 수 있기 때문이다.

절체절명의 상황에서 헛수고만 하는 사람들 앞에 바울이 나섰다. 그리고 그들에게 말했다.

"여러분이여 내 말을 듣고 그레데에서 떠나지 아니하여 이 타격과 손상을 면하였더라면 좋을 뻔하였느니라"(행 27:21).

바울은 자신의 말을 듣지 않은 무리 때문에 속상했다. 이 말은 그들의 잘못과 허물을 드러내기 위한 것이 아니다. 단지 그들의 잘못된 판단을 깨닫게 해주기 위해서다. 앞으로라도 기도하는 자신의 말을 듣는 것이 현명함을 자각시켜주기 위해서다.

과거를 후회한들 무슨 소용이 있겠는가? 일은 이미 다 저질러졌다. 이제 중요한 것은 수습할 도리밖에 없다. 바울은 먼저 배고프고 지쳐 있는 사람들을 안심시켰다.

"이제는 안심하십시오. 당신들 중 아무도 생명에는 아무런 손상이 없을 것입니다. 다만 배만 상하게 될 뿐입니다."

지푸라기라도 잡아야 할 상황에서 사람들은 조금이나마 위로가 되었다. 거센 풍랑과 정신을 앗아가는 멀미와 굶주림으로 인한 허기보다 더 위험한 적은 바로 희망을 잃는 것이다. 절망의 나락에 곤두박질치는 것이다. 그래서 바울은 사람들을 희망에서 절망으로 끌고 가는 불안과 두려움을 제거하기 위해 노력했다. 그들의 마음을 안심시켰다. 바울은 절체절명의 상황에 희망을 불어넣어주었다. 절망의 상황에서도 희망의 사람이 있으면 그 공동체는 위험에서 벗어날 수 있다. 절망의 상황에서 희망을 볼 수 있는 사람, 절망을 뚫고 희망을 불어넣어 줄 사람이 필요하다.

인간의 희망이 어디에서 오는가? 같은 처지와 환경에 처해 있지만 바울만은 달랐다. 두려움과 공포에 떠는 사람들과는 달리 바울은 당당했다. 오히려 불안에 떠는 동료들을 격려했다. 그렇다면 바울을 그렇게 배짱 있게 만든 원인은 무엇인가? 바울은 무리에게 한바탕 설교했다. "내가 속한 바 곧 내가 섬기는 하나님의 사자가 어젯밤에 내 곁에 서서 나에게 말했습니다. '바울아 두려워하지 말라. 네가 가이사 앞에 서야 하겠고 또 하나님께서 너와 함께 항해하는 자를 다 네게 주셨다 하였으니'(행 27:24)라고." 바울은 자신이 경험한 어젯밤의 사건을 사람들에게 알려주었다. 하나님은 잠자는 바울에게 천사를 파송하셔서 하나님의 계획을 알려주셨다.

바울이 항해하는 것은 단순한 유람이 아니다. 바울은 로마에서 복음을 전해야 할 사람이다. "그날 밤에 주께서 바울 곁에 서서 이르시되 담대하라. 네가 예루살렘에서 나의 일을 증언한 것같이 로마에서도 증언하여야 하리라 하시니라"(행 23:11). 비록 바울이 항해하는 배가 위험천만한 위기에 놓여 있지만 하나님의 계획 속에서 진행되는 일이다. 우리가 경험하는 모든 일은 하나님의 주권을 떠나서 일어나지 않는다. 하나님의 허락 없이는 머리카락 하나도 떨어질 수 없다. 그렇기에 바울에게 일어나는 모든 위기는 하나님의 통치 영역 내에서 일어나는 것이다.

우리가 아무리 어렵고 힘든 위기에 봉착할지라도 하나님의 뜻이 철회되지는 않는다. 인간이 경험하는 모든 유라굴로도 하나님의 뜻을 꺾을 수는 없다. 하나님은 우리의 상황과는 상관없이 반드시 자기 뜻과 계획을 관철하신다. 바울은 반드시 가이사 앞에 서게 될 것이다. 왜냐하면 그에게 주어진 사명이 있기 때문이다. 그에게 주어진 사명을 다 감당하기 전에는 결코 죽음도 그를 가로막을 수는 없다. 사명 앞에 서 있는 자는 두려워할 필요가 없다. 어떤 상황 속에서도 하나님께서 곁에 서서 계시기 때문이다. 우리가 당하는 위기는 믿음의 결단이 요청되는 때이다. 우리가 당하는 위기야말로 가장 탁월한 하나님 임재의 처소이다.

마틴 루터의 종교개혁 때의 일이다. 교황청을 상대로 싸우는 것은 바위에 달걀을 던지는 격이었다. 너무 외롭고 힘든 길이었다. 루터는 점점 지쳐갔다. 혼자 힘으로 싸우다가 감당할 수 없어 의기소침하여 방문을 잠그고 고민하는 때가 있었다. 이때 루터의 부인이 상복으로 갈아입었다. 그리고 루터가 잠근 문 앞에서 슬피 곡을 했다. 깜짝 놀란 루터는 방문을 열고 아내에게 물었다.

"누가 죽었소? 갑자기 무슨 곡을 하고 있소?"

그러자 부인은 대답했다.

"하나님이 죽었습니다."

이 말을 들은 루터는 노발대발했다.

"그 무슨 경박스러운 말이오! 하나님이 어찌 죽을 수 있단 말이오!"

그때 부인은 남편을 향해 일침을 가했다.

"하나님이 죽지 않고서야 당신이 그렇게 주저앉아 있을 수야 없지 않겠소?"

이 말을 들은 루터는 정신을 차렸다. 그리고 하나님을 신뢰함으로 종교개혁을 끝까지 해낼 수 있었다.

힘들고 지칠 때 하나님의 임재 앞으로 나아가야 한다. 우리의 상황이 어떠하든지 간에 하나님은 우리 곁에 함께 계심을 잊지 말아야한다. 위기에 처한 자에게 하나님은 자신의 임재로 채우신다. 하나님과 동행하는 사람은 결코 절망하거나 포기할 수 없다.

바울 한 사람 때문에 275명의 생명이 건짐을 받았다. 하나님은 바울이 사명을 이루기까지는 목숨을 빼앗지 않으신다. 바울을 보호하시기 때문에 그와 함께 있는 사람들의 생명은 보전될 것이다. 아마 이들 가운데 많은 사람이 바울을 통해 일어나는 일들을 보고, 또 그가 전하는 복음을 통해 구원받는 은총을 누리게 되었을 것이다.

이제 바울은 무리에게 담대하게 말한다. "그러므로 여러분이여 안심하라. 나는 내게 말씀하신 그대로 되리라고 하나님을 믿노라. 그런즉 우리가 반드시 한 섬에 걸리리라 하더라"(행 27:25-26). 바울은 어떤 상황에서도 하나님이 주신 말씀을 신실하게 믿었다. 절망과 위기 속에서 버티게 하는 힘은 바로 신앙의 힘이다. 바울은 자신에게 주신 하나님 말씀이 반드시 성취될 것을 확신하고 있었다. 바울은 앞으로 자신이 탄 배에 닥칠 운명을 예고한다. "한 섬에 걸리리라." 배는 심하게 상할 것이다. 그러나 사람은 한 사람도 죽지 않게 될 것을 그는 확신했다. 그는 하나님이 주신 말씀에 의지하여 자신과 공동체의 운명이 하나님의 보호와 인도를 받을 것을 믿었다.

바울이 탄 배는 미항에서 멜리데 섬까지 약 800km를 항해했다. 그들은 14일 동안 유라굴로라는 광풍에 떠밀려 내려왔다. 내일을 기약할 수 없는 몸서리쳐지는 암담한 현실이다. 14일째 되는 밤에 바울이 탄 배는 아드리아 바다에서 표류했다. 이리저리 쫓겨가다가 자정쯤 되어 육지에 가까워진다는 느낌을 받게 되었다(행 27:27). 한 줄기 여명이 비쳐오고 있었다. 사람들은 환희에 찼다. 그러나 아직 안심할 수는 없다. 물의 깊이를 재어보았다. 20길이 되었다. 여기서 '길'이라는 것은 양팔을 벌려서 쭉 뻗쳤을 때 한 손 중지 끝에서부터 다른 손 중지 끝까지의 길이를 말한다. 약 1.8m로 보면 된다. 그렇다면 20길은 수심이 36m 정도 된다. 얼마 있다가 또다시 재어보았다. 열다섯 길이 되었다. 즉 수심이 27m쯤 되었다.

수심이 점점 더 얕아지고 있다는 것은 자칫 암초에 걸릴 수 있음을 암시한다. 뱃사람들은 이 사실을 잘 알고 있다. 그래서 배가 파선되는 위험을 피하고자 닻을 배의 뒷부분 고물에서 내렸다. 본래 닻은 배의 앞머리인 이물에서 내린다. 그런데 지금은 비상 방법을 선택하고 있었다. 혹시 앞부분에서 닻을 내렸다가 거친 폭풍에 의해 배의 뒷부분이 바위에 부딪히면 파선될 수도 있다. 그래서 배의 뒷부분에서 닻을 내렸다. 그뿐만 아니라 닻을 네 개나 내려서 가능한 한 배가 움직이지 않도록 애썼다. 그 후 날이 새도록 기다렸다. 어두운 상태에서는 위험할 수 있기 때문이다. 위기 상황에서 취할 수 있는 모든 노력을 하고 있다. 그런데 그때 사공들이 도망을 시도했다. 그들은 배의 이물에서 닻을 내리는 체하고 거룻배를 바다에 내려놓았다. 위기 상황에서 살기 위한 인간의 몸부림이다.

여러 가지 상황으로 볼 때 그들은 이렇게 몰래 도망할 필요는 없었다. 그 이유는 첫째, 닻을 내려 안전하게 조처를 했기 때문에 밤만 지나면 무사히 정박할 수 있다. 둘째, 바울이 무사히 살아날 것이라고 알려주었다. 그런데도 선원들은 자기들만 살자고 몰래 도망치고 있다. 자신의 안전만 생각하고 다른 사람의 안전은 안중에도 없다. 선원들의 미심쩍은 행동을 발견한 바울은 그들의 속셈을 알아차렸다. 그래서 백부장과 군사들에게 그들이 도망가지 못하도록 조처해 달라고 부탁했다. 만약 그들이 도망치게 되면 정박하는 데 위험할 수 있기 때문이다. 배가 정박하는 데는 노련한 전문가의 기술이 필요하기 때문이다.

백부장은 이내 군인들에게 "거룻배의 줄을 끊어버리라"고 명령했다. 그런데 이것은 섣부른 행동이다. 바울은 사공들의 도망을 저지하라고 했을 뿐이다. 그런데 백부장은 거룻배 줄을 끊어버렸다. 거룻배는 멀리멀리 사라졌다. 그렇다면 이제 육지에 상륙할 때 어떻게 해야 하는가? 결국 다음 날 배가 해안에 오를 때 배가 파선되는 어려움을 겪게 되었다(행 27:41). 좋은 결과를 가져오기 위한 인간의 노력이 때때로 더 큰 화를 불러일으킨다. 그러므로 어렵고 당혹스러운 상황일수록 더 신중하게 행동해야 한다.

드디어 날이 밝아 왔다. 바울은 그동안 배가 표류하는 중에 음식을 제대로 먹지도 못한 사람들에게 음식을 먹을 것을 권했다. 14일이 되었으니 제대로 된 음식도 먹지 못하고 얼마나 기진맥진했겠는가? 그래서 음식을 먹고 기운을 차리라고 용기를 불어넣어주었다.

바울은 하나님께 축사함으로 감사기도를 드렸다. 그리고 자신이 먼저 음식을 먹기 시작했다. 그러자 사람들은 안심하고 음식을 받아먹었다. 276명이 음식을 배부르게 먹었다.

이제 날이 다 밝았다. 해안에 정착해야 했다. 닻을 끊었다. 키를 풀어 배를 늦추었다. 돛을 달고 바람에 맞추어 해안을 향했다. 그런데 배가 육지로부터 흘러내리는 물과 바닷물이 만나는 곳에 이르게 되었다. 결국 배의 앞부분이 점토에 처박혀서 움직일 수 없게 되었다. 뒷부분은 부딪힐 때의 충격과 뒤에서 때리는 파도 때문에 깨어지고 말았다. 다급한 상황이 되자 군사들은 죄수들이 도망칠까 봐 "차라리 죽이자"고 제안했다. 당시 로마에서는 죄수를 놓치게 되면 그를 지키던 군인은 사형당할 수밖에 없었다. "죄수들이 도망가도록 내버려 둘 바에야 차라리 죽이는 편이 낫다"는 판단이 들었던 것이다. 그러나 백부장의 생각은 달랐다. 백부장 율리오는 처음부터 바울에게 친절을 베푸는 호의적인 태도를 보였다. 지금도 군사들의 제안에 동의했다면 바울은 죽게 되었을 것이다. 그러나 백부장은 바울을 구원하려고 했다. 그래서 병사들의 뜻을 막았다.

우리가 한 치 앞을 볼 수 없는 위기 상황에 부닥쳤을지라도 하나님은 친절한 백부장과 같은 사람을 예비해두실 수 있다. 우리가 생각지 못한 하나님의 배려가 우리를 위기에서 구해낼 수 있다. 백부장은 헤엄칠 줄 아는 사람들에게 "물에 뛰어내리라"고 명령했다. 그들이 먼저 육지로 헤엄쳐가도록 했다. 나머지 헤엄칠 줄 모르는 사람들은 널조각이나 배에 뜰 수 있는 모든 물건을 이용해서 뭍으로 상륙을 도모했다. 276명 모두 바울의 말처럼 한 사람도 희생되지 않고 무사히 구조되었다. 바울의 말대로 배는 파선되었지만 사람은 모두 구조되었다. 결국 그들은 무사히 멜리데 섬에 정박했다.

하나님의 사람은 위기 속에서도 웃을 수 있다. 그 이유는 위기 가운데 임재하시는 하나님 때문이다. 최악의 위기 상황에서도 하나님은 우리를 위해 무엇인가를 준비하고 계신다. 아무리 어렵고 위급한 상황일지라도 반드시 살길은 있다. 이스라엘 백성이 출애굽 할 때를 생각해보라. 정신없이 도망치던 이스라엘 백성의 뒤를 애굽 군대가 추격해왔다. 죽기 살기로 도망쳤다. 그런데 어느 순간, 가는 길목을 홍해가 막고 있었다. 소망의 문은 닫혔고 절망의 문이 활짝 열렸다. 돌파구는 전혀 보이지 않았다. 그런데 모세가 하나님을 향해 손을 들 때 하나님은 하늘 문은 열어주셨다. 초자연적인 하나님의 능력이 나타났다. 홍해가 갈라지고 수중 길이 생겼다. 이스라엘 백성은 물길 가운데를 유유히 걸어갔다. 위기의 순간은 바로 하나님의 임재를 경험하는 순간이다. 위기가 다가왔기 때문에 하나님의 살아 계심을 간증할 수 있다.

모세는 살인자가 되어 미디안 광야로 도망갔다. 인생 최대의 위기였다. 자신의 인생에 그런 위기가 닥칠지 몰랐다. 그러나 위기가 감돌던 미디안 광야에 하나님이 계시지 않았던가? 왕자로서 애굽 궁정에서 보낸 40년 생애가 정치적인 지도자 훈련이었다면 목동으로 광야에서 보낸 40년의 삶은 영적 지도자로서의 훈련이었다. 그는 도망자였다. 남의 가축을 치는 목동 신세였다. 그러나 그러한 위기 가운데서도 하나님은 모세와 함께하셨다. 모세는 아침마다 하나님의 호흡을 느낄 수 있었다. 위기 앞에서 두려워할 것이 없다. 거부감을 가질 필요도 없다. 하나님의 또 다른 훈련 장소이기 때문에. 하나님의 임재는 어떤 장소, 어떤 상황에서나 변하지 않는다. 사실 하나님의 임재를 가장 강력하게 경험할 수 있는 곳은 바로 위기와 고난의 순간이다.

-

승리의 은총을 누리려면
순종부터 배우고

＊　＊　＊　＊　＊

미국의 유명한 경제학자 가운데 하버드대학과 프린스턴대학 교수로 역대 대통령의 경제자문역을 했던 존 케네스 갤브레이스 박사가 있다. 경제사상가 66인의 경제이론을 소개하는 책에 소개될 정도로 유명한 경제학 거장으로서, 「풍요한 사회」 「대공황」 「불확실성의 시대」 「미국의 자본주의」 등의 명작들을 남겼다.

그는 자서전에서 평생 자신을 도왔던 에밀리라는 여비서의 이야기를 소개했다. 한번은 갤브레이스 교수가 너무 피곤해 깊은 낮잠이 들었다. 그런데 당시 미국 대통령 린든 존슨이 그 시간에 직접 전화를 걸어왔다.

"여기 백악관인데, 갤브레이스 교수 좀 바꿔주게나."

이때 에밀리가 정중하게 거절했다.

"죄송합니다. 교수님은 너무 피곤해서 잠시 쉬고 계시는데요. 전화를 바꿔드릴 수 없어 죄송합니다."

그러자 대통령은 자신의 신분을 밝혔다.

"나, 대통령일세. 린든 존슨이네."

이쯤 되면 자신의 실수를 사과하면서 빨리 주인을 깨워서 전화를 바꿔 주어야 할 터이다. 그런데 에밀리의 반응은 달랐다.

"각하시군요. 너무너무 죄송합니다. 그런데 저를 고용하신 저의 주인은 각하가 아니라 교수님이십니다. 그래서 저는 저의 주인의 명을 따라야 합니다."

순간 존슨 대통령은 그녀의 충성스러운 태도에 감동하고 전화를 끊었다. 후에 린든 존슨 대통령은 갤브레이스 교수와 통화하면서 말했다고 한다.

"자넨 정말 훌륭한 비서를 뒀더군. 백악관으로 보낼 수 없겠나?"

그리스도인은 누구나 공통으로 고백한다. 예수님이 나의 주인이라고. 내 인생의 왕이라고. 그렇다면 살아가는 삶의 현장에서 그분을 주인으로, 왕으로 충분히 예우해야 한다. 과연 실제로 그런가? 예수님에게 충분히 통제받고 사는가? 예수님의 생각과 지시대로 따르고 있는가? 그분의 인도를 받아 사는 삶이 더할 수 없는 은혜의 길이라고 고백하지만 순종하는 삶에서는 뭔가 부족한 건 아닌가?

일등은 못하더라도
부끄러움이 없는 선수로

　　성경은 자주 인생을 운동경기에 비유한다. 바울은 자신의 달음질이 헛되지 아니하여 자랑할 것이 있기를 기대했다(빌 2:16). 그는 복음을 위해 싸우는 데 여념이 없었다. 혹시 자신의 수고가 헛될까 노심초사하며 최선을 다해 달렸다. 열심히 노력했는데 열매를 거두지 못하면 어떻게 되겠는가? 전투를 위해 열심히 준비했는데 전쟁에서 참패한다면 어찌 되겠는가? 경기에서 승리의 메달을 목에 걸기 위해 안간힘을 썼는데 도중에 주저앉고 말았다면 얼마나 분통한 일인가? 그래서 바울은 젊은 목회자 디모데에게 "믿음의 선한 싸움을 싸우라"(딤전 6:12)고 당부했다. 마라톤 경주이든 권투이든 군사로 싸우는 전투이든지 간에 싸움은 모두 치열하다. 치열한 생존 경쟁은 한순간의 방심도 허용하지 않는다. 게으름을 피우는 순간 그는 패배자가 된다.

　　어린 시절, 운동회를 하면 달리기 순서가 기다리고 있다. 모든 학생이 참여하는 경기이다. 때로는 부모님과 함께 뛰기도 한다. 경기 전 출발을 위해 모두 당당하게 나선다. 한결같이 자신감에 차 있다. 그런데 경기를 마치고 들어올 때는 각기 다른 모습이다. 어떤 아이는 두 손을 흔들고 웃으면서 들어오는가 하면 어떤 아이들은 닭똥 같은 눈물을 흘리면서 고개를 떨군 채 풀이 죽어 들어온다. 현재 나의 삶은 어떠한가? 여전히 당당하게 달려가고 있는가? 부끄러워 고개를 숙인 채 축 늘어져 있는가?

부끄럽지 않은 경기자가 되려는가? 그렇다면 위대한 승리자 예수 그리스도를 모델로 삼아 몇 가지 배워야 할 사실이 있다.

첫째, 경주를 성공적으로 마치기 위해서는 발목 잡는 것들을 과감하게 떨쳐버려야 한다. 예수님은 웬만한 것은 눈감고 지나치시는 분이셨다. 만약 당시 종교 지도자들처럼 시시콜콜한 소인배의 삶을 살았다면 인류를 구원하는 큰 비전에 충실할 수 없었을 것이다. 더 큰 것을 이루기 위해 웬만한 일에 얽매이는 마음을 떨쳐버려야 한다. 미래지향적으로 나아가는 사람들, 모험적이고 도전적인 삶을 살았던 사람들을 보라. 그들은 이런저런 사소한 것들에 얽매이지 않는다. 사소한 것들에 얽매이다 보면 정작 충실해야 할 경기를 놓치게 된다. 나는 가정에 대한 웬만한 일들은 거의 아내에게 맡기고 산다. 아내를 그만큼 신뢰한다는 말이기도 하고 다른 일에 더 신경 쓰고 싶다는 생각이기도 하다. 이것저것 신경을 다 쓰면서 내가 달려가야 할 인생 경주를 다 감당할 수 없으니까.

둘째, 인내심을 발휘해야 한다. 삶은 지루한 인내의 과정이다. 인내가 없이는 결코 승리자가 될 수 없다. 마라톤 경주를 하다 보면 도저히 못 참을 것 같은 한계가 온다. 다리가 움직이지 않을 정도로 무거워지는 고통이 다가온다. 심장이 터질 것 같다. 흘러내리는 땀방울마저도 무겁다는 생각이 든다. 스스로 더는 도저히 못 뛰겠다는 생각이 든다. 그래서 주저앉고 싶다. 그러나 승리를 바라보는 경기자는 그 순간을 잘 넘겨야 한다.

가슴 아픈 일이 있다. 노년에 예수님을 믿은 할머니가 계셨다. 젊은 시절 교사로 학생들을 가르칠 정도로 똑똑한 분이셨다. 남편을 잃고 다시 재혼해서 살았다. 그런대로 남부럽지 않은 삶을 사는 분이셨다. 그런데 노년에 병이 찾아왔다. 자신의 몸도 가누지 못할 정도가 되고 통증이 심해졌다. 그즈음에 노무현 전 대통령이 투신자살하는 사건이 있었다. 노 전 대통령의 죽음은 우려했던 대로 베르테르 효과를 낳았다. 많은 사람이 자살의 문을 활짝 열어두었다. 할머니도 그랬다. 참기 힘든 고통이 다가오고 자녀들에게 짐을 지워준다는 생각이 자신을 짓눌렀다. 어느 날, "죽고 싶다"고 했다. 그래서 성경에서 말하는 뜻을 설명해주었다. 그랬더니 "노무현 대통령도 죽었는데 우리 같은 보통 사람들이야 어때요?"라고 반응했다. 며칠 후, 결국 할머니는 아파트에서 투신자살하고 말았다.

노 전 대통령의 죽음 앞에서 어느 전직 대통령이 그랬다고 하던가? "나 같은 사람도 살고 있는데…" 조금만 더 참지. 승리를 꿈꾸는 경기자는 삶의 매 순간 힘들어도 조금 더 참아야 한다. 참지 않고는 자랑스러운 승리자가 될 수 없다. 고통스럽고 억울해도 참아야 한다. 부끄러워도 참아야 한다. 예수님이 그렇게 하셨다. 그렇지 않으면 도중에 낙오자가 된다. 참지 못할 일이야 한둘이 아니다. 세상에 참는 것이 좋아서 참는 사람은 없다. 참아야만 하므로 참는다. 참는 자에게 복이 다가온다. 예수님처럼 참을 줄 아는 사람이 승리할 수 있다.

셋째, 어떤 상황에서도 법대로 경기해야 한다. 예수님은 불법을 행하는 자들이 행한 불의한 재판도 받아들이고 십자가에서 죽으셨다. 그러나 승리는 주님 것이었다. 바울은 후배 목회자인 디모데에게 이렇게 조언했다. "경기하는 자가 법대로 경기하지 아니하면 승리자의 관을 얻지 못할 것이며"(딤후 2:5).

운전할 때 바쁘다고 편법 내지는 불법을 자행하는 사람이 있다. 가끔 고속도로가 막히다 보면 갓길로 달리는 사람이 있다. 나름대로 이유가 있겠지만 불쾌한 감정을 감출 수 없다. 운동선수 가운데 도핑검사에 걸려 나중에 실격 처리되는 사례가 종종 있다. 경기는 법대로 해야 한다. 어려워도 법대로 해야 한다. 더 쉬운 길이 있다고 해도 법대로 해야 한다. 이 세대가 "어그러지고 거스르는 세대"(빌 2:15)이기 때문에 정도를 걸어가기가 어려울 수 있다. 그러나 하나님의 사람은 그들 가운데 흠 없는 자녀로서 빛들로 나타나야 한다. 마지막 주님 앞에서뿐 아니라 오늘 이 땅에서도.

그래서 바울은 빌립보 교인들에게 "오직 너희는 그리스도의 복음에 합당하게 생활하라"(빌 1:27)고 권한다. 당시 로마 시민권을 가진 자들은 많은 특권과 혜택들을 누릴 수가 있었다. 그들은 굉장한 자부심을 품고 살았다. 그러나 동시에 그들은 로마 시민에 걸맞은 명예로운 삶을 살아야 할 책임과 의무도 지게 된다. '노블레스 오블

리주' 정신을 잃지 말아야 한다. 경기하는 사람은 정정당당하고 깨끗하게 경기해야 한다. 특히 하나님의 사람은 하늘의 법칙을 잊지 말아야 한다. 예수님은 산상수훈에서 천국 시민이 살아내야 하는 이 세상의 도덕 수준과는 비교도 할 수 없을 정도의 고차원적인 삶의 윤리를 선언하셨다. 비록 땅에 발을 딛고 살지라도 하늘 시민권을 가진 자로서 하늘의 법칙을 따라 경기해야 한다.

넷째, 어떤 상황에서도 최선을 다하는 경기자가 되어야 한다. 부끄럽지 않은 경기자가 되려면. "나는 선한 싸움을 싸우고 나의 달려 갈 길을 마치고 믿음을 지켰으니 이제 후로는 나를 위하여 의의 면류관이 예비되었으므로 주 곧 의로우신 재판장이 그날에 내게 주실 것이며 내게만 아니라 주의 나타나심을 사모하는 모든 자에게도니라"(딤후 4:7-8).

이 세상에는 불의한 재판관이 있다. 이들은 인정과 뇌물에 의해 공정해야 할 재판마저도 굽게 한다. 법과 정의마저도 돈 앞에서 무기력하게 무릎을 꿇는다. 그러나 하늘에 계신 재판장은 그렇지 않다. 그분이 행하실 재판은 공명정대하다. 한 치의 굽어짐도 없다. 정의와 불의는 정확하게 드러나게 될 것이다. 모든 경기자는 마지막 때에 반드시 의로우신 재판장 앞에 서게 된다. 이때 변명도 필요 없다. 우리가 달려온 대로 평가받게 된다.

한 달란트? 두 달란트? 아니면 다섯 달란트? 내가 내밀 수 있는 달란트는 어느 정도일까? 그렇다면 최고의 인생 승리자는 누구인가? 일등? 이등? 물론 좋다. 그러나 세상은 일등만 존재할 수 없다. 중요한 것은 자신에게 부끄럽지 않아야 한다. 그리고 다른 사람이 볼 때도 부끄럽지 않은 선수가 되어야 한다. 일등의 영광도 좋다. 그러나 꼴찌의 영광도 좋다. 중요한 것은 내가 달려가야 할 길에 최선을 다하는 삶이다. 올림픽 경기에서 마지막에 가까스로 결승점으로 들어오는 선수에게도 관중은 뜨거운 박수를 보낸다는 걸 잊지 말아야 한다.

실력보다 성품을 계발하면
승리가 보인다

세상은 뛰어난 실력자를 찾고, 결혼을 앞둔 사람은 일등 배우자감으로 능력 있는 사람을 찾는다. 글로벌시대의 기업체들은 인재를 찾기 위해 갖가지 조건들을 내건다. 전문적인 기술과 실력을 갖추어야 하고 영어쯤은 기본이어야 한다. 몇 개의 자격증을 보유하지 않으면 결격사유가 된다. 물론 정보화시대 목회자도 예외일 수는 없다. 라디오 전파를 통해 흘러나오는 유수한 설교자들의 메시지, 텔레비전 화면을 통해 다가오는 유능한 목회자들의 설교, 인터넷을 접속하면 앞서가는 교회 목회자들의 설교를 마음껏 들을 수 있다. 성도들은 멋진 요리를 다양하게 즐길 수 있지만 사실 설교해야 하는 메신저로서는 적잖은 부담이다.

이제 성도들은 과감하게 설교를 비교하고 평가한다. 어지간한 설교는 귀에 차지도 않은 모양이다. 설교자로서 이런 현상이 싫지만 어쩔 수 없이 받아들여만 하는 서글픈 현실이다. 오늘날 교회는 유능한 설교자를 원한다. 아니, 팔방미인을 원한다. 그래서 최근 목회자가 누리는 한 교회에서의 사역 수명은 자꾸 짧아진다. 몇 년이 고작이다. 그러다가 이런저런 핑계로 쫓겨 다니는 것이 현실이다. 실력과 능력이 없다는 것이다.

그런데 인생 경주자에게 더 중요한 요건이 있다. 바로 사람 됨됨, 성품이다. 바울은 믿음의 경주를 하는 빌립보 성도들에게 이런 부탁을 한다. "너희 안에 이 마음을 품으라. 곧 그리스도 예수의 마음이니"(빌 2:5). 실력을 갖추고 능력을 배양하는 것이야말로 승리자가 갖추어야 할 소중한 덕목이다. 그런데 아무리 빼어난 실력을 갖추었을지라도 성품이 따라주지 않으면 안 된다.

우리 아이들이 자랄 때 아이들 방에 커다란 액자 하나를 걸어 두었다. 가훈이다. 그 액자에는 이런 글귀가 쓰여 있다. "믿음으로 꿈꾸고, 실력으로 준비하고, 성품으로 승부를 걸자." 꿈꾸는 것은 더할 나위 없이 좋다. 더구나 우리는 믿음으로 꿈꿔야 한다. 그러나 꿈꾸는 것에 그쳐서는 안 된다. 꿈을 성취하기 위해서는 실력을 갖춰야 한다. 그래서 부단히 자기 계발을 통한 실력과 능력을 쌓아야 한다. 지성을 계발하고 전문적인 기술을 습득해야 한다. 필요하다면 꿈을 성취하는 데 필요한 자격증도 취득해야 한다. 그러나 인성과 감성을 계발하는 데 실패한다면 그러한 것들은 인생의 유산(流産)과도 같다.

아이를 가진 임신부가 출산하면 출산의 기쁨과 감격으로 그동안의 고통과 아픔을 한순간에 다 잊어버린다. 몸은 고생했어도 마음은 세상을 다 얻은 것 같은 감격으로 넘친다. 그러나 유산했을 때는 전혀 다르다. 몸은 물론이고, 더 고통스럽고 아픈 것은 마음이다. 몸고생, 마음고생을 하는 것이 바로 유산이다. 나는 인성과 감성을 계발하지 못한 것이 바로 인생 유산이라고 생각한다. 다른 사람과의 관계를 잘 맺지 못해서 축적한 지식과 능력을 충분히 발휘하지 못한다면 무슨 소용이 있겠는가?

개리 스몰리는 자신의 책 「관계 DNA」에서 이렇게 말한다. "인생은 관계이고, 나머지 모든 것은 부수적이다." 순서를 뒤바꾸지 말아야 한다. 부수적인 것에 목숨 걸지 말고 가장 소중한 것에 집중해야 한다.

카네기 공과대학에서 실패한 사람의 사례를 조사한 적이 있다. 직장생활, 사업, 가정에 실패한 사람들을 조사해보았다. 그들이 실패한 원인이 무엇일까? 언뜻 생각하기에 지식이나 능력이 부족하기 때문이라고 생각할 수 있다. 그런데 의외로 85% 이상이 인간관계의 실패 때문이었다. 인생의 성공 요인이 실력이나 능력보다 대인관계를 맺는 능력에 있다. 그렇다면 대인관계를 맺는 능력은 어디에서 오는가? 바로 인성과 감성에서 온다. 감성은 바로 그 사람이 가진 성품에서 나온다. 그래서 바울은 빌립보 교인들에게 "예수 그리스도의 마음을 본받으라"고 요청한 것이다.

치아가 아파서 견딜 수가 없다. 치과를 가야 하는데 동네 치과 병원은 두 곳이다. 한 곳은 실력이 자자하게 소문났다. 그런데 의사와 간호사들이 쌀쌀맞고 성격이 괴팍스럽다고 소문이 났다. 또 다른 병원은 실력은 그렇게 없는데 분위기가 좋고 직원들이 너무 친절하고 따뜻하다고 한다. 그렇다면 당신은 어느 병원을 찾아갈 것인가? 승리자가 되려면 실력과 성품의 날개를 모두 다 달아야만 한다. 그렇지 않고 어떻게 치열한 경쟁사회를 뚫고 자랑스러운 메달을 목에 걸 수 있겠는가?

다윗은 바로 두 날개를 겸비한 사람이다. "이에 그가 그들을 자기 마음의 완전함으로 기르고 그의 손의 능숙함으로 그들을 지도하였도다"(시 78:72). 다윗은 목동으로서 아버지의 양 떼를 돌보았다. 나중에 그는 하나님의 양 떼인 이스라엘의 목자로 세움을 받았다. 이때 다윗은 인격과 실력의 양 날개를 잘 계발하여 자신에게 주어진 과업을 성공적으로 수행했다. 마음과 손을 계발하지 않고 승리자가 되려는 욕심은 헛된 꿈이다.

승리의 메달을 목에 걸기 원하는 경주자는 연약하고 슬픔에 빠진 사람을 사랑으로 위로할 수 있어야 한다. 마음에서 우러나는 사랑으로 다른 사람을 동정하고 불쌍하게 여길 줄 아는 마음을 가져야 한다. 다른 사람을 섬기고 어떤 일에 봉사할 때 다툼을 버려야 한다.

무슨 일을 하든지 원망과 시비가 없어야 한다. 다툼과 허영은 상처와 파괴를 가져온다. 대신 겸손한 마음을 계발해야 한다. 겸손한 마음은 바로 다른 사람을 자기보다 낮게 여기는 마음이다(빌 2:1-3). 남을 낮게 여기는 겸손이야말로 인간 최고의 미덕이다. 그래서 예수님도 자신의 마음을 이렇게 소개하셨다.

"나는 마음이 온유하고 겸손하니 나의 멍에를 메고 내게 배우라. 그리하면 너희 마음이 쉼을 얻으리니"(마 11:29).

온유하고 겸손한 마음을 품으면 세상 모든 것이 쉬워진다.

어느 날, 한 사람이 어거스틴을 찾아가서 물었다.

"신앙생활에서 첫째 되는 것이 무엇입니까?"

그러자 어거스틴은 서슴지 않고 대답했다.

"겸손입니다."

그 사람은 다시 물었다.

"그렇다면 둘째는 무엇입니까?"

"둘째도 겸손입니다."

"그렇다면 셋째는 무엇입니까?"

어거스틴이 대답했다.

"셋째도 겸손입니다."

어거스틴은 "천사를 사탄으로 만든 것은 교만이며 인간을 천사로 만든 것은 겸손이다. 겸손은 모든 미덕의 바구니"라고 했다. 사랑도 자비도 충성도 온유도 절제도 인내도 양선도 겸손이라는 바구니에 들어갈 때 아름답다는 것이다.

사람이 아파하고 공동체가 병드는 이유가 무엇인가? 서로 너무 잘났기 때문이다. 자신이 잘났다고 생각하기 때문에 다른 사람을 무시한다. 다른 사람이 해놓은 일에 박수를 보내기보다 핀잔하고 비판한다. 교만한 마음을 가졌기 때문에 다른 사람을 존중하거나 인정하지 않는다. 바울은 에베소교회가 하나 되기를 간절히 요청하고 있다. 에베소교회는 유대계 그리스도인과 이방인 그리스도인으로 구성되어 있다. 이들은 동일한 가족이자 하늘 시민이다.

그런데 이들 사이에 틈이 생기기 시작했다. 그래서 교회 안에 물의가 빚어지고 있었다. 에베소교회의 현실을 알고 있는 바울은 그들에게 부탁했다. "성령의 하나 되게 하신 것을 힘써 지키라." 그렇다면 성령의 하나 되게 하신 것을 힘써 지키는 비결이 무엇인가? "모든 겸손과 온유로 하고 오래 참음으로 사랑 가운데서 서로 용납하고"(엡 4:2).

많은 공동체가 아파하고 파괴되는 원인 중 하나가 바로 우리가 가진 성품 때문이다. 목회하면서 때로는 이런 생각을 한다. '그리스도의 성품이 계발되지 않은 사람이 하는 봉사는 오히려 해악이 될 수 있다.' 하나님의 마음을 갖고 섬기면 성령의 열매가 맺혀진다. 그러나 육신의 소욕을 따라 섬기면 부작용이 나타난다. 서로 시기하고 다툰다. 경쟁적인 봉사로 상처를 받는 일이 많다. 거칠고 모난 성격 때문에 다른 사람들이 아파하는 소리를 들을 수 없다. 그래서 바울은 고린도 교인들에게 "거치는 자가 되지 말라"고 경고한다.

어떤 사람은 거치는 것을 사명감으로 생각한다. 비난하고 문제 제기하는 것을 사명으로 알고 있다. 장로는 교인의 대표이기 때문에 교인을 대표해서 목회자를 감독해야 한다고 생각하는 예도 있다. 그러나 자신이 사명감으로 안고 가는 '거침' 때문에 공동체가 얼마나 진통을 앓고 있는지 볼 수 있어야 한다. 그래서 바울은 문제를 일으키는 어린아이가 되지 말고 영적으로 장성한 어른, 즉 온전한 사람이 되라고 요청한다(엡 4:13-14).

실력과 능력이 없어서라기보다 오히려 조직에 잘 융화되지 못해서 실패하는 사람이 많다. 업무나 행정력이 탁월할지라도 동료와 어울리지 못하면 소용없다. 업무처리 능력을 계발하는 것도 중요하지만 성품 계발, 감성 계발이 더 중요하다. 다듬어지지 않은 인격을 다듬는 것보다 능력과 실력을 갖추는 비용이 훨씬 덜 든다. 다듬어지지 않은 인격은 하루아침에 계발되지 않는다. 또 쉽사리 계발되지도 않는다. 많은 시간과 부단한 노력을 통하여 이룰 수 있다.

그렇기에 잭 웰치는 직장에서의 해고 대상을 능력보다 태도에 초점을 두고 있다. 능력 없는 사람도 해고 대상이지만 태도가 좋지 않은 사람은 더 심각한 문제이다. 왜냐하면 태도가 좋지 않은 사람은 다른 사람에게 부정적인 영향을 미쳐서 조직에 크나큰 해악을 가져오기 때문이다. 승리자가 되기를 꿈꾸는가? 인성과 성품 계발에 시간과 에너지를 투자해야 한다. 성품 계발을 위해 날마다 하나님의 성품을 깊이 묵상하고 하나님의 말씀에 깊이 잠겨야 한다. 성령께서 나를 다스리도록 겸손하게 자신을 내려놓아야 한다.

마지노선을 무너뜨리고 순종하면 은혜가 다가온다

어느 날, 한 전도자가 영국의 프리처 박사에게 물었다.

"어떻게 하면 영국에서 제일 유명한 전도자가 될 수 있을까요?"

그때 프리처 박사가 말했다.

"영국에서 제일 작은 자가 되세요."

겸손은 자기 비움이다(빌 2:7). 예수님은 마땅히 취할 수 있는 것들을 포기하셨다. 포기하지 못하는 마음은 겸손이 아니다. 겸손은 무엇이든지 포기하는 마음이다. 예수님은 하나님 자신이다. 그 영광이나 권세가 하나님과 동등하신 분이다. 그러나 예수님은 동등함을 주장하지 않으셨다. 포기하셨다. 자신이 마땅히 취할 수 있는 모든 영광과 특권, 권리를 모두 내려놓았다. 예수님의 탁월성은 바로 자기 포기에 있다. 예수님은 자신을 비우셨다. 비움이 없이는 자유로운 삶이 불가능하다. 모든 것에 구애됨이 없이 자유로운 삶을 살아가려면 비워야 한다. 철저히 자기 비움에 이른 자는 자유롭게 살아간다. 비워진 그릇 속에 평화가 깃든다. 비워진 마음속에 새로운 채움이 가능하다.

그리스도인의 삶은 영적인 것을 채우기 위해 육체적인 것을 비우는 과정이다. 하늘의 것을 채우기 위해 땅의 것을 비우는 노력이다. 비움이 가능했기 때문에 인간의 모습을 거부하지 않았다. 비움의 정신이 있었기에 종이 되는 것도 부끄럽지 않았다. 노예가 되는 것이 거북하다면 진정한 비움이 이루어지지 않고 있다는 증거이다. 자기 낮춤이 바로 겸손이다. 주인이 종으로 낮아졌다. 선생이신 예수님이 제자들 발 앞에 무릎을 꿇기까지 자기를 낮추셨다. 사람들은 자기를 높이기 위해 혈안이 되어 있다. 그러나 제자는 자기 낮춤의 비밀을 알아야 한다.

겸손은 바로 '복종'이다. 겸손하지 않은 사람은 결코 복종할 수 없다. 복종의 극치는 죽음에 대한 복종이다. 예수님은 십자가에 죽으심으로 자신의 복종을 보여주셨다. 복종은 죽음이다. 예수님은 제자가 되려는 사람에게 무엇을 요구하시는가?

"자기를 부인하고 자기 십자가를 지고 나를 따르라."

자아를 부정하지 않고는 결코 제자의 길을 걸을 수 없다. 자기 충만이 제자도의 가장 큰 걸림돌이다. 하나님은 이스라엘의 완고한 고집을 꺾기 위해 많은 작업을 하셨다. 하나님은 무능한 사람을 어려움 없이 사용하신다. 그러나 하나님도 사용하시지 않는 사람이 있다. 고집불통 인간이다. 고집만 부리지 않으면 하나님은 누구에게나 기회를 주신다. 그러나 고집불통 인간에게는 기회를 주어도 소용없다. 가룟 유다가 그랬고 사울이 그랬다. 그래서 칼빈은 "그리스도인의 가장 바른 자세는 첫째도 하나님의 명령에 복종하는 것이요, 둘째도 복종이요, 셋째도 복종이다"라고 말했다.

승리에 대한 갈망은 강하지만 복종하는 삶에는 익숙지 않은 세대가 있다. 그러나 승리는 복종에 있다. 하나님은 아브라함의 믿음을 독자 이삭을 통해 점검하셨다. 100세에 낳은 아들 이삭을 모리아 산에서 번제물로 드리라고 명령하셨다. 거의 불가능에 가까운 명령이었다. 이해하기도 어렵고 받아들이기도 어려운 요청이다. 자기 죽음도 어렵지만 아들의 죽음은 더 응하기 어려운 요구다. 이삭이야말로 아브라함에게는 우상과도 같은 존재다. 그런데 하나님은 아브라함에게 우상단지를 깨뜨리라고 요구하셨다. 아침 일찍 일어나서 모리아 산으로 올라가는 아브라함에게 얼마나 많은 갈등이 찾아왔을까? 아들과 함께 모리아 산까지 걸어가는 동안 얼마나 발걸음이 무거웠을까? 아니, 그 마음은 몇 배로 더 무거웠을 것이다. 그러나 아브라함은 조용히 순종했다. 아브라함이 순종할 때 하나님은 '예비하심'으로 채워주셨다.

큰일에 복종하는 것 못지않게 우리는 사소한 것에 복종하는 훈련이 잘 되어 있지 않다. 생활 속에서 부딪히는 크고 작은 일 앞에서 우리는 내 생각과 판단이 앞서는 경우가 많다. 바울은 아내들에게 남편에게 복종하라고 요청한다. 그러나 얼마나 많은 아내가 남편의 권위에 대항하고 있는가? 주님에게는 복종하겠는데 남편에게는 복종하지 못하겠다는 것이다. 바울은 상전에게 복종하라고 노예들에게 요청한다. 사람에게 하듯 하지 말고 주님께 하듯이 복종하라고 요청한다. 그러나 얼마나 많은 종이 주인에게 복종해 왔을까? 그리스도의 로드십을 인정하는 자는 형제를 향해 서로 복종해야 한다. 그러나 교회 안에서 섬길 때 얼마나 많은 직분자가 이방의 주권자들처럼 힘의 논리를 가지고 사람을 휘두르려고 시도하는가?

예수님은 예루살렘으로 올라가서 십자가에 죽으심으로 자신의 비전을 이루시길 원하셨다. 그때 베드로는 "절대로 그러실 수 없습니다. 내 온몸으로 그것을 막겠습니다"라고 충성심을 발휘했다. 그러나 예수님은 "네가 사람의 일을 생각하고, 하나님의 일을 생각하지 않는다"고 책망하셨다. 이것이 우리 모습이다. 겉으로 보기에는 충성하는 것 같고 예수님을 위하는 것 같지만 사실은 자신을 위하고 인간적인 일을 도모하고 있다. 사탄은 두려움을 안겨주고 인간의 안위를 먼저 챙기도록 사람을 조정하여 복종하지 못하게 만든다.

복종은 하나님의 섭리에 대한 확신이 있을 때 가능하다. 복종은 하나님의 절대주권을 인정하는 용기가 있어야 한다. 복종하기 불가능한 상황에서도 복종할 수 있는 것은 하나님의 통치에 대한 확신 때문이다. 하나님이 주도하시는 일 앞에서 복종하지 못할 것이 없다. 하나님의 섭리가 있다면 어떤 명령이든지 받아들이지 못할 것이 없다.

요셉은 주인인 보디발의 불의한 판정 앞에서도 복종했다. 그것은 하나님의 뜻이 숨겨 있을 것을 알았기 때문이다. 복종하지 못할 상황은 없다. 다만 하나님의 섭리에 대한 확신이 부족할 뿐이다. 어떤 사람은 반골 기질이 강하다. 그런데 반골 기질은 복종의 삶을 방해한다. 저항심은 불행을 자처한다. 미리암과 아론은 모세에게 은근히 부아가 치밀어 올랐다. 혼자 잘난 체하는 것 같았다. 자신의 자리에 만족하기가 힘들었다. 그러나 하나님은 복종하지 못하는 그들의 모습을 기뻐하지 않으셨다.

예수님은 십자가에 죽기까지 복종하셨다. 그런데 그 죽음은 패배로 끝나지 않았다. 예수님은 "다 이루었다"고 말씀하셨다. 십자가 죽음은 구속 사역의 완성이다. 하나님 왕국의 전진이다. 사탄의 권세를 파하는 완전한 승리의 사건이다. 하나님은 죽으신 예수님을 다시 살리셨다. 그리고 그의 이름을 지극히 높이셨다. 모든 이름 위에 가장 탁월한 이름을 주셨다. 모든 인류가 그의 이름 앞에 무릎 꿇고 '주님' 이라고 부르게 하셨다. 그의 이름 앞에서 입으로 '주' 라고 시인하는 자마다 구원의 잔치에 참여하는 축복을 주셨다. 신비한 이름, 예수이다. 십자가에서 죽음에 이르기까지 복종하신 예수님께 주어진 아름다운 이름이다. 예수, 그 이름은 승리의 이름이다. 모든 백성을 죄에서 구원하는 이름이다. 율법과 죄의 권세를 파하신 이름이다. 하나님은 자신을 높이는 자는 낮추신다. 그러나 자신을 낮추는 자는 높이신다.

사람이 언제 복종하게 되는지 아는가? 인생의 마지노선이 무너질 때이다. 아시아에서 전도여행을 할 때 바울은 마음에 사형 선고를 받은 줄 알았다(고후 1:8-9). 무슨 말인가? 완전히 죽는 줄 알았다는 말이다. 이상하게도 인간은 죽을 상황이 되어야 버려야 할 것은 버리고 고쳐야 할 것은 고친다. 인생의 마지노선이 무너져야 하나님께 백기를 든다.

제2차 세계대전 당시 프랑스 사람들은 마지노 요새를 믿었다. 너무 튼튼하게 지었기 때문에 난공불락이라고 생각했다. 그래서 이 요새만 있으면 독일군을 막을 수 있다고 자신했다. 그런데 이 요새에 약점이 하나 있었다. 막강한 폭발력을 동반한 공중 공격에는 취약했다. 그러나 그들은 설마 하며 방심했다. 그런데 독일군은 공중 공격과 더불어 아르덴 고원지대로 우회해서 공격해온 기갑부대에 의해, 결국 무력화되고 말았다. 그래서 우리는 흔히 최후의 선을 말할 때 '마지노선'이라 일컫는다. 사람들이 언제 하나님께 항복하는지 아는가? 인생의 마지노선이 무너져야 하나님 앞에 항복하고 나온다. 최후의 보루가 무너지고 의지할 데가 없게 되면 완전 복종이 가능하다. 자신의 마지노선을 무너뜨리고 하나님께 백기를 들고 나아가야 한다. 그래야 하나님께서 당신의 인생을 승리로 채우실 것이다.

복종이라는 미덕 없이 어떤 일이 이루어지거나 성취될 수 있다 해도 그 일은 그렇게 훌륭하게 진행될 수 없다. 복종은 어려운 선택이지만 결국 우리에게 더 이롭고 훌륭하게 작용한다. 복종은 항상 가장 좋은 것을 생산해낸다. 복종을 통해 자신을 포기하고 자기 소유를 버릴 때 하나님은 필연적으로 그 자리로 들어오셔서 우리의 필요를 채우시고 축복하신다. 자신의 의지를 내려놓고 복종해야 한다. 그러면 우리보다 위대한 분의 손이 작업하실 것이다. 하나님의 손이 움직일 때 우리가 꿈도 꿀 수 없었던 일이 일어날 것이다. 그렇기에 복종은 위대한 선택이다.

내가 원하는 대로 살고자 하는 사람은 하나님이 원하시는 대로 살 수 없다. 내가 원하는 것을 채우고자 하는 사람은 하나님이 원하시는 것을 채울 수 없다. 위대한 기도는 "내가 원하는 것을 주세요"가 아니다. 복종하는 자는 이렇게 기도한다. "주님이 원하시는 것들로 채워주세요. 아니, 나를 주님으로 채워주세요. 그것을 나의 만족으로 알게 해주세요." 이것이 바로 승리자가 드릴 수 있는 복종의 기도이다.

비전을 위해 미치면
승리의 깃발을 쟁취한다

프랭크 니콜라스 스탠톤이라는 사람이 있다. 그는 1946년부터 1971년까지 미국의 CBS 방송사 사장을 지낸 인물이다. 그는 2006년 98세의 나이로 눈을 감았다. 그때 〈뉴욕 타임스〉는 그를 이렇게 평가했다. "미국 텔레비전 방송에서 중심적인 인물이자

CBS 사장으로서 30여 년 동안 텔레비전 업계의 가장 정교하고 설득력 있는 대변인이다." 사람들은 그를 무자비할 정도로 업무와 회사에 충성심을 발휘한 인물로 기억하고 있다.

1952년, 새해 전날이었다. 스탠톤 부부는 스무 번째 결혼기념일을 축하하기 위해 뉴욕에서 8시간 거리에 있는 뉴햄프셔주로 이동하고 있었다. 그러나 여행길은 그렇게 유쾌하지는 않았다. 크리스마스 시즌 동안 CBS 코미디쇼에 출연한 극작가 조지 S. 카우프만이 CBS 주요 광고주인 아메리칸 타바코를 공격하는 발언을 했기 때문이다.

결국 아메리카 타바코 측은 발끈했다. 그래서 방송사를 향해 "즉시 카우프만을 프로그램에서 퇴출하라!"고 강력하게 요구했다. 방송사 측으로서는 고민스럽지 않을 수 없었다. 그러나 스탠톤 사장은 조지 카우프만을 결코 포기할 수 없었다. 아내와 더불어 무려 8시간을 이동했지만 그의 머릿속에는 온통 그 사건으로 가득 차 있었다. 어떻게 이 문제를 지혜롭게 해결할 수 있을까 하는 생각에 사로잡혀 있었다. 사실 이 문제를 해결하는 것이 휴가를 즐기고 결혼기념일을 보내는 것보다 더 우선적이고 중요했다.

고민 끝에 문제를 해결할 묘책을 찾았다. 아메리칸 타바코 측에 "요구사항을 받아들일 테니 약간의 시간을 달라"고 달래놓고 다른 광고주를 물색하는 방안이었다. 스탠톤은 뉴햄프셔에 도착하자마자 곧바로 문제 해결을 위해 다시 뉴욕으로 돌아왔다. 다음날 그는

CBS 변호인단과 회의를 거쳐 해결방안을 실행으로 옮겼다. 새해 하루 전날, 그것도 결혼기념일을 축하하기 위해 아내와 더불어 여행하는 중에 그의 생각은 온통 회사 일로 가득 차 있었다. 8시간의 기나긴 여행 끝에 도착하자마자 다시 돌아와 다음 날 변호인단과 회의를 열었다. 그의 머리에는 회사가 맴돌고 있었다.

세상에 미치지 않고 이룰 수 있는 큰일이란 없다. 학문도, 예술도, 사랑도 나를 온전히 잊는 몰두 속에서만 빛나는 성취를 이룰 수 있다. 우리가 잘 알고 있듯이 한 시대를 열광하게 한 지적, 예술적 성취 속에는 스스로 제어하지 못하는 광기와 열정이 깔려 있다. 불광불급(不狂不及), 즉 '미치지 않으면 미칠 수 없다'라는 말이 바로 그것이다. 어떤 일을 이루려면 반드시 미쳐야 한다는 뜻이다. 미치지 않고 이룰 수 있는 일은 별로 없다.

철강왕 앤드류 카네기 역시 "미치지 못하면 미치지 못한다. 미쳐야 미친다. 자기 일에 미치지 않은 사람이 성공한 예를 나는 보지 못했다"고 말했다. 공병호 박사는 이런 말을 했다. "나는 젊은 시절에 스탠튼이란 인물에 비교해서 결코 뒤지지 않을 정도로 업무에 집중했다. 무엇 무엇을 해야 한다고 계획을 세우면 일단 종이에 쓴 다음 마감 시간에 맞추어 집중적으로 업무를 처리했다. 지금도 마찬가지다. KTX나 비행기를 타고 이동할 때도 시간을 허투루 보내지 않는다. 그 때문에 항상 기대보다 초과 달성을 하게 되고 시간당 생산성을 크게 올릴 수 있었다. 그런 습관이 없다면 정상에 설 가능성은 아주 낮다. 몰아의 경지에 이를 정도로 업무에 집중하지 않고 자신의 분야에서 최고를 이루는 사람은 찾기 힘들다. 이런 습관이 몸에 배지 않은 채 뭔가를 기대한다는 것은 어불성설이다." 승리의 깃발을 휘날리기 원하는가? 그렇다면 하는 일에 미쳐야 한다. 미치면 승리의 고지가 눈앞으로 다가온다.

예수님은 십자가를 향해 질주하셨다. 거기에 인류 구원의 길이 있었기 때문이다. 인류를 죄에서 건질 수 있는 유일한 비전을 늦출 수가 없었다. 예수님은 공생애 3년 동안 분주하게 사역하셨다. 사람들을 만날 때마다 하나님 말씀을 가르치고 하나님 나라를 선포하셨다. 그는 가난하고 병든 마음을 가진 사람을 외면하지 않으셨다. 불편한 몸을 가지고 찾아오는 사람을 다 고쳐주셨다. 아니, 그러한 사람을 찾아가셨다. 너무나 분주하게 사역하다 보니 식사 시간을 놓치고 잠잘 틈도 잊으셨다. 그 정도로 사역에 집중하셨다. 현대인들이 보면 분명히 일 중독자로 환자 취급했을 것이다. 실제로 가족들은 그를 '미쳤다'고 하면서 집으로 데려가기 위해 예수님을 찾아온 적이 있다(막 3:21).

바울은 다양한 면에서 예수님을 닮은 사람이다. 사역에서도 그랬다. 나는 개인적으로 바울을 많이 좋아한다. 그에게는 남들에게 찾아볼 수 없는 펄펄 끓어오르는 열정이 있다. 불이라도 두려워하지 않는 강렬한 에너지가 있다. 그가 빌립보 교인들에게 하는 말을 들어보라. "만일 너희 믿음의 제물과 섬김 위에 내가 나를 전제로 드릴

지라도 나는 기뻐하고 너희 무리와 함께 기뻐하리니 이와 같이 너희도 기뻐하고 나와 함께 기뻐하라"(빌 2:17-18).

바울은 로마에서 감금생활을 하고 있었다. 죄수 신분이었다. 쇠사슬이 바울의 몸을 묶을 수는 있어도 바울의 마음과 영혼을 묶을 수는 없었다. 육신적으로는 로마 정부의 죄수였지만 사실은 그리스도에게 포로 된 사람이었다. 그는 죽음을 바라보고 있었다. 어쩌면 순교의 제물이 되어야 했다. 그러나 그는 기뻤다. 넘치는 기쁨을 주체할 수 없는 영혼의 자유자였다. 무엇이 이 가련한 죄수를 이처럼 능력 있는 사람으로 만들었는가? 그것은 미친 사람이기 때문에 그랬다. 그리스도에게 포로 된 사람이다. 복음에 매인 사람이다. 하나님의 왕국에 대한 비전에 사로잡힌 사람이다. 그래서 그는 고린도 교인들에게 "내가 하나님을 위해 미친 것을 부끄러워하지 않는다"라고 자랑스럽게 말했다(고후 5:13 참조). 그는 그리스도를 위한 광인(狂人)이 되었다.

한국뿐만 아니라 세계적으로 제자훈련 프로그램을 교회 안에 접목한 분이 바로 옥한흠 목사님이시다. 지금은 주님의 품으로 가셨지만 그분은 제자훈련을 시도하는 목회자들을 위한 지도자 과정 첫 수업에서 '광인론'(狂人論)을 다루곤 했다. 제자훈련을 하려고 하는 사람은 미쳐야 한다는 것이다.

거룩한 일, 의미 있는 일에 미친 사람은 좀처럼 지치지 않는다. 여간해서 절망하고 포기하지 않는다. 비록 쓰러질지라도 다시 일어

선다. 주저앉아 있을 여유가 없다. 아무리 악한 조건이 다가올지라도 두려워서 비명을 지르지 않는다. 인생에 불리한 풍랑이 몰아치더라도 결코 불평하고 원망하면서 인생을 소진하지 않는다. 이것들이 승리를 향해 나아가는 과정임을 알고 있다. 기필코 승리를 주시는 주님을 확신하고 있기에 다시 일어서서 목표를 향해 달린다. 광인 정신을 붙들고! 그래야 그리스도의 날에 자랑할 것이 있으니까.

최종 승리자는 과정에 굴복하지 않는다. 과정은 과정일 뿐이다. 과정에 부딪히는 크고 작은 문제는 연단을 위한 도구일 뿐이다. 그 연단의 과정을 거치면 반드시 정금 같이 나올 것을 확신하고 있기에 또다시 목표를 향해 미친 듯이 달린다. 광인의 에너지는 '믿음'이다. 믿음이 바닥나면 쓰러진다. 그래서 믿음이 바닥나지 않도록 기도해야 한다.

교회 미래학자 레너드 스위트 박사는 믿음의 삶을 모험에 비유한다. "우리가 배를 타고 어느 목적지까지 가려고 하면 반드시 육지와 배 사이를 연결하는 '건널판'을 건너서 배 안으로 들어가야 한다. 비록 건널판을 지나가다가 그것이 부서져 바다에 빠질 우려가 있어도, 바다를 항해하다가 배가 풍랑을 만나 파선돼 목숨이 위험한 일을 만날 가능성이 있어도 건널판을 통과해야만 한다. 믿음의 삶이란 예수 그리스도의 말씀을 믿고 위험을 감수하며 앞으로 나아가는 것이다."

목적지를 향해 모험하라. 건널판을 지나는 동안 별의별 일들을 다 겪을 것이다. 위험이 없는 믿음의 여행은 없다. 그렇다면 위험을 즐기라. 목적지를 향해 나아가는 과정일 뿐이다. 누군가 이런 말을 했다. "바다에서 말하는 안전이란 조심하는 동시에 모험을 감행하는 데서 비롯된다. 안전은 결코 위험 없음(risk-free)을 의미하지 않는다. 위험한 중에 안전을 찾는 것(the risk of safety)이다."

안전을 바라는 사람은 결코 죽음으로 나아갈 수 없다. 복종을 선택할 수 없다. 복종을 모르는 자는 결코 승리의 깃발을 휘날릴 수 없다. 이런 말이 있다. "비전(Vision)을 따라 모험(Venture)하면 활력(Vitality)을 얻어 승리(Victory)하게 된다." 하나님의 왕국에 대한 비전을 가지라. 하나님이 주신 사명을 가지고 세상 속으로 나아가라. 그것은 모험일 수 있다. 그러나 모험을 두려워하지 말라. 모험하지 않는 사람은 이미 죽은 시체다. 모험할 때 활력이 솟아난다. 활기차게 내일을 향해 미친 듯이 달리는 바로 그 사람이 최후 승리자의 영광을 받게 된다.

-

성령에 사로잡히면
새로운 역사를 쓴다

* * * * *

하버드 대학교의 사회학자이자 신학자인 하비콕스 교수는 저서 「세속도시」에서 이런 말을 했다. "19세기 영국에서 일어난 산업혁명으로 사람들은 첨단과학 문명의 혜택으로 안락한 삶을 살게 될 것이다. 반면에 육체적인 안락에도 불구하고 정신적으로는 힘들고 지친 상태에 빠질 것이다. 현대사회는 황금물질주의로 대변되는데 돈의 노예가 되어 신앙도 양심도 윤리 의식도 헌신짝처럼 내던지게 되고 온갖 범죄가 만연하는 세속사회가 되어버린다."

또한 그는 「하늘로부터 오는 불길」에서 이런 미래예측도 했다. "21세기 첨단과학 문명으로 IT산업이 발달하고 정보화시대가 활짝 열리게 될 것이다." 이렇듯 사회학적으로 많은 명언을 남긴 그가 신학적으로 예측한 말이 있다. "성령의 역사로 인해서 교회가 존재하게 될 것이며, 성령으로 역사하는 교회가 부흥하는 것이다." 세상이 타락해가고 세속의 물결이 범람하여 유혹할지라도 성령의 역사가 있으면 세상은 타락하지 않는다는 뜻이다. 이 얼마나 의미 있는 말인가!

성령의 이끄심이 없는 그리스도인의 삶은 상상할 수조차 없다. 성령을 자원으로 삼지 않는 그리스도인의 사역은 자기 의와 자랑만 드러날 뿐이다. 성령 없이는 사역에 소망이 없다. 성령이 없는 삶은 무기력하고 열매가 없다. 성령이 임할 때 강하고 담대해질 수 있다. 그리스도인의 진정한 용기는 성령의 임재에서 나온다. 교회의 강력한 힘은 성령의 역사로 말미암는다. 성령으로 기름 부으신 사역만이 아름답고 풍성한 열매를 맺을 수 있다.

그래서 짐 심발라 목사는 이렇게 경고한다. "성령이 아니고는 성경을 깨달을 수 없다. 성령 없는 예배는 공허하고 설교는 형식적이라 심령을 파고들지 못한다. 회개란 있을 수 없고 믿음이란 가슴이 아니라 머릿속에만 있다. 기도회는 멀리 사라져버리고 교회의 모임은 다람쥐 쳇바퀴 돌듯한다. 그리고 교인들은 냉랭하거나 기껏해야 미지근한 상태를 벗어나지 못한다."

이어서 덧붙인다. "나는 무슨 광신적인 열정을 호소하는 것이 아니다. 우리에게는 무슨 음악적인 기술로 청중을 놀래켜 깨우는 음악가가 필요한 것이 아니다. 우리에게는 인위적인 성령의 역사나 거짓 은사가 필요한 것도 아니다. 정말 성령의 능력이 모든 교회, 모든 교파, 그리고 교회의 전통 위에 내려져야 한다." 그렇다. 이제 우리는 성령께 사로잡힌 세계로 나가야 한다. 성령의 능력으로 살아가는 신비한 세계를 경험해야 한다.

성령에 이끌리는 자가
능력 있는 그리스도인이다

우리 교회에 모태신앙을 가진 30대 중반의 여성도가 있었다. 그러나 직장 때문에 주일 예배도 드리지 못하는 날이 허구했다. 어느 때부터 잦은 몸살과 복통을 동반한 이상 증세가 나타났다. 하지만 워낙 몸이 약해서 그런 것이겠지 하며 별로 신경 쓰지 않았다. 4개월 내내 복통, 설사, 출혈이 있었다. 그러나 먹고살기에 바빴다. 결국 걷지도 못할 지경이 되어서야 병원을 찾았다. 검사 결과 직장 항문암이라는 판명이 났다. 대장과 항문 주변에 6~7cm 되는 암 덩이 두 개가 가로막고 있었다. 희소병이란다. 의사는 안타까워서 "젊은 사람이 어떻게 이렇게 될 정도로 내버려 뒀냐?"고 나무랐다. 의사는 "수술해야 하는데 암 덩이가 너무 커져서 더 커지지 않도록 항암과 방사선 치료를 먼저 하자. 방사선이 끝나고 한 달 후에 재검사하고 수술하자"고 제안했다.

힘든 투병에 몸도 마음도 지쳐갔다. 고통이야 말할 수 없었다.

걷지도 못하고, 앉거나 누울 수도 없을 만큼 참기 어려운 고통에 짓눌렸다. 하지만 진통제를 끊어가며 하나님께 매달렸다. 옆에서 울부짖는 엄마의 기도 소리가 그녀를 쓰러지지도, 울지도 못하게 했다. 걷지도 못하고 기어 다닐 정도인데도 교회는 빠지지 않았다. 예배를 마치고 목양실에서 안수기도를 받는 짧은 시간도 그냥 앉아 있기 힘든 정도였다. 어렵사리 항암치료를 모두 마치고 초음파로 대장내시경 검사를 했다. 의사는 대장의 상황을 보여주었다. 그 순간 입을 다물 수가 없었다. 그렇게 크고 피로 가득했던 대장이 너무도 깨끗했다. 암 덩어리가 있던 흔적도 찾을 수가 없었다. 정말 기적이었다. 애당초 의사는 "방사선이 끝나고 한 달 후에 재검사하고 수술해야 한다"고 했다. "수술은 불가피하다"고 하던 의사도 말을 하지 못하고 "축하한다"고만 말했다.

예수님은 갈릴리 지방에서 전도사역 하실 때 '성령의 능력'으로 행하셨다(눅 4:14). 그 소문은 사방으로 퍼져나갔다. 회당에 귀신 들려 고통당하는 사람이 있었다. 그는 예수님을 향해 큰소리를 질렀다. 그러자 예수님은 그 귀신을 꾸짖으면서 말씀하셨다.

"잠잠하고 그 사람에게서 나오라."

놀랍게도 귀신은 그 사람을 무리 가운데 넘어뜨리고서는 나갔다. 그 광경을 목격한 사람들이 말했다.

"이 어떠한 말씀인고. 권위와 능력으로 더러운 귀신을 명하매 나가는도다"(눅 4:36).

예수님의 메시아적 권능이 나타난 것은 바로 '주의 성령'이 충만하게 임했기 때문이다(눅 4:18).

"하나님이 나사렛 예수에게 성령과 능력을 기름 붓듯 하셨으매 그가 두루 다니시며 선한 일을 행하시고 마귀에게 눌린 모든 사람을 고치셨으니 이는 하나님이 함께하셨음이라"(행 10:38).

사람들은 예수님을 만지려고 힘썼다. 왜냐하면 그에게서 능력이 나왔기 때문이다(눅 6:19).

그리스도인은 주눅 든 인생이 아니다. 약한 사람, 회피하는 사람, 무능력한 사람이 그리스도인의 이미지가 될 수 없다. 왜냐하면 성경은 그런 그리스도인의 이미지를 그려주고 있지 않기 때문이다. 바울을 보라.

"하나님이 바울의 손으로 놀라운 능력을 행하게 하시니 심지어 사람들이 바울의 몸에서 손수건이나 앞치마를 가져다가 병든 사람에게 얹으면 그 병이 떠나고 악귀도 나가더라"(행 19:11-12).

복음은 능력으로 행하는 사역이다. 바울은 하나님의 능력을 수행하는 통로로 사용되었다. 하나님의 사람에게는 이런 능력이 나타난다. 예수님은 제자들이 성령의 능력에 사로잡힌 삶을 살기 원하셨다.

"예수께서 그의 열두 제자를 부르사 더러운 귀신을 쫓아내며 모든 병과 모든 약한 것을 고치는 권능을 주시니라"(마 10:1).

"이에 열둘을 세우셨으니 이는 자기와 함께 있게 하시고 또 보내사 전도도 하며 귀신을 내쫓는 권능도 가지게 하려 하심이러라"(막

3:14-15).

실제로 예수님의 제자들은 전도 현장에서 병자들을 고치고 귀신을 제어하는 능력을 나타냈다. 예수님은 앞으로 제자들이 자신의 남은 사역을 이루기를 기대하셨다. 그 사역을 감당하게 하려고 보혜사 성령을 보내주시겠다고 약속하셨다. 보혜사는 진리의 영이시다. 제자들이 예수님의 사역과 비전을 대신 수행토록 하셨다.

어느 날, 변화산에서 영광스러운 몸으로 변화되는 신비한 체험을 하신 후 예수님은 제자들이 있는 마을로 내려오셨다. 그때 어떤 사람이 찾아왔다. 그에게는 외아들이 있었다. 그런데 그 외아들이 귀신이 들렸다. 갑작스러운 발작을 일으켰다. 넘어져서 경련을 일으키고 고함을 지르고 거품을 흘리기도 했다. 아버지는 안타까운 마음으로 예수님의 제자들에게 아들을 데리고 갔다. 그러나 제자들은 그 아들을 고쳐주지 못했다. 그때 예수님께서 그 장소에 당도하셨다.

아버지는 예수님을 찾아왔다.

"당신의 제자들에게 내쫓아주기를 구하였으나 그들이 능히 못하더이다"(눅 9:40).

예수님은 귀신을 내쫓아주셨다. 그리고 믿음이 없는 제자들을 책망하셨다. 그러나 이렇게 책망받던 제자들도 성령 충만을 받고 난 후에는 달라졌다. 성령 충만한 사도들은 용감무쌍했고 곳곳에서 성령으로 권능을 행했다. 초대교회 그리스도인은 능력 있는 그리스도인이었다. 마찬가지로 예수님은 이 시대를 그리스도의 나라로 물들일 능력 있는 그리스도인을 원하신다. 자기 힘이나 능력으로 꿈을 성취하는 자가 아니라 성령의 능력으로 꿈을 성취하는 자를 원하신다. 능력 있는 그리스도인은 자신이 주도하는 사람이 아니라 성령에 이끌리는 자이다.

한국 교회에도 성령의 능력에 사로잡힌 삶을 살았던 영적 거장이 많다. 그중에 한 사람이 최봉석 목사님이시다. 길선주 목사님은 이렇게 말한다.

"최봉석 목사의 '예수 천당' 소리가 멈추는 날 한국의 예루살렘인 평양이 망한다."

최봉석 목사님은 불타는 심정으로 거리를 쏘다니면서 "예수 천당, 불신 지옥"을 외쳤다. 그런데 그 소리에는 능력이 나타났다. 그 소리를 듣는 사람들은 모두 항복하고 예수를 믿게 되었다. 그래서 그를 최권능 목사라고 불렀다.

최 목사님은 거리를 다니면서 큰 소리로 찬송가 부르기를 좋아하셨다. 한 번은 "예수 사랑하심은 거룩하신 말일세"를 큰 소리로 부르며 지나갔다. 일본 경찰이 시끄럽다고 소리쳤다. 최 목사님은 대답했다.

"자동차가 뼁뼁 울리는 소리는 시끄럽지 않고 내가 부르는 찬송 소리는 시끄럽다는 말이오? 당신들은 교통사고를 막기 위해서 자동차 소리를 그냥 놔두지만 나는 지옥으로 가는 영혼들을 사고에서 구하기 위해 찬송 소리를 내는 것이오."

그는 1914년부터 노회의 파송을 받아 만주 전도에 전념했다. 넓은 만주 벌판을 10리, 20리씩 걸어 다니며 조선 동족에게 복음을 전했다. 수많은 고난을 무릅쓰고 12년 동안 복음을 전한 결과, 28개의 교회를 세웠다. 때로는 굶기도 했다.

어느 날, 몽둥이와 돌멩이로 맞아 정신을 잃고 쓰러졌다. 그 순간 주님의 음성을 들었다. 그는 일어나서 '예수님은 누구신가' 찬송을 부르면서 걸어갔다. 배가 너무 고파서 때로는 올챙이를 잡아먹기도 했다. 어떤 때는 소똥에 들어 있는 콩알을 꺼내 먹기도 했다. 그는 이렇게 기도했다. "예수님, 소똥에서 익은 콩이 나왔습니다. 이제는 힘이 났으니 복음을 전할 수 있는 곳에 데려다주시옵소서." 그리고 다시 걸어갔다.

그는 신사참배를 앞장서서 반대하다 결국 감옥에 투옥되었다. 형사들이 "신사참배를 하지 않으면 죽이겠다"고 고문할 때마다 그는 이렇게 대답했다.

"내가 죽는 것은 영광이요. 나는 죽기 위해서 오늘까지 당신들의 신을 경배하지 않고 살아왔소. 내가 죽으면 천당에 가오. 주님이 나의 집을 예비하고 나 오기를 기다리고 계시오."

하루는 형사가 몽둥이로 최 목사님을 때렸다. 그러자 그는 매를 맞을 때마다 "예수 천당, 예수 천당"이라고 소리를 질렀다. 형사가 매를 멈췄다. 그리고 "왜 이렇게 시끄럽냐?"고 물었다. 그러자 최 목사님은 "내 몸에는 예수가 꽉 차 있어서 나를 때리면 내 몸에서 예수가 나옵니다"라고 대답했다. 그는 예수로 충만한 사람, 성령으로 충만한 사람, 권능으로 충만한 사람이었다. 하나님이 주시는 비전을 하나님의 자원인 성령에 이끌려 성취하는 영적 거장이었다.

성령 충만한 자가
위대한 삶을 산다

　　　　성령의 능력을 입은 사람은 분명히 달랐다. 사도들은 갈릴리 사람들로서 별 볼 일 없는 사람들이었다. 사람들은 베드로와 요한을 본래 학문 없는 범인으로 알았다. 그런데 그들이 행하는 이적을 바라보면서 이상히 여기며 놀랐다(행 4:13). 제자들은 배우지 못한 보통 사람들이었다. 그런데 그들이 "천하를 어지럽게 하던 이 사람들"(행 17:6)로 불렸다. 그 이유가 무엇인가? 성령 충만한 임재 때문이다. 교회는 세상을 깜짝 놀라게 하는 성령의 능력을 갖고 있어야 한다.

　베드로는 비천한 어부 출신이다. 물론 정식 교육도 받은 적이 없다. 예수님을 따라다니던 기간 내내 예수님의 의도를 정확하게 간파하지 못하던 사람이다. 불과 두 달 전만 해도 예수님을 완강하게 부인하던 사람이다. 그러나 성령의 충만을 입은 베드로는 완전히 변했다. 그는 성령에게 붙잡힘을 받아 사역했다. 죽음 앞에서도 결코 주

늙이 들지 않는 담대함을 갖고 있었다. 그의 입을 통해서 내뿜어지는 설교는 강력한 힘을 갖고 있었다. 그가 순교의 자리까지 영광스럽게 걸어갈 수 있었던 것은 바로 성령의 이끌림을 받았기 때문이다.

베드로는 희망이 사라진 38년 된 앉은뱅이를 고쳤다. 룻다에서는 8년 동안 중풍으로 누워 있었던 애니아를 깨끗하게 고쳐주었다(행 9:33). 욥바에서는 여제자 다비다가 죽었는데 그를 다시 살리기도 했다(행 9:40). 베드로는 하나님의 능력을 알았기에 이렇게 강조했다. "만일 누가 말하려면 하나님의 말씀을 하는 것같이 하고 누가 봉사하려면 하나님이 공급하시는 힘으로 하는 것같이 하라"(벧전 4:11). 하나님의 사람은 하나님이 공급하시는 능력으로 살아야 한다.

빌립 집사가 사마리아에서 전도하는 것을 보라. "많은 사람에게 붙었던 더러운 귀신들이 크게 소리를 지르며 나가고 또 많은 중풍병자와 못 걷는 사람이 나으니 그 성에 큰 기쁨이 있더라"(행 8:7-8). 빌립은 평신도지만 놀라운 이적을 베풀면서 복음을 전했다. 이들의 복음 전파 사역은 입으로만 하는 것이 아니다. 성령의 권능이 나타나는 사역이다. 오늘날 교회는 화려한 프로그램을 운영하고 있다. 훌륭한 설교자도 많다. 그런데 정작 필요한 것은 성령의 능력이다. 하나님이 공급하시는 힘으로 하는 사역이다. 우리에게 필요한 것은 세상의 지혜나 미사여구를 섞은 위대한 웅변이 아니다. 성령에 불붙은 하늘의 메시지이다. 그리스도인의 위대함을 다른 곳에서 찾기보다 먼저 성령의 능력에서 찾아야 한다. 성령의 능력에 사로잡힌 사람은 위대한 사역을 감당할 수 있다.

우리가 잘 아는 것처럼 무디는 안수받을만한 정식 과정을 거친 일이 없다. 그는 구두 수선공이다. 그래서 무디는 목사라고 불리지 않고 그냥 무디라고 불린다. 그는 자그마한 키에 호감 가는 외모도 갖고 있지 않았다. 발음도 자주 틀렸다. 그가 쓴 편지에는 철자와 부호가 틀린 부분이 많다. 그런데도 그는 19세기 최고의 인물 가운데 한 사람으로 손꼽힌다. 그는 누구보다 많은 사람에게 복음을 전했다. 수많은 사람을 그리스도께로 돌아오도록 했다.

시카고에 대화재 참사가 있은 지 겨우 몇 주가 지난 1871년 말경이었다. 그때 무디의 나이는 서른네 살이었다. 어느 날, 그는 브루클린 동편 강가를 걷고 있었다. 그의 머릿속에는 어떻게 하면 화재로 잃어버린 건물을 다시 찾을 기금을 마련할 수 있을까 하는 궁리로 가득 차 있었다.

무디는 그때의 심경을 이렇게 회고한다. "나는 돈을 구하겠다는 마음은 별로 없었고, 사람들에게 돈을 호소할 수도 없었다. 나는 계속 하나님께 성령으로 채워달라고 울부짖고 있었다. 그러던 어느 날, 그곳에서 생긴 일이 너무 놀라웠는데, 나는 그날의 감격을 말로 표현할 수 없다. 나는 이 사건을 누구에게 말하지도 않았다. 말로 하기에는 너무나 거룩한 경험이었다. 하나님은 스스로 자신을 나타내셨고, 나는 그의 사랑에 감격하여 내게서 떠나지 마시라고 간구했다. 그런 다음 나는 다시 설교하게 되었는데 웬일인지 이번 설교는 예전과 달랐다. 다른 진리의 말씀을 전한 것도 아닌데 수백 명이 설교를 듣고 회심했다. 이제는 누가 온 세상을 준다 해도 주의 임재하심을 맛본 이상 그 이전 상태로 절대 돌아가지 않을 것이다."

오늘날도 마찬가지다. 교회에는 항상 이성으로는 설명할 수 없는 초자연적인 도우심의 요소가 있어야 한다. 고통받고 혼돈 가운데 사는 현대인들에게 절실히 필요한 것은 바람과 불과 같은 강한 성령의 역사이다. "이를 위하여 나도 내 속에서 능력으로 역사하시는 이의 역사를 따라 힘을 다하여 수고하노라"(골 1:29). 죄가 횡횡하고 사탄의 권세가 기승을 부리며 우리 문화를 공략한다. 이러한 세대에 우리는 하나님께서 초대 교회에 주신 것과 같은 능력을 힘입어야 한다.

우리 주위에 만연한 영적인 무능과 패배감을 당연시하고 합리화하려 하지 말라. 모두 겸손히 무릎을 꿇고 전심으로 주 앞에서 하늘로서 오는 은사를 간구해야 한다. E. M. 바운즈는 성령의 능력으로 채워지기를 이렇게 말한다. "나는 성령에 충만하기를 더욱더욱 사모하며, 우리 회중이 대각성의 시기에 말씀에 녹아지기를 원한다. 그때 주께서 능력으로 임재하심으로 모인 곳이 진동하지 않았던가?"

감리교 창시자인 요한 웨슬리는 이런 경험을 했다. 그는 1744년 옥스퍼드 동창들이 모인 자리에서 사도행전 4장 31절을 가지고 감동적인 설교를 했다. 그는 "성령께서 마음대로 역사하시도록 하라"는 경종의 메시지를 들려주었다. 그는 그들의 나태함을 꾸짖는 비수 같은 말로 청중의 가슴을 찔렀다.

"여러분 중에 이번 주, 혹은 지난주, 아니면 언제라도 개인 기도에 한 시간을 드린 사람이 몇 명이나 됩니까? 일상생활의 대화에서 하나님에 관한 생각을 한 사람은 몇 명이나 됩니까? 사람의 영혼 가운데 역사하시는 성령의 초자연적인 사역을 조금이라도 알고 있습니까? 교회에서 누가 성령에 관해 이야기를 하면 그냥 가만히 듣고 지나가지 못하고 그것은 위선이라거나 열정적이라고 토를 달아야 시원합니까? 전능하신 하나님의 이름으로 감히 여러분에게 묻습니다. 당신의 종교는 도대체 어떤 것입니까?"

위대한 설교자 찰스 스펄전은 이런 말을 했다. "하나님의 영이 없이 우리는 아무것도 할 수 없다. 마치 수액이 마른 나뭇가지처럼, 바람 없는 바다의 돛배처럼, 말을 잃은 마차처럼, 불씨 없는 숯덩이처럼 우리는 아무 데도 쓸모없다." 효율적인 조직, 아름답고 덕스러운 삶, 화려한 무대와 조명이 번쩍이는 강단, 이웃에게 행하는 선행, 세상에 뒤지지 않는 건물과 편의시설을 다 갖춘다고 할지라도 교회가 생명력과 복음의 능력을 상실한다면 가장 핵심적인 부분을 잃은 것이나 다름없다.

그래서 예수님은 교회와 그리스도인이 감당해야 할 사명을 제시하기 전에 성령의 능력을 받아야 함을 강조하셨다. "오직 성령이 너희에게 임하시면 너희가 권능을 받고 예루살렘과 온 유대와 사마리아와 땅끝까지 이르러 내 증인이 되리라"(행 1:8). 주님은 제자들이 하나님 나라를 유대와 예루살렘과 사마리아와 땅끝까지 세우게 하려고 초자연적인 능력을 주시겠다고 약속하셨다. 교회는 사명을 감당하기 위해 두 손 불끈 쥐고 일어나기 전에 성령의 초자연적인 능력을 입어야 한다.

사울 왕이 성령에 이끌릴 때 위대한 출발을 할 수 있었다. 그러나 여호와의 신이 그를 떠날 때 비참한 인생의 종지부를 찍었다. 기드온은 하나님의 영이 임함으로 위대한 힘과 능력을 발휘할 수 있었다. 삼손 역시 여호와의 영이 임할 때 위대하게 쓰임받았다. 그러나 하나님의 영에 사로잡히지 않자 이방 여인의 품에 안겨 수치스러운 종국을 맞았다. 한 사람의 인생에 보혜사 성령이 임하면 세상이 알지도 맛보지도 못한 삶을 살게 된다. "평안을 너희에게 끼치노니 곧 나의 평안을 너희에게 주노라. 내가 너희에게 주는 것은 세상이 주는 것과 같지 아니하니라. 너희는 마음에 근심하지도 말고 두려워하지도 말라"(요 14:27). 성령은 우리에게 능력을 부어주신다. 성령은 우리 인격을 변화시킨다. 성령은 풍성한 삶을 살도록 우리 삶을 지원하신다. 성령 충만이 위대한 인생을 가능하게 만드신다.

성령을 좇는 자는
아름다운 성품을 소유한다

성령은 사람의 인생을 변화시킨다. 그래서 바울은 갈

라디아 교인들에게 "성령의 소욕을 따라 살아가라"고 강력하게 요청했다. 육체의 소욕을 따라 사는 사람은 육체의 열매를 맺는다. 육체를 따라 살아가는 사람의 삶을 보라. 그들은 음행과 더러운 것, 호색, 우상숭배, 주술, 원수 맺음, 분쟁, 시기와 분냄, 당 짓기, 분열 조장, 이단, 투기, 술 취함, 방탕한 삶을 살게 된다(갈 5:19-21). 육체를 따라 살아갈 때 우리 내면과 영혼은 잡초로 우거져 무질서와 혼돈으로 채워진다. 이런 것을 습관적으로 행하는 사람은 하나님 나라를 유업으로 받을 수 없다.

대신 바울은 성령을 좇아 행함으로 성령의 열매를 맺으라고 말한다. 성령을 따라 행한 결과는 이렇다. 사랑, 희락, 화평, 오래 참음, 자비, 양선, 충성, 온유, 절제, 성령을 좇아 살아갈 때 아름다운 성품의 열매를 맺는다. 인격의 변화가 일어난다. 그런데 그리스도인의 삶은 영적인 전투이다. 육체의 소욕은 성령을 거스르고 성령은 육체를 거스른다. 이 둘은 서로 대적한다(갈 5:17). 성령은 거룩한 성품을 낳는다. 그러나 육체의 소욕은 하나님이 원하시는 성품과는 거리가 멀다.

인간의 역사는 싸움과 전쟁의 역사이다. 그에 못지않게 그리스도인의 삶 역시 치열한 영적 전쟁이다. 그리스도인은 악한 어둠의 세력과 맞서서 싸워야 한다. 흑암의 세력이 이 세상의 문화와 조직을 어떻게 활용하는지도 눈치채야 한다. 더구나 사탄은 인간의 죄성을 이용하고 육체를 사용해서 어둠의 열매를 맺도록 유인한다. 만약 우리가 지체를 통제하지 않으면 사탄은 악한 병기로 사용할 것이다.

그래서 바울은 로마교회의 성도들에게 이렇게 경고했다. "그러므로 너희는 죄가 너희 죽을 몸을 지배하지 못하게 하여 몸의 사욕에 순종하지 말고 또한 너희 지체를 불의의 무기로 죄에게 내주지 말고 오직 너희 자신을 죽은 자 가운데서 다시 살아난 자 같이 하나님께 드리며 너희 지체를 의의 무기로 하나님께 드리라. 죄가 너희를 주장하지 못하리니 이는 너희가 법 아래에 있지 아니하고 은혜 아래에 있음이라"(롬 6:12-14).

사탄은 상황을 조종해서 그리스도인을 공략한다. 때때로 사탄은 환경을 최악의 상황으로 만들어서 넘어뜨린다. 어떤 때는 너무 좋아서 헤어 나오기 힘든 상황으로 만들어서 그 덫에 걸려 넘어지도록 만든다. 성령의 은혜 아래서 우리의 생각을 그리스도께 굴복해야 한다. 변화무쌍한 감정에 휘둘리지 말아야 한다. 성령께서 우리 몸의 모든 기관을 사용할 수 있도록 내드려야 한다. 우리의 모든 것을 성령께서 다스리는 것이 바로 성령 충만이다.

스데반은 은혜와 권능이 충만하여 큰 기사와 표적을 민간에 행했다(행 6:8). 그렇다고 스데반의 삶이 형통했던 것은 아니다. 은혜와 능력이 충만하여 큰 기사와 표적을 행한 결과는 기대와는 달리 극심한 핍박이었다. 그러나 감당하기 어려운 심각한 박해 속에서도 스데반의 얼굴은 천사와도 같았다. 스데반은 상황과 사람에 의해 통제되지 않았다. 성령께서 그를 지배하시도록 내드렸다. 그는 죽음을 회피하거나 도망치지도 않았다. 죽음을 면하기 위해 변명하지도 않았다. 순간적인 위기를 모면하기 위해 비겁하고 치졸한 행동을 하지도 않았다. 그는 죽음을 향해 성큼성큼 다가갔다. 그의 설교는 독기가 가득한 청중들 때문에 가느다랗게 떨리지도 않았다. 그는 담대하게 유대인들이 행한 죄를 지적했다. "목이 곧고 마음과 귀에 할례를 받지 못한 사람들아 너희도 너희 조상과 같이 항상 성령을 거스르는도다"(행 7:51).

스데반은 하나님의 말씀을 가지고 정면으로 도전했다. 성령을 거스른 그들을 용납할 수 없었다. 스데반의 설교를 듣는 자들은 마음에 찔렸다. 그러나 그 결과는 무엇인가? 그들은 스데반을 향해 이를 갈았다. 분노를 참을 수가 없었다. 그런데도 스데반은 주저하지 않았다. 오히려 그는 성령이 충만하여 하늘을 우러러보았다. 그는 하나님의 영광과 및 예수께서 하나님 우편에 서신 것을 목격했다(행 7:54-55). 그러자 무리는 큰소리를 질렀다. 귀를 막고 일제히 스데반에게 달려들었다. 스데반을 성 밖으로 내쳤다. 그리고 그에게 돌을 던져 죽였다. 그러나 스데반의 얼굴은 빛났다. 그는 영원히 잠들었다. 어느 누가 스데반의 삶을 따라잡을 수 있겠는가? 그는 성령에 사로잡혀 상황을 뛰어넘었다. 대적하는 사람에게 감정에 따라 행동하지 않았다. 성령은 그의 생각과 감정과 의지를 온통 지배하셨다.

경아라는 여고 3학년 학생이 있다. 단백질이 빠져나가는 신증후군이라고 하는 불치병을 앓고 있었다. 그녀는 중환자실에서 마치 꺼져가는 등불처럼 힘든 투병생활을 했다. 급기야 한쪽 팔을 절단해야만 했다. 그녀는 어린 시절에 교회를 다니다가 한동안 예수를 믿지 않았다. 그러다가 병상에서 예수님을 다시 영접했다. 그런데 놀라운 것은 수술 후에 찍은 그의 사진이다. 그녀는 오른팔이 잘린 채 왼손으로 턱을 고이고 해맑게 웃고 있었다. 정말로 평안한 얼굴이었다. 그리고 그 사진에는 이런 글귀가 붙어 있었다.

"예수님의 부활을 믿었기에 팔 자르러 들어갈 때도 담담했어요."

이것은 초자연적인 평안이다. 잔인하리만큼 갈기갈기 찢긴 이 어린 소녀의 마음을 그토록 평안하게 붙들고 있는 능력은 어디서 오는 것일까? 이것이 바로 성령 안에서 누리는 평안이다. 성령은 흔들리는 두려움 속에서도 평안을 가져온다. 도저히 용서할 수 없는 사람을 용서할 수 있는 여유도 끌어낸다. 성령은 내면세계를 아름답게 수놓는 힘이다.

주의 일을 섬기는 일꾼에게 필요한 것은 바로 성령으로 다듬어진 성품이다. 짐 삼발라 목사님은 이런 이야기를 들려준다.

"내 아내가 음악 수련회에 가면 이런 질문을 받곤 한다. '음악이 연주로서가 아니라, 사역으로서 자리매김하려면 그 열쇠는 무엇이 되겠습니까?' 그러면 내 아내는 이렇게 대답한다. '테너가 정확히 노래를 부르고 오케스트라가 조화를 이루고 음향 장치가 훌륭한지가 문제가 아닙니다. 하나님 앞에서 우리가 물어볼 것은 누가 노래를 부르는가 하는 것입니다.' 하나님과 조율이 잘 되고 대원 간에 조화를 이룬 사람이어야 하나님은 축복할 수 있습니다. 그러므로 우리는 언제나 성가 연습을 하기 전에 기도회를 갖습니다. 우리는 최선을 다해 주를 찾고 주님의 복을 간구합니다. 성가대의 사역 능력은 그들의 영적인 분위기를 능가할 수 없습니다."

효과적인 섬김을 위해서는 하나님과의 관계뿐만 아니라 다른 동료 그리스도인과 아름다운 조화를 이룰 수 있어야 한다. 예수님 말씀처럼 다투는 집마다 붕괴된다. 그래서 솔로몬도 이렇게 말한다. "마른 떡 한 조각만 있고도 화목하는 것이 제육이 집에 가득하고도 다투는 것보다 나으니라"(잠 17:1). 누가 연합의 필요성을 모르겠는가? "또 두 사람이 함께 누우면 따뜻하거니와 한 사람이면 어찌 따뜻하랴. 한 사람이면 패하겠거니와 두 사람이면 맞설 수 있나니 세 겹 줄은 쉽게 끊어지지 아니하느니라"(전 4:11-12).

연합을 잘 이루는 사람이나 공동체는 그리 많지 않다. 그러나 성령 충만한 사람들은 달랐다. 120명의 성도는 "마음을 같이하여 오로지 기도에 힘쓰는" 열정을 가졌다(행 1:14). 이들은 날마다 마음을 같이하여 성전에 모이기를 힘썼다(행 2:46). 사도들이 예루살렘 공회에 잡혀 심문을 받다가 풀려났을 때 성도들은 한마음으로 하나님을 찬양했다(행 4:24). 온 성도가 한마음과 한뜻이 되어 모든 물건을 서로 통용하고 자기 재물을 조금이라도 자기 것이라 하는 이가 하나도 없었다(행 4:32). 성령은 그리스도인을 하나로 묶는다. 그러나 사탄은 하나 된 것을 깨뜨리고 분열을 조장한다.

은혜의 보좌 앞으로 나아가
성령의 능력을 입고

미국과 캐나다 국경에 웅장하고 거대한 폭포가 있다. 바로 나이아가라 폭포이다. 나는 그곳을 가본 적이 없다. 다만 인터넷 사이트에서 헬리콥터를 타고 찍어놓은 장관을 보고 감탄했다. 우리는 험준한 계곡 사이에 펼쳐진 나이아가라 폭포 위에 줄을 놓고 건너간 유명한 줄타기 선수의 이야기를 알고 있다. 굉장한 모험을 지켜보기 위해 많은 사람이 나이아가라 폭포 근처로 모여들었다. 폭포를 가로질러 맨 줄 위를 건너기 위해 한 사람이 서 있다. 그는 손을 흔들어 열광하는 군중의 환호성을 조용하게 만들었다. 그리고 사람들을 향해 물었다.

"당신들은 내가 이 줄을 타고 성공적으로 건너갔다 올 수 있으리라고 믿습니까?"

사람들은 "당신의 능력을 믿습니다"라고 열광하면서 뜨거운 박수를 보냈다.

정말로 그는 신묘한 기술로 무사히 건넜다. 관중은 환호와 열광적인 박수를 보냈다. 그는 다시 손을 흔들어 그들의 갈채를 잠잠하게 했다. 잠시 후 그는 자신의 등에 의자 하나를 메고 소리쳤다.

"당신들은 내가 이 의자를 메고 이 폭포를 건널 수 있다고 믿습니까?"

다시 군중들은 "예"하고 환성을 질렀다. 그는 또다시 위험한 모험에 성공했다. 사람들은 더 열광했다. 그는 군중을 향해 다시 물었다.

"당신들은 이번에 내가 이 등 뒤의 의자에 사람을 태우고 무사히 건널 수 있다고 믿습니까?" 군중들은 "할 수 있다"고 외쳤다. 그는 다시 군중들에게 물었다.

"그러면 누가 이 의자에 타는 지원자가 되겠습니까?"

그런데 이게 웬일인가? 그렇게 환호성을 보내면서 믿는다고 고함치던 사람들이 갑자기 조용해졌다. 결국 아무도 지원하는 사람이 없었다. 무엇을 말해주는가? 현실 세계에서 믿음으로 산다는 것이 이렇게 어렵다는 말이다. 우리 믿음은 너무 추상적이고 형식적이다. 입으로는 늘 믿음이라고 말한다. 하지만 어떤 상황 앞에서, 더구나 이해관계가 따르는 상황에서 믿음의 행동을 보이기는 쉽지 않다. 성령을 따라 살아가는 그리스도인은 늘 능력 있는 삶, 승리하는 삶을 살아야 한다. 그러나 실제 삶에서는 그렇지 못하다. 그래서 우리에게 필요한 것이 있다. 바로 은혜의 보좌 앞으로 나아가는 기도의 삶이다. 기도의 사람은 성령의 능력을 경험한다. 그러나 기도의 줄을 놓친 사람은 생명력을 잃은 삶을 산다.

나는 목사로서 자부심을 느끼는 것이 있다. 의사는 자기 전문 분야만 손을 쓸 수 있다. 그러나 목사는 모든 환자를 위해 기도할 수 있다. 의사는 자기 능력이 없으면 손댈 수 없다. 그러나 목사는 자기 능력이 없어도 하나님의 능력을 활용한다. 기도야말로 목사가 성령의 능력을 끌어당겨 쓸 수 있는 위대한 통로이다. 어디 목사만 그런가? 평신도도 마찬가지다.

초대 교회 그리스도인들은 이렇게 기도했다. "손을 내밀어 병을 낫게 하시옵고 표적과 기사가 거룩한 종 예수의 이름으로 이루어지게 하옵소서"(행 4:30).

새뮤얼 차드위크는 이런 말을 했다. "사탄의 한 가지 관심은 사람이 기도하지 못하게 하는 것이다. 악마는 기도 없는 성경 공부, 기도 없는 봉사, 기도 없는 종교의식에 안심한다. 악마는 우리의 수고를 비웃고 우리의 지혜를 조소하지만 우리가 기도할 때 떤다."

기도하자. 그러면 하나님의 능력을 경험하게 된다. 기도하는 사람은 하나님과 함께 일하는 자이다. 앞서서 세계를 움직이는 비결을 배우고 싶은가? 그러면 은혜의 보좌 앞으로 나아가는 기도를 쉬지 말아야 한다.

빈센트 필 목사가 어느 믿음 좋은 한 의사에게 물었다.

"당신이 지금까지 의사로 살면서 가장 보람 있었던 일은 무엇입니까?"

의사는 대답했다.

"제 인생을 변화시켰던 사건이 있습니다. 살아날 수 있는 확률이 10%밖에 없는 매우 허약한 소녀가 있었습니다. 간호사들이 수술 준비를 하는 사이에 나는 수술대 위에 있는 소녀에게로 다가갔습니다. 그때 그 소녀는 '선생님, 부탁이 있습니다. 저는 매일 잠자리에 들기 전에 기도합니다. 지금 기도해도 괜찮겠지요?'라고 나를 빤히 바라보며 말하는 것이었습니다. 그때 나의 마음은 너무나도 괴로웠습니다. 나는 평소에 주님을 잊고 살아왔기 때문이었습니다. 그래서 나는 오히려 나를 위해 기도해달라고 소녀에게 말했습니다. 그러자 그 소녀는 '사랑이 많으신 우리의 목자 예수님, 나의 기도를 들어주세요. 오늘 밤 당신의 이 어린 양을 지켜주세요. 그리고 예수님, 의사 선생님에게도 축복해주세요. 그분은 고통스러워하고 있습니다'라고 기도하는 것이었습니다. 그 소녀의 기도야말로 나를 완전히 변화시켰습니다. 나는 그때 간호사들에게 눈물을 보이지 않기 위해서 돌아서서 난생처음 감사의 기도를 드렸습니다. '오, 하나님! 저를 용서하여주시고, 이 소녀의 생명을 구하게 하소서!' 결국 그 소녀는 수술 받고 건강을 회복하였습니다."

열악한 환경 때문에 속상한가? 내가 원하는 대로 따라오지 않는 환경 때문에 절망했는가? 기도할 수 있는데 왜 실망하는가? 좋지 않은 상황은 기도하라는 성령의 신호이다. 실망하지 않고 기도하면 성령의 능력을 경험할 수 있다. 기도할 수 없을 만큼 분주하게 살지 말아야 한다. 바쁘므로 더 기도해야 한다. 아무리 어려워도 문제는 없다. 모든 길이 막혀도 하늘길만 열리면 살 수 있기 때문이다. 기도야말로 유한한 인간이 무한하신 하나님의 능력을 힘입을 수 있는 신비한 하늘의 법칙이다. 가난하고 무능한 자는 하나님의 자원을 얻기 위해 은혜의 보좌 앞으로 달려나가야 한다.

세릴 프레위트 양은 미스 아메리카 선발 대회에서 1등으로 당선되었다. 그녀의 간증은 많은 사람에게 감동을 주었다. 1968년, 어린 시절이었다. 그녀는 아버지와 함께 자동차를 타고 가다가 차가 전복되었다. 그 사고로 그녀는 왼쪽 다리를 다쳐 봉합수술을 받았다. 하지만 불행하게도 휠체어를 타고 다니는 장애인이 되었다. 그 후 상처는 아물었지만 세포가 죽었기 때문인지 발육이 멈춰 왼쪽 다리가 오른쪽 다리보다 2인치나 짧은 절름발이가 되었다. 모두 그녀의 뛰어난 용모를 아까워했다. 하지만 어쩔 수 없는 일이다. 그런데도 그녀는 교회에 다니면서 훌륭한 믿음을 가진 소녀로 성장했다.

1974년 10월 21일, 그녀는 미시시피주의 잭슨 시에서 열린 부흥회에 참석했다. 그녀는 300여 명의 참석자 가운데 섞여 하나님께 마음을 쏟아 기도했다.

"하나님, 저의 다리가 낫게 해주세요. 그러면 하나님의 영광을 위해 살겠습니다."

땀을 흘리면서 열심을 다해 기도하고 있을 때였다. 그런데 이게 웬일인가? 자신의 왼쪽 다리가 쭉쭉 늘어나는 것을 느꼈다. 일어나 걸어 보았다. 정말로 기적이 일어났다. 2인치나 짧던 왼쪽 다리가 오른쪽과 똑같아졌다. 마침내 그녀는 52대 미스 아메리카로 당선되었다. 미스 아메리카는 미스 유니버스나 다른 미인들과는 달리 용모만이 아니라 교양이 많은 사람을 뽑는다. 그러므로 거기에 뽑히는 사람은 더 명예스럽다고 한다. 어느 날, TV에서 그녀는 이렇게 간증했다.

"주님 외에 누가 저를 고쳤겠습니까?"

우리 인생을 기도로 풀어가자. 하나님이 하셔서 안 될 일은 없다. 하나님의 능력을 우리의 이성으로 제한하지 말자. 가장 초라한 그리스도인은 성령의 능력을 입을 수 있음에도 자기 자원으로 살아가는 사람이다. 내가 가진 작은 자원으로 살아가지 말자. 하나님의 자원은 영원히 고갈되지 않으니까. 하나님은 지금도 우리가 성령의 능력으로 채움을 받길 원하신다. 우리는 순종으로 하나님의 능력을 경험하게 된다. 순종이 없는 사람은 결코 성령의 능력을 경험할 수 없다.

R. A. 토레이 박사는 이렇게 말한다.

"권능은 하나님께 속했는데 그 권능을 받는 데는 오직 한 가지 조건이 있다. 그것은 절대 순종이다."

우리 앞에 시련이 다가오는가? 그렇다면 먼저 하나님의 말씀을 붙잡고 순종하자. 내 생각대로 하지 말고 성령의 음성을 따라 순종해보자. 성경 말씀대로 순종해보자. 샘 슈메이커 목사님이 우리에게 조언한다.

"10%만 말씀에 순종하는 사람은 10%의 행복을 누릴 것이요, 50%만 말씀에 순종하는 사람은 50%의 행복을 누릴 것이요, 완전히 순종하는 사람에게 은혜를 베풀어주십니다."

그렇다고 동의하는가? 그렇다면 지금부터 절대 순종하는 삶을 살자. 성령께서는 순종하는 자에게 능력으로 채워주시니까.

■ 하나님의 더 큰 은혜를 받기 위한 나의 신앙고백서

이 책을 읽고 하나님의 더 큰 은혜를 받기 위해서는
내가 가장 먼저 버려야 할 것은 무엇이라고 생각합니까?
잠잠히 성령님의 임재를 기다리면서 신앙고백서를 적어보세요.

■ 하나님의 더 큰 은혜를 받기 위한 나의 신앙고백서

이 책을 읽고 하나님의 더 큰 은혜를 받기 위해서는
내가 가장 먼저 버려야 할 것은 무엇이라고 생각합니까?
잠잠히 성령님의 임재를 기다리면서 신앙고백서를 적어보세요.